插图本茨威格传记丛书

约瑟夫·富歇
一个政治性人物的肖像

［奥］斯·茨威格 著

张玉书 译

Joseph
Fouché

Bildnis
eines
politischen
Menschen

人民文学出版社

Stefan Zweig
Joseph Fouché Bildnis eines politischen Menschen

图书在版编目(CIP)数据

约瑟夫·富歇:一个政治性人物的肖像/(奥)斯·茨威格著;张玉书译.—北京:人民文学出版社,2017
(插图本茨威格传记丛书)
ISBN 978-7-02-013286-7

Ⅰ.①约… Ⅱ.①斯…②张… Ⅲ.①富歇(Fouche,Joseph 1759—1820)—传记 Ⅳ.①K835.657=41

中国版本图书馆 CIP 数据核字(2017)第 209296 号

责任编辑　欧阳韬
装帧设计　黄云香
责任印制　徐　冉

出版发行　人民文学出版社
社　　址　北京市朝内大街 166 号
邮政编码　100705
网　　址　http://www.rw-cn.com

印　　刷　三河市鑫金马印装有限公司
经　　销　全国新华书店等

字　　数　188 千字
开　　本　680 毫米×960 毫米　1/16
印　　张　17.5　插页 5
印　　数　1—5000
版　　次　2019 年 6 月北京第 1 版
印　　次　2019 年 6 月第 1 次印刷

书　　号　978-7-02-013286-7
定　　价　45.00 元

如有印装质量问题,请与本社图书销售中心调换。电话:010-65233595

约瑟夫·富歇

热月政变

约瑟夫·富歇

漫画版《富歇》书影

目 录

前言……………1

一 青云直上……………1
二 里昂的刽子手……………25
三 与罗伯斯庇尔的斗争……………41
四 督政府和执政府的部长……………66
五 皇帝的大臣……………98
六 反对皇帝的斗争……………121
七 并非自愿的插曲……………135
八 和拿破仑的最后斗争……………149
九 下野沦亡……………178

关于富歇的传记……………194

前　言

　　约瑟夫·富歇，当时最有权势的人物之一，也是历史上最为奇特的人物之一；同时代人对他缺乏好感，后世对他更欠公允。拿破仑在圣赫勒拿岛上，罗伯斯庇尔在雅各宾党人中，卡诺①、巴拉斯②、塔列朗③在他们的回忆录里，以及法国所有的历史学家，不论是保王派、共和党或是波拿巴派，只要一写他的名字，心头的怒火立即宣泄在笔尖、纸上。天生的叛徒，卑鄙的阴谋家，油滑的爬行动物，卖主求荣的能手，无耻下流的探子，道德沦丧的小人——没有一个表示鄙视的骂人字眼没有用到他的身上，无论是拉马丁④，还是米什莱⑤、路易·勃朗⑥，都没有试图对他的人格，或者不如说对他执拗得令人惊叹的一贯的毫无人格进行过认真的考察。他的形象第一次生动逼真地出现在路易·马德兰⑦的那部卷帙浩繁的传记里（本书和其他有关著述中的具体材料大部分取自这部传记），除此而外历史把此人悄无声息地推到后排，那些无足轻重的跑龙套的角色所站的地方。而此人在世界转折时期曾领导过各个党派，作为绝无仅有的一个，活得比各派都更为长久，并且在心理决斗中，打败了拿破仑和罗伯斯庇尔这

---

① 拉扎尔·尼古拉·卡诺(1753—1823)，法国大革命元老，国民公会议员。
② 保罗·巴拉斯(1755—1829)，法国大革命时期督政府三督政之一。
③ 查理·塔列朗(1754—1838)，法国大革命时著名外交家。
④ 阿方斯·拉马丁(1790—1869)，法国诗人、政治家。
⑤ 儒勒·米什莱(1798—1874)，法国历史学家。
⑥ 路易·勃朗(1811—1882)，法国政治家，社会主义理论家，历史学家。
⑦ 路易·马德兰(1871—1956)，法国历史学家，富歇传记的作者。

样的人。他的形象时不时地还会在表现拿破仑的戏剧里或以拿破仑为题材的歌剧里幽灵似的出现,但大多落入形式主义的俗套,把他表现为一个狡猾的警务大臣,一个提前出现的福尔摩斯,平庸的表述总是把躲在幕后的人物混淆成次要角色。

惟独一个人以他自己的卓越伟大,看出了这个绝无仅有的人物的伟岸。此人乃是巴尔扎克。这位天才居高临下,同时又洞察一切,不仅看到时代的舞台层面,还一直看到布景后面。他毫无保留地认为,从心理学的角度来看,富歇是他那个世纪最为有趣的人物。巴尔扎克习惯于把各式各样的激情,无论是所谓的英雄气概的激情和所谓的卑下低级的激情,在他感情的化学里全都视为等价的元素。伏脱冷这样彻头彻尾的罪犯和路易·朗贝尔①这样道德高尚的天才,他同样欣赏,从不区分道德的和非道德的,而只是衡量一个人意志的价值及其激情的强度。他恰好把这个革命年代和帝政时期最为人不齿、最遭人唾骂的人从他那故意造成的埋没状态中挖掘出来。他称这个"singulier génie"②为"拿破仑曾经拥有的惟一的大臣",然后又称他是"la plus forte tête que je connaisse"③,在另一处又说他是"那些城府极深的人,在行动的瞬间叫人捉摸不透,事后方能被人理解"。——这听上去和那些道德说教表示的轻蔑迥然不同。在他的小说《一桩神秘案件》中他写了特殊的一页,献给这位"阴沉、深邃、不同寻常、不甚著名的人物"。他写道:"富歇,使拿破仑感到惊恐的天才,并不是突然一下子表现出来的。富歇这个默默无闻的国民公会议员,当时最卓尔不群,也最受人误解,他是在重重危机之中锻炼成日后的那个人物的。在督政府治下,他达到能正确判断过去从而预见未来的高度,然后在雾月十八日的政变中,突然显示出他的机智灵巧,犹如一个平庸的演员,因受到突如其来的灵感启示而变得极为出色。这个脸色苍白的人,在修道院的管教下成长起来,既掌握了他原来所属的山岳派的秘密,也掌握了他最后投靠的保王党的秘密,慢慢地、默默地仔细琢磨着政治舞台上的

---

① 巴尔扎克小说《高老头》《路易·朗贝尔》中的人物。
② 法文:绝无仅有的天才。
③ 法文:我所知道的头脑最厉害的角色。

人、事和各种伎俩。他看透了波拿巴心里的秘密,给了他有益的忠告和宝贵的情报……无论是他的新同事还是他的老同事,都料想不到他在行政管理方面的天才竟然表现为:所有的预见都准确无误,而且目光犀利得令人难以置信。"

这是巴尔扎克的话。他的这段献词第一次引起了我对富歇的注意。巴尔扎克说他"甚至比拿破仑还拥有更多控制别人的威力"。几年来我对巴尔扎克曾经称赞过的这个人不时看上一眼。但是富歇无论是在生活中,还是在历史上,都非常善于只是充当幕后人物:不喜欢让人窥察他的脸和他手里的牌,他始终躲在各个事件之中、各党各派之中,躲在他那职位的隐姓埋名的外壳后面,无影无形地活动着,犹如钟表里的机簧。只有在非常罕见的情况下,在繁琐事件的纷乱之中,在他途经最陡急的拐弯处,才能一瞥他那快速掠过的身影。更奇怪的是,富歇的这些在飞逝之际被人捕捉住的身影,乍一看居然和以往的身影各不相同,需要使劲观看才能想象,这同一个人,有着同样的皮肤和同样的头发,在一七九〇年是神学院的教师,一七九二年便成了掠夺教堂的人;在一七九三年是个共产主义者,五年之后却成了几倍的百万富翁;再过十年,俨然成了奥特朗特公爵。但是这个新时代十足地道的马基雅弗利主义者的性格变化越是放肆大胆,那么他的性格或者不如说他的无性格在我看来就越发有趣,他那完全隐没在各种背景和神秘色彩中的政治生涯,我就觉得越发迷人,他的形象就越发独特,越发带有妖魔气息。所以,纯粹出于对心灵科学的兴趣,我非常突然地写起约瑟夫·富歇的故事来,作为对权术家生物学的一份贡献。权术家是我们生存的世界里尚未完全研究透彻的极端危险的精神族类,关于权术家的生物学拖到现在尚未写成,然而十分必要。

为一个完全违反道德的人物——即使是像约瑟夫·富歇这样一个绝无仅有、异常重要的人物——撰写的这种传记,我知道,是完全违背时代的愿望的。我们这个时代想要的并且喜欢的是英雄传记,由于今天缺乏这种政治上具有独创性的领袖人物的形象,便在往事陈迹之中去为自己寻找更加崇高的榜样。我完全认识到这种英雄传记有使人心灵激越、斗志昂扬、精神振奋的威力。从普鲁塔克起，这种传记对于正在成长中的一代人和历代的新青年都是必要的。但是恰好在政治上，这种传记掩盖着篡改历史的危险，就仿佛真正的领袖人物也的确决定了世界的命运，当时如此，历来如此。毫无疑问，一个英雄人物仅仅通过他的存在还能几十年几百年地控制着精神生活，但也只是精神生活而已。在真正的现实生活中，在政治的权力范围内，起决定性作用的很少是出类拔萃、思想纯正的人物，而是价值微小得多，但是身手更加灵巧的种类：那些幕后的人物。为了警告人们注意各种政治上的迷信，这点必须强调。一九一四年和一九一八年我们亲眼所见，具有世界历史意义的关于战争与和平的决定，并不是由理性和责任心所做出的，而是由性格极端多疑、智力严重欠缺的那些躲在幕后的人物所做出的。我们近来每天都在重新经历的问题严重、往往是犯罪的政治游戏，并不是那些具有道德远见和坚定信念的人得以成功。相反，他们一再被那些称为权术家的职业赌徒，这些手脚利索、空话连篇、神经冰冷的艺术家们所欺骗，而世界各国人民还一直忠诚笃信地把他们的孩子和他们的前途都托付给这场游戏。倘若政治的确像拿破仑在一百年前所说的那样，变成了"la fatalité moderne"①，新时代的厄运，那么我们为了自卫，要设法辨认躲在这些势力后面的人们，以便认清他们何以得势的危险的秘密。但愿这本《一个政治性人物的肖像》能对这种政治人物的类型学做出一份贡献。

一九二九年秋于萨尔茨堡

---

① 法文：现代的厄运。

一 青云直上

一七五九年至一七九三年

　　一七五九年五月三十一日，约瑟夫·富歇——还远不是什么奥特朗特公爵①呢——出生在港口城市南特。父辈是海员、商人，祖上尽是海员，因此不言而喻，这个长子也该去当航海家。不是去海外经商，便是当个船长。可是这个体弱多病、贫血而又神经质的丑陋孩子，从小便显得对这种无比艰苦，在当时确实是英勇豪迈的行业极不适合。离岸两海里，他已经晕船，跑了一刻钟，或者游戏十多分钟，他已觉得疲倦。做父母的不无忧虑地盘算，这个娇弱的孩子该怎么办。一七七〇年的法国，于思想上业已觉醒，并且进取心切的市民阶级，还没有合适的地位呢。法院、行政机关，每个衙门每个地方的肥缺全都留给了贵族。在宫廷里当差得要伯爵的纹章，或者像样的男爵爵位。即使在部队里，出身市民阶级的人，熬白了头发，也不过混上个排长。在这腐朽没落的王国里，第三等级还处处受到排挤。难怪二十五年后，第三等级要用拳头来夺取他们长期以来伸手乞求而遭到拒绝的一切。

　　剩下的只有教会一途。这个千年帝国，在人情世故上不知比各个王朝高明多少，也比它们聪明、民主、心胸博大。它总是启用一切才俊，即使出身极为卑微，也被吸收进它那无形的帝国。小约瑟夫在奥拉托利会学习时，已经成绩斐然。毕业后，他们自然乐于让他担任

---

① 一八〇九年拿破仑封富歇为奥特朗特公爵。

数学和物理教师,担任学监和校长。自从耶稣会被逐后,奥拉托利会在法国各地领导天主教会的教育。富歇二十岁时,便在这个修会里任职,虽然职位卑下,难以发迹,可毕竟是所学校。他在这里自我修养,边教边学。

要他发了做神父的愿心①,原本可以爬得更高,当个神父,也许还能当上主教,或者红衣主教。他初涉人世,刚刚起步,本性的一个典型特点就显现出来。那就是不愿完完全全、无可挽回地把自己和某人或某事拴在一起。这可是约瑟夫·富歇的典型作风。他身穿修士的衣裳,剃着神父的头,和别的神父一样过着僧侣的生活。在奥拉托利会的十年里,富歇从外表到内心和一个神父毫无差别。但是他不受更高的圣礼,也不发任何誓愿。无论在什么环境里,他都为自己留着退路,留着顺风而变的可能性。他投靠教会也只是权宜之计,并非完全投靠。以后投靠革命、督政府、执政府,帝国或者王国,均是如此:约瑟夫·富歇,对上帝尚且不肯答应终身效忠,更何况对一个普通人了。

从二十岁到三十岁,足足十年之久,这个脸色苍白、寡言少语、半僧半俗的神父,在寂静的修道院的走廊、食堂里走来走去。他在尼奥尔、索默、旺多姆、巴黎教书,可是并未感到居地变异。因为无论在这个城市或是那个城市,神学院教师的生活总是同样的平静穷酸,朴实无华,总是深居在寂静的院墙之内,永远与世隔绝。二三十个学生,四十来个学生,教他们拉丁文、数学、物理。全是些面色苍白、身穿黑袍的男孩,带他们去望弥撒,在卧室里监督他们睡觉。教的是科学书籍中单调的教材,吃的是蹩脚的伙食,领的是微薄的薪水,穿的是一袭磨旧了的黑袍,过的是修道院里简朴的生活。这平静隐遁的十年,犹如冬眠蛰伏,不像真实生活,超乎时间、空间,一无所成,也无所希求。

其实在修道院教书的十年里,约瑟夫·富歇学到了很多东西,对他日后做权术家极有好处。主要是学会了善于沉默的技巧,自我隐蔽的本领,

---

① 天主教修士需发誓愿表示决心皈依天主,接受更高的圣礼,方能成为神父。

精通心理学,擅长洞察人的内心。此人一生即使心情激动,也能控制住脸上的每根神经。他那毫无表情的脸,仿佛隐蔽在沉默的墙后,从来看不出上面有丝毫愤怒、气恼、激动的表情。他的嗓音低弱,最亲切的或是最可怕的话语,他都同样从容不迫地说出口来。无论是皇帝的宫廷密室,还是喧闹的群众集会,他都同样以轻微无声的脚步走过。这种无与伦比的自我控制的本领,就是在这十年修道院的生活中学会的。在他登上世界舞台的讲台之前,因为诵读罗耀拉①的祈祷文,他的意志已得到锻炼;由于讨论有几百年历史的布道艺术,他已练得能言善辩。法国大革命时期的三大权术家,塔列朗、西哀士②和富歇,都出自教会这所学校。还没登上舞台,便已精通人情世故,这恐怕不是巧合。教会古老的共同传统远远超过他们三人的个性,使得他们彼此迥异的性格在关键时刻都带有某种相似的特性。而在富歇身上还有一种钢铁般的、简直是斯巴达式的克己功夫,他从内心反对奢华虚荣,并且善于隐蔽私人生活和个人感情。不,富歇在修道院走廊的阴影里度过的这十年光阴并不是白白浪费的,他一面教书一面学到了无数的东西。

这个极端灵活善变、骚动不安的人,在修道院的围墙里面,在严格与世隔绝的状况中自我修养,终于发展成为善于洞察人们心理的大师。几年之久,他不得不无声无息地在极其狭窄的僧侣界活动。可是在一七七八年,法国已经开始卷起了那阵社会风暴。这阵风暴甚至袭入修道院的院墙之内。在奥拉托利会神父的斗室里和共济会的俱乐部里,都在讨论人权。一种新型的好奇心驱使年轻的神父去接近市民,好奇心也驱使教物理和数学的教师去接触当时令人惊异的发明,世界上最早的飞艇,蒙哥菲耶兄弟的气球③,以及电气学、医学方面的伟大发明。宗教界人士试图和知识界有所联系。阿拉斯城一个非常奇怪的社交团体提供了这种联系

---

① 罗耀拉(1491—1556),西班牙神父,耶稣会的创始人,反对宗教改革。
② 埃马纽埃尔·西哀士(1748—1836),原为神父,后参加革命,历任督政府督政,执政府执政。
③ 约瑟夫·米歇尔·蒙哥菲耶(1740—1810)及其弟弟雅克·艾蒂安·蒙哥菲耶(1745—1799)于一七八三年制成一个热气球,是世上最早的飞艇。

的机会。这个团体名叫"洛撒蒂",也是一种"施拉拉菲亚"团体①。城里的知识分子在这里聚集一堂,谈笑风生。会上的一切毫不刺眼,一些没有名望的小市民朗诵一些诗歌,或者发表一些文学讲演。军人和平民混在一起,神学院教师约瑟夫·富歇也是备受欢迎的座上客,因为他讲起物理学的新成就来滔滔不绝。他常常在那里坐在朋友之中,聆听工程兵团的上尉拉扎尔·卡诺吟诵自己写的讽刺诗,或者谛听脸色苍白、嘴唇极薄的律师马克西米利安·德·罗伯斯庇尔(他当时还很看重他的贵族出身)发表一篇辞藻华丽的即席演说,以颂扬"洛撒蒂"。外省地方还欣赏玄想空谈的十八世纪的最后的气息。德·罗伯斯庇尔先生还没有撰写血淋淋的死刑判决书,而是写作小巧玲珑的诗歌。瑞士医生马拉②还没有写出恶狠狠的共产主义宣言,而是写出了一部感伤缠绵的长篇小说。小小的波拿巴中尉还在外省什么地方孜孜创作一部模仿维特的中篇小说。暴风雨还远在天边,隐而不见。

　　但真是命运弄人:这个剃了僧侣发式的神学院教师恰巧和那个脸色苍白的、神经质的、野心勃勃的律师德·罗伯斯庇尔结了深交。他们两人的关系甚至快要变成郎舅关系,因为马克西米利安·罗伯斯庇尔的妹妹夏洛特想使这个奥拉托利会的教师弃僧还俗。席间都已流传他们订婚之说。这门亲事后来怎么作罢的,始终是个秘密。也许这里头正埋藏着他们两人之间那个可怕的具有世界历史意义的仇恨的根子。他们两个一度友谊甚笃,后来却拼得你死我活。可是当时他们对雅各宾主义和日后的仇恨还一无所知。相反马克西米利安·德·罗伯斯庇尔作为议员被派到凡尔赛去参加三级会议,参与制定法国新宪法时,就是剃了僧侣发式的约瑟夫·富歇借路费给那苍白贫血的律师德·罗伯斯庇尔,还借钱给他制作一套新衣服。富歇总是给别人搭台阶——以后也常常如此——帮助别人青云直上、载入史册,可也恰巧是他在决定性的时刻出卖从前的朋友,把朋友打翻在地,这也是很有象征意义的。

---

① 在德国、奥匈帝国、瑞士、荷兰、英国、美国影响广大的团体,宗旨是促进友谊、艺术、诗歌。一八五九年初建于布拉格。
② 让保罗·马拉(1743—1793),法国大革命中的极左派。

南特奥拉托利会

罗耀拉

这次三级会议将动摇法国的一切基石。就在罗伯斯庇尔动身前去参加三级会议之后不久,阿拉斯的奥拉托利会的修士也进行了一次小小的革命。政治一直侵入到斋堂之内。这位聪明的善观风向的约瑟夫·富歇就利用这股风张起他的帆来。在他的建议之下,一个代表团被派到国民议会去表示神父对第三等级的同情。这位一向步步谨慎的人这次可下手得略为早了一些。他的上司罚他到南特的修女学校去教书,其实也不是真正的处罚。这个学校就是富歇童年时代学习科学和处世哲学入门课程的场所。

可是现在他已经久经沧桑,阅世很深。现在他已经没有兴趣去教那些半大不小的孩子乘法口诀、几何和物理了。这个善观风向的人感觉到一阵社会风暴已笼罩全国,政治将统治世界,那就投身到政治中去!他一下子脱去了僧服,留起了头发,不给不成熟的孩子们讲课,而是去向南特的能干的市民演讲政治。一个俱乐部应运而生——政治家的前程总是始于这样一个训练口才的试验舞台——不出几个礼拜,富歇便已经是南特市"宪法之友"协会的主席了。他赞扬进步,可是十分谨慎,严格把握分寸,因为老实的商人阶层的政治气压是高低适中。南特人不喜欢激进主义,他们担心自己的贷款有去无回,尤其是一心想要生意兴隆。他们从殖民地捞到大批油水,所以也不喜欢解放黑奴之类的不切实际的计划。于是约瑟夫·富歇立即拟定了一份致国民议会的慷慨激昂的公文,反对废除贩卖黑奴。这份公文虽然遭到了布里索①的粗暴攻击,可是在比较狭小的市民界并未减弱他的声望。为了及时巩固他在市民阶层(未来的选民!)中的政治地位,他急急忙忙地娶了一个富商的女儿为妻,姑娘虽丑,但陪嫁不少。富歇当时已经感觉到第三等级将很快变成最高阶级——统治阶级,所以他赶快变成一个十足的市民。

所有这一切不过是达到预定目标的准备而已。国民公会的选举刚一公布,这位昔日的神学院教师便出来竞选。每个竞选人都干些什么呢?他们总是先挑善良的选民们爱听的说,作了种种许诺。所以富歇发誓要

---

① 雅克·皮埃尔·布里索(1754—1793),法国大革命时期吉伦特派的领袖之一。

5

保护贸易,维护私人财产,尊重法律。他厉声谴责扰乱治安之徒,甚于谴责旧制度(因为南特的风向更多是来自右边,而不是来自左边)。一七九二年,富歇果然当选为国民公会的议员,议员的三色帽徽从此长期取代了他暗中悄悄蓄着的神父发式。

约瑟夫·富歇当选为国民公会议员时正好三十二岁。他并非美男子,根本就是其貌不扬。身材细瘦,简直干瘪得怕人,狭窄的瘦脸皮包骨头,丑陋不堪,看了令人不快。鼻子尖削,永远紧闭的嘴也是又尖又窄。沉重的眼皮总像瞌睡不醒。下面的一双眼睛瞳孔发灰,像玻璃珠子,目光呆滞冰冷。这人脸上、身上的一切都似乎缺少生气,看上去就像煤气灯照耀下的人,脸色灰暗,白里泛青。双目无神,举动没有活力,嗓音喑哑,头发稀疏细软,眉毛微红,简直淡而难辨。两颊青灰,似乎颜料不足,所以没给这张脸涂上健康的色泽。这个坚忍不拔、具有惊人的工作精力的人,看上去总像是个疲惫不堪、久病初愈的病人。

谁见到他,都有这样一个印象:这个人没有鲜红奔流的热血。事实上,他的内心也属于冷血之类。他没有粗犷奔放的激情,不好色,不赌博,不酗酒,不喜欢挥霍,不爱户外活动。他只是生活在内室与公文档案为伍。他从不怒形于色,他脸上从来没有一根神经颤抖过,只有他那两片贫血的薄唇微微一撇,泛出一丝微笑,时而彬彬有礼,时而含讥带讽。在这张土灰色的看来松弛无力的面具底下,从来看不出有什么真正紧张的表情,眼圈发红的沉重的眼皮底下的那双眼睛,从来没有泄露过他的意图,或者他的什么思想活动。这种摇撼不动的冷静也正是富歇真正的力量。神经控制不住他,感官诱惑不了他,他所有的激情都在前额这堵不可穿透的墙后充实和消散。他听凭别人张牙舞爪,可同时警觉地窥伺着别人的失误。他听凭别人的激情白白耗尽,而他自己耐心地等着,一直等到别人力衰势竭,或者一时控制不住,露出一些破绽,这时他才无情地猛击过去。他的这种没有感情的耐心所表现出来的优越性确实可怕:谁要是能够这样等待,这样自我隐蔽,即使是最最训练有素的老手也会上他的当。富歇会心平气和地为人当差,他会冷静地微笑着把最粗鲁的侮辱、最丢人的屈

约瑟夫·富歇

辱接受下来,连眼睛也不眨一下。没有什么威胁、什么愤怒能使这个冷血人受到震动。罗伯斯庇尔和拿破仑两人碰在富歇的磐石般的宁静之上,如同海水碰上岩石,被击得粉碎。整整三代英豪,一群风流人物激情昂扬地喧嚣一时又复烟消云散,惟有他这一个没有激情的人却冷静地傲然挺立着。

这种天生的冷静正是富歇真正的天才。他的肉体阻碍不了他,也动摇不了他。连进行这些胆大妄为的精神赌博时,他也好像根本并不在场似的。他的血、他的感官、他的心灵,一个真正的人身上所有的这一切使人迷乱的感情因素,在这个秘密的赌徒身上从来没有真正起过作用。这个人的全部激情都上升到脑子里去了。这个枯燥乏味、习惯于办公室生活的人贪婪地热爱着冒险。他的嗜好便是大搞阴谋。他一辈子都戴着一副忠于职守、老实忠厚的公务员的面具,再也没有比这种公务员的冷静的仪表更高明更巧妙地掩盖他对混乱对纠纷的可怕的乐趣的了。掩蔽在公文档案之后,从他的办公室里给人布下天罗地网,出乎意料、不声不响地给人致命的一击,这就是他的策略。我们必须探视历史的深层,才能在大革命的火光中、拿破仑的传说般的光芒中看到富歇这个人。

乍一看,他似乎是卑微次要的角色,实际上却是一个活动频繁、举足轻重的人物。他一辈子不抛头露面,可是超越了三代英豪。帕特洛克罗斯早已阵亡,赫克托耳和阿喀琉斯也早已殒命,只有足智多谋的奥德修斯[1]活在人间。他的才智超过了天才,他的冷静比所有的激情寿命更长。

九月二十一日[2]晨,新当选的国民公会议员举行入场式。仪式不再像三年前第一次立宪会议开幕时那样庄严堂皇。当时在大厅中央还安放了一张豪华的缎椅,上面绣着水仙花,这是国王的宝座。国王进入大厅时全场毕恭毕敬地起立,向真命天子欢呼致敬。可是现在,国王的两座城堡,巴士底狱和杜伊勒里宫已被攻陷。法国已经没有国王,只有一位肥头

---

[1] 文中四人均为《荷马史诗》中的人物。
[2] 即一七九二年九月二十一日。

胖脑的先生,他的粗鲁的狱吏和法官称他为路易·卡佩。他现在是毫无权力的市民,住在庙塔①里,百无聊赖地打发光阴,等候判决。如今七百五十人会议把他取而代之,统治全国。这些议员便在国王自己的屋子里安顿下来,主席位子后面用硕大的字母写着新的摩西律令,那便是宪法的全文。大厅的墙壁装饰着罗马高官的柴束②和杀气腾腾的利斧——凶险的象征啊。

民众聚集在走廊里,好奇地观看着他们的代表。七百五十个国民公会议员缓步走进王宫。人物杂沓,什么阶级,什么职业都有:没有职位的律师和大名鼎鼎的哲学家一起;逃出修道院的神父和勋劳卓著的军人一起;失败的冒险家和著名的数学家、潇洒的诗人一起。大革命一爆发,法国的现状就像一个受到猛烈震动的杯子,杯底的沉渣泛起。现在是澄清这片混沌的时候了。

座位的安排,便是恢复秩序的最初尝试。露天剧场式的大厅狭窄已极,简直额头相碰,呼吸相闻,敌对的演讲可以短兵相接。大厅的底部坐着温和派、纯净派、小心谨慎之辈,这些人在做出一切决定时态度不冷不热,被人讽刺为"沼泽",他们是沼泽派。态度激烈分子、性急不耐之辈、激进派则坐在大厅最高的座位上,坐在山头上,是为"山岳派"。他们最后几排座位已经和走廊相连,仿佛象征性地暗示,群众、民众、无产阶级就在他们背后。

这两派势均力敌,相持不下。革命的浪潮便在他们之间起伏涨落。对于市民阶层、温和分子来说,赢得了宪法,解决了国王和贵族,权力移到第三等级手里,共和国就算建成了。他们恨不得把这股从下翻上来的洪流重新拦住,横加阻挡,只保护住他们已经得到的利益。孔多塞③、罗兰④、吉伦特派人便是他们的领袖,是知识界和中间阶层的代表。而山岳派那批人则想把这巨大的革命狂澜继续推向前去,一直到它把现存制度

---

① Temple,巴黎建筑物,为一座庙塔,如英国的伦敦塔,亦作监狱用。
② 象征罗马高官的权力,当中夹着一把斧头。
③ 让-孔多塞(1743—1794),吉伦特派领袖,可能在被捕后服毒自杀。
④ 让·玛丽·罗兰(1734—1793),吉伦特派领袖,一七九三年自杀。

路易十六一家被捕,1791年6月

路易十六在庙塔里

1792年9月21日,国民公会

孔多塞

罗兰

罗兰夫人

的一切落后事物全都席卷而去。马拉、丹东、罗伯斯庇尔作为无产阶级的代表,想要把"完全的革命"、彻底的革命、激进的革命一直推向无神论和共产主义。他们想把国王推翻以后,还把国家的其他旧势力——金钱和上帝也推翻在地。这两派势力在天平上此起彼落,变化多端。如果吉伦特派人、温和分子得胜,革命便要逐渐断送。先变成自由主义的反动,过后便是保守主义的反动;如果激进分子得胜,他们便要鼓起无政府主义的旋风,涤荡所有的角落。在这座决定命运的大厅里,每一个在场的人都没有被开会之初的庄严和谐所迷惑。谁都知道,这里不久将开始一场生死斗争,为信仰和权力而搏斗。议员所在的席位是在下面沼泽里,还是在上面山岳上,已经预先说明了他的决定。

这七百五十个议员庄严地走进那个业已逊位的国王的大厅,南特市议员约瑟夫·富歇胸前斜挂着国民代表的三色绶带,和其他议员一起默默地走了进来,他剃度过的头上早已长起了头发,神父的服装早已脱掉,他和大家一样穿着一无修饰的市民装束。

约瑟夫·富歇将坐在哪里呢?是到山岳上和激进分子坐在一起,还是在沼泽地和温和主义者坐在一起呢?约瑟夫·富歇不多犹豫。他只知道一个党,他忠于这个党,并且将永远效忠到底,这就是比较强的那个党,多数党。所以这一次他也是暗地权衡了一下,数了一下票数,看到目前势力还在吉伦特派、温和分子一边。于是他便坐到他们的席位上,和孔多塞、罗兰、赛尔旺①等人坐在一起。他们掌握各部大权,决定任命、分配、俸给。在这些人中间他感到安全,他便坐到那里去。

可是他偶尔抬眼向上一看,看看敌人,那些激进分子就座的地方,却和一道严峻的申斥的目光不期而遇。他的朋友,阿拉斯的律师,马克西米利安·罗伯斯庇尔在那里把他的战友们聚集在身边。这位铁面无私的人对于自己的刚愎自用颇为自诩,对于别人的动摇软弱毫不宽恕。他举起长柄眼镜冷冷地带着讥嘲的神情俯视着这个

---

① 吉尔贝·约瑟夫·德·赛尔旺(1741—1804),法国将军,吉伦特派人。

机会主义者。在这一瞬间,他们两人之间残存的最后一丝友谊也化为乌有。从此以后,富歇一举一动都觉得这个永恒的控告者,无情的清教徒,在他背后用毫不怜悯的严厉的目光审视着他、观察着他。他知道,他必须小心谨慎。

小心谨慎,再也没有谁比富歇更谨慎的了。在最初几个月的大会发言记录中,全然看不到约瑟夫·富歇的名字。所有的议员都神气活现自命不凡地挤上讲台,提建议,作讲演,互相攻讦,相互诘问,而南特市的议员却从不登上这座崇高的讲台。他向朋友们和选民们告罪道:嗓音不济,不宜发表公开演讲。因为大家都急切不耐地争先恐后地抢着发言,因此这个似乎谦逊的君子沉默不语,只能使人产生好感。

实际上,他故作谦逊不过是善于算计而已。这位前任物理教师先得计算一下力的平行四边形。他看到天平始终上下不定,他得先观察一番,不急于表明态度。他小心翼翼地等到这一边或者那一边开始最终走上下坡路时,才投出他那决定性的一票,千万别过早地耗尽自己的力量,千万别过早地捆住自己的手脚,千万别永远束缚住自己。因为究竟革命将继续向前发展,或是将后退归于泯灭,此刻尚未定局。富歇真是水手之子,懂得顺水推舟的道理,他先得静候顺风才扬帆出海,此刻他把船停泊在海港里。

再说,早在阿拉斯的时候,他在修道院的围墙后面已经观察到,在革命中,一个群众拥戴的人很快就会失去群众的欢心,群众的"万岁"声很快会变成"把他钉上十字架"的吼声。在三级会议时期和立宪会议时期,所有的,或者说,几乎所有抛头露面的人物,今天已为人遗忘,或被人憎恨。米拉波①的尸体昨天还在先贤祠里,今天已被人鄙弃地从那里搬了出来。拉斐特②几个星期以前还在凯歌声中被尊为国父,今天已成为叛

---

① 奥诺雷·米拉波(1749—1791),法国政治家,原为伯爵,参加法国大革命后任国民公会主席。一七九一年猝死。
② 吉尔贝·莫捷·拉斐特(1757—1834),法国政治家,原为侯爵,一七七七年起参加美国独立战争,后参加法国大革命。

徒。屈斯蒂纳①、佩蒂翁②,在几星期前还受到群众的欢呼,现在已经惊恐万状地溜进暗处不敢露面了。啊,不,千万不要过早抛头露面,千万不要仓促表态,让别人先筋疲力尽,倒地不起吧!此人老谋深算,深知一场革命从来也不属于首先发动革命的人,而总是属于最后完成这场革命、把革命像战利品似的攫为己有的人。

所以这个机灵鬼故意躲在暗处。他去接近有权有势的人,但是每一种公开的、明显的权力他都避免接受。他不愿在讲台上、报纸上大叫大嚷,宁可当选为各种委员会的委员。在委员会里既可暗中了解形势,又可影响事态发展,既不受人监督,又不遭人忌恨。果不其然,他那坚韧、敏捷的工作精力博得人人喜欢。他不出头露面,使他免遭妒忌。他坐在办公室里可以安心等待,冷眼旁观山岳上的老虎和吉伦特的豹子互相厮搏,韦尼奥③、孔多塞、德穆兰④、丹东、马拉、罗伯斯庇尔这些热情洋溢的伟人,这些卓越出众的人物,斗得两败俱伤。他冷眼旁观静等时机,因为他知道,只有等激烈分子彼此消失殆尽之后,静候者和聪明人的时辰才会开始。每打一仗总在胜负定局之后,富歇才会做出最后决定。

这样退居暗处就是约瑟夫·富歇毕生的处世之道。从不充当明显的掌权者,却全然大权在握。所有的线索都攥在手里,可又从来不算身负重任。永远退居次要地位,躲在第一号人物的背后,把他推向前去,一旦他过于冒进,在紧急关头便干脆和他一刀两断。这始终是富歇最爱扮演的角色。这个政治舞台上超凡出众的阴谋家,以多种伪装,在无数的历史插曲中,无论是在共和党人那里、国王跟前,还是皇帝身边,一直以同样绝妙的技巧扮演着这个角色。

有时他也有机会亲自在世界舞台上担任主角,挂上头牌,诱惑自然接踵而至。可是他十分聪明,从来也没有认真希求过这种角色。他知道自

---

① 亚当·屈斯蒂纳(1740—1793),曾率法国军队占领过美因茨、法兰克福等地。一七九三年被处死刑。
② 热罗姆·佩蒂翁(1756—1794),法国革命家,曾任国民公会主席,因倾向吉伦特派人而受罗伯斯庇尔的攻击,逃亡时死于非命。
③ 皮埃尔·韦尼奥(1753—1793),法国革命家,著名演说家,一七九三年死于断头机下。
④ 卡米尔·德穆兰(1760—1794),法国革命家,丹东的战友,与丹东同时被杀。

11

己的尊容丑陋，令人不快，实在不适于把它铸在纪念章和徽章上，也不宜于盛装打扮，出现在大众之前。桂冠覆额也不能赋予他什么英雄气概。他知道自己嗓子单薄脆弱，适于窃窃私语，暗中捣鬼，可是绝不能滔滔不绝地发表火热的讲演去激发群众。他知道只有伏在书案上，锁在屋子里，躲在阴暗处，才最为强大有力。在这里他可以仔细探听、认真研究、细细观察、竭力游说，拉住各个线头，又把它们重新搅乱，而自己则叫人莫测高深，捉摸不定。

约瑟夫·富歇虽然渴望权力，甚至想要攫取最高权力，但是他和绝大多数人不同，他只要意识到自己有权便已满足。他不需要权力的表象和外衣，这便是约瑟夫·富歇掌权的最终秘诀。富歇雄心勃勃，野心极大，但并不醉心荣誉。他有野心，但并不虚荣。他是一个地道的精神赌棍，只在乎掌权执政的紧张心情，并不在乎它的外部标志。执政官的权杖也罢，国王的王笏也罢，完全可以随别人拿去，管他是强者还是熊包，在他全无所谓。他心甘情愿地把荣耀光彩和民众欢心这种可疑的幸福让给别人。他只要能够洞察形势，左右人们，并且实际控制着表面上的世界领袖，只要能够进行一切赌博中最激动人心的这场赌博，这场惊人的政治赌博，而不消亲身冒险，他便心满意足。别人束缚在自己的信念上，自己公开发表的言论上，公开表示的态度上，不能自解，而他这个鬼鬼祟祟、隐蔽暗藏的家伙内心始终自由自在，无拘无束。世事变幻急遽，他却岿然不动。吉伦特派人全部倒台，富歇不倒；雅各宾党人被逐，富歇留下；督政府、执政府、帝国、王国，后来又是帝国，全都消逝，归于毁灭，可是每次富歇都留了下来。他老奸巨猾，含蓄收敛，他可以大胆放肆地彻底丧失人格，一再背弃自己的信念，因此就他一个人保留了下来。

可是在法国大革命的具有世界历史意义的进程中，终于有一天，就这么绝无仅有的一天，不容任何人摇摆不定，人人都得说"是"或"不"，都得投票表示赞成或是反对。这一天就是一七九三年的一月十六日。革命的时针指着中午，一半的路程已经走完，王国的权力已经一点一点地消失。可是国王路易十六仍然健在，虽说囚禁在庙塔里，可是毕竟活着。既未

米拉波

韦尼奥

德穆兰

丹东

（像温和分子所希望的那样）让他逃掉,也未(像激进分子暗中所想的那样)在那次进攻王宫时让他死于愤怒的人民之手。人们凌辱他,剥夺了他的自由、称号和王位,可是只要他活着,单凭他那世袭的王室的血统,他还是一个国王,还是路易十四的一个孙子。即使现在大家轻蔑地称他为路易·卡佩,可他仍然是年轻共和国的祸水。所以国民公会在判决国王之后,于一月十五日提出判处何等刑罚的问题,也就是让他死还是让他活的问题。左右摇摆分子,胆小怯懦分子,小心谨慎之辈,也就是约瑟夫·富歇这号人物,希望秘密投票,从而避免公开的、明显的表态。然而他们空等了一场。罗伯斯庇尔冷酷无情,坚持法兰西民族的每一个代表都必须在大会上当众表示"是"或"不",当众说出"饶恕"或"杀死",以便民众和后世得知,每一个议员究竟是什么派别,是属于右派,还是左派,是属于推动革命的洪流,还是属于阻止革命的逆流。

富歇的态度在一月十五日还十分明朗。他属于吉伦特派,选民全是温和主义者,党籍和选民的愿望责成他为国王求得从宽处理。他问了他的朋友,特别问了孔多塞,发现他们一致倾向避免采取处死国王这样一种不可挽回的措施。既然大多数人都反对死刑,富歇不言而喻,自然也在他们这边。在一月十五日这天晚上,富歇还向一个朋友念了他准备为此发表的演讲稿,打算论证,何以应该免国王一死。既然坐在温和派的座位上,自然有责任表示温和的态度。既然大多数人都反对任何激烈行为,那么根本不受信念羁绊的约瑟夫·富歇,自然也就反对激烈行为。

可从一月十五日晚上到十六日清晨,是一个骚动不安、动荡不宁之夜。激进分子并没有无所事事,他们开动了民众暴乱的强大机器,这部机器他们驾驭得得心应手。各个郊区一片骚动,各个市区鼓声雷动,把广大民众召集拢来。这都是一些无组织的暴乱的纵队,他们总是被那些从不露面的恐怖分子召来,以便用暴力施压,迫使当局做出某些政治上的决定。啤酒酿造师桑台尔手指一摁,不出几小时,这些暴乱的纵队便行动起来。从光荣地攻陷巴士底狱以来,从那悲惨的九月谋杀之夜以来,人们就认识了这批城郊鼓动员、贩鱼婆和冒险家的队伍。每逢需要突破法律的堤防时,这巨大的民众的怒涛就被强劲有力地掀动起来,它每次都把一切席卷而去,所向披靡,最后甚至把它从自己的深沟里冲刷出来的那些人也都悉数卷去。中午时分,拥挤的民众已经围住了骑术学校和杜伊勒里宫。穿着衬衫的男子敞着胸口,手执长矛,神气吓人。穿着血红马甲的妇女又吵又嚷,满嘴刻薄话。还有国民卫队的士兵和市井民众。在这些人群中,夹杂着鼓动暴乱的领袖:美国人傅利叶,西班牙人古兹曼,圣女贞德的歇斯底里的仿效者泰鲁瓦涅·德·梅里古①。如果有议员经过,恰好有主张从宽处理国王之嫌,那么骂人话便像从垃圾箱里倾倒出来,向他们劈头盖脸打去。拳头举起,威胁直冲这些人民代表,恐怖分子动用了一切恐怖手段和暴力,吓唬议员,为了把国王的脑袋置于斧下。

这种恐吓在一切软弱的心灵上发生了震慑作用。在这灰蒙蒙的冬日薄暮时分,吉伦特派人在摇曳的灯光下怯怯地坐在一起。这些人昨天还坚决主张投票反对处死国王,以免和整个欧洲进行拼死的战争,今天在民众暴乱的压力下,大多变得忐忑不安,犹豫不决。终于开始唱名表决,这时已是深夜。真是造化弄人,前几个点到名的议员当中,有一个正好是吉伦特派人的领袖韦尼奥。这个平素如此热情洋溢的演说家,他的嗓音总像铁锤似的敲在微微振动的护墙板上。可是现在,他身为共和国的领袖如果主张饶国王一命,就未免显得不大像个共和党人,于是这个一向叱咤风云的人物,此刻迈着缓慢沉重的步伐走上讲台,硕大的脑袋羞怯地低垂着,轻声吐出"La mort"②两字:处以死刑。

这两个字像一柄音叉似的在整个大厅内震响。吉伦特派人中的第一号人物垮了,其他大部分人仍然坚定不移。七百票当中有三百票主张赦免,虽然他们知道,现在政治上主张温和比貌似坚定需要多千百倍的勇气。两派力量久久相持不下:还有几票可以定局。终于叫到南特的议员约瑟夫·富歇。就是这个人昨天还向朋友一再保证他将以动人的演说来保卫国王的生命。这个人在十小时以前还装得比所有坚定的人都更坚

---

① 傅利叶,古兹曼,泰鲁瓦涅·德·梅里古,似为当时暴乱人群的领袖。
② 法文:死刑。

审判路易十六,1793年1月16日

PROCÈS ET JUGEMENT

De LOUIS CAPET, *Seizième du nom, dernier Roi de France.*

Ou *Précis des Piéces concernant ce grand procès, recueillies & publiées par ordre de la Convention Nationale.*

Prix 10 Sols.

Chez les Libraires de chaque Chef-lieu de District du Département des Vosges.

1793.

路易十六案审判纪录

定,可是此时此刻,这位过去的数学教员、精于计算的富歇数了一下票子,看到如果那样,他就投错了党派,投到少数派,这正是他永远也不愿投的一派,于是他以悄无声息的步伐匆匆走上讲台,从他苍白的嘴唇里轻轻地溜出"La mort"两字:处以死刑。

奥特朗特公爵以后将说出千言万语,写出万语千言,来洗刷这两个字,把它们说成误会。这两个字把他,约瑟夫·富歇打上"Regicide"①的烙印。可是这两个字是在大庭广众之下说的,记载在《箴言报》上,不能从历史上抹去。这在富歇的个人生活史上也值得纪念,因为这是约瑟夫·富歇第一次公开变节。他卑鄙地出卖了孔多塞和多努②,出卖了他的朋友们,耍弄和欺骗了他们。但是他们不消在历史面前为此感到羞惭,因为别人,更为强大的人物,罗伯斯庇尔和卡诺,拉斐特,巴拉斯和拿破仑,当时最强有力的人物,也将遭到这种命运,在时运不济的时候,也会被他出卖。

可是在这一瞬间,约瑟夫·富歇的性格里也第一次暴露了另一个非常显著的特点:他的放肆大胆。如果他背叛一个党派,那绝不是慢条斯理、小心谨慎的。他不是藏头露尾地悄悄溜出行列,而是在光天化日之下,冷冷地微笑着,以一种令人瞠目、令人震惊的理所当然的态度,径直投向他以前的敌人,接受敌人的种种论据、理由。他从前的同党怎样想他、怎样议论他,群众和舆论对他有什么看法,他全不在乎。对他来说,重要的只有一条,那就是永远待在胜利者一边,绝不在战败者一边。他的转变迅如闪电,性格的变化极端玩世不恭。这证明他的大胆放肆,不由得使人震惊,也不得不使人赞佩。只消二十四小时,往往只要一小时,甚至一分钟,他就可以干净利索地扔掉他的信念之旗,明目张胆地打开另一面旗帜。他不是和思想齐步向前,而是和时势同行。时势进展越快,他就追得越急。

他知道,明天他南特的选民在《箴言报》上看到他投的票时,一定会

---

① 法文:弑君者。
② 皮埃尔·多努(1761—1840),法国革命家,反对处死国王,反对审讯吉伦特派人,为此被囚禁。

愤慨。那就不要去说服他们,要抢先,突然袭击。他不等选民的愤慨发作起来,而是先发制人,发起进攻。其行动之迅速、大胆、狂妄、放肆,在这种时刻简直使他显得有些伟大。投票的翌日,富歇就叫人印了一份宣言,慷慨陈词,把实际上怕在议会失势而采取的行动,说成是他内心的信念,他不容选民有时间去思考、计算,而想用迅雷不及掩耳的粗暴手段压制他们,吓唬他们。马拉和最激烈的雅各宾党人写的东西也不可能比这位昨日还是温和派的富歇写给他的善良的资产阶级选民的信更富血腥气了:"暴君的罪行已昭然若揭,众心愤慨。倘若暴君的首级不立即落于剑下,所有的强盗、凶手均可昂首阔步,畅行无阻。最惊人的混乱局面将威胁我们,时代是拥护我们、反对世上一切君王的。"富歇就是这样把处死国王宣布为绝对必要的措施,可是在前一天,看来他也同样可能在外衣口袋里放上一篇坚决反对处死国王的宣言。

的确,这个聪明的数学家果然计算无误。他自己是投机分子,知道胆怯的不可抗拒的威力。他知道在一切政治的关键时刻,勇气在一切计算中是决定性的因素。他说得对,那些善良、保守的市民,看到这张放肆大胆、突如其来的宣言都吓得低头屈从,他们惊慌失措,狼狈万状,争先恐后地表示同意这个决定,可是心里却是一万个不同意。从这天起,约瑟夫·富歇手里便握住了坚硬冰冷的杠杆,得以克服最沉重的危机:这便是蔑视众人。

从一月十六日那天起(一直到后来很久),约瑟夫·富歇这条变色龙便选上了红色。这个温和主义者一夜之间变成了极端激进主义者和极端恐怖主义者。他一步便跃入他敌人的阵营之中,而且立刻厕身于他从前敌人的最左、最激烈的一翼。这个头脑冷静、善于暗室密谋的人,很快就操起恐怖分子血淋淋的口头语,快得叫人吃惊,只是为了不落人后。他提出严酷的动议,针对流亡者和僧侣,他大声疾呼,挑唆煽动,摇手振臂,叫嚣杀人。他这时原本可以和罗伯斯庇尔重修旧好,坐在罗伯斯庇尔的旁边。可是铁面无私,像新教徒一样信仰坚定、刚正不阿的罗伯斯庇尔不喜欢叛徒,他对这个起义投诚的人不屑一顾,加倍怀疑。这人狂呼乱叫的激进态度,比他过去的阴阳怪气更使罗伯斯庇尔觉得可疑。

富歇感觉灵敏,觉察到这种监视的危险,眼看着决战之日逐渐逼近,暴风雨还高悬在国民公会的上空,革命领袖之间,丹东和罗伯斯庇尔之间,埃贝尔①和德穆兰之间的悲剧性的斗争已在政治地平线上显露出来。在激进分子当中还得再做一次决断。表态如果还有危险,并且没有好处,富歇是不喜欢断然表态的。他知道,在决定命运的时刻,一个善于应对的权术家,最聪明的驾驭局势的方法便是回避。所以他宁可在斗争进行时离开国民公会这个政治舞台,等搏斗见了分晓,再重新登上台去。幸好有一个体面的借口来掩饰这种退避。国民公会要从议员中选出二百个代表派到全国各地去维持秩序。在会议厅火山般一触即发的气氛中,富歇感到颇不自在。他立即争取派遣出去。他被选中了,赢得了喘息的时间。让他们在这当儿互相火拼,互相厮杀吧!让那些热情奔放之辈去为野心家打天下吧!这时千万不要在场,不要参加派别!世界时钟正飞快地向前奔跑,在这种时候,几个月,几个礼拜,可是关系重大。等他回来,胜负已分,他又可以心安理得、毫无危险地走到胜利者一边。他永远是这一派:多数派。

在法国大革命中,外省的历史一般很少为人注意。一切描述似乎都凝视着巴黎的表面,只有那里时间的运行是看得见的,但是调节它运行的钟摆却搁在外省,在军队里。巴黎只是提出口号、发出倡议、给以动力,那广袤的外省则采取行动,是决定性的持续发生作用的推动力。

国民公会及时认识到,城里和乡村革命发展的速度不甚协调。农村的人,穷乡和山区的人,脑子不像京城的人动得那样快,他们吸收新观念要迟缓得多、谨慎得多,并且是以他们自己的思想来消化这些观念。国民公会里一小时之内便变成法律的东西,只能缓慢地、一点一滴地渗透到广大的农村去,而且大多已经被保王的外省官员和教士,被维护旧制度的人们所歪曲、淡化,因此地方各区始终比巴黎落后一个历史时期。吉伦特派人统治国民公会,那么地方上选举的还是保王分子。雅各宾党人获胜,那

---

① 雅克·勒内·埃贝尔(1757—1794),法国大革命中的极左派人物。

么地方上才在思想上接近吉伦特派。一切慷慨激昂的训令对他们全然无效,因为当时书面文字只能慢慢地艰难地达到奥弗涅和旺代。

于是国民公会决定,把体现法令的活人派到外省去,以加速整个法国革命的节奏,刺激一下外省各区迟疑的、几乎可说是反革命的速度。国民公会从自己内部挑选了二百名议员,代表国民公会的意志,并且赋予他们近乎无限的权力。谁要是戴上三色绶带和红色的羽毛帽,便拥有独裁的权力。他可以征收赋税,做出判决,招募新兵,罢黜将军。这个人以他个人尊贵的身份象征着整个国民公会的意志,没有一个机关可以违抗。他的权力不受任何限制,犹如当年罗马帝国的总督,把元老院的意志带到一切被征服的国家去。每个特派员都是独裁者,都是惟我独尊的君王。他一旦做出决定,便不容任何申诉,任何抗议。

这些精选出来的特派员权限极大,但是他们的责任也极为重大。在分配给他们的王国里,他们每个都像是一个国王,一个皇帝,一个权力无限的君王。但是在每个人的脖子后面都闪耀着断头机的利刃,因为公安委员会注视着每一个抗议,并且要求每个特派员对自己的金钱事务做详细的报告,不讲任何情面。谁要是表现得不够厉害,人家就要对他厉害。可是谁要是过于狂暴,那么同样要遭到报应。如果大势趋向恐怖,那么恐怖措施便恰好对头;如果大势趋向温和,那么恐怖措施便是错误。表面看来,他们是全区之主,可实际上尽是公安委员会的奴隶,屈服于一时的潮流,因此他们也不时地打听巴黎的消息,窥测方向,以便在主宰别人生死之际,保证自己的老命安全无虞。他们接受的职务并不轻松,就像迎击敌人的革命军将军一样,他们每个人都知道,只有一样东西能使他们免遭刑斧的白刃,得到宽恕,那便是:成功。

富歇被派去当总督的时刻,正是激进分子得势,所以富歇在他的下卢瓦尔省,在南特、内韦尔和穆兰表现得极端激烈。他愤怒谴责温和分子,他向全区铺天盖地地发布通告,疾如雷电。他威胁富人和畏缩不前、三心二意之辈,方式极为凶残。他用道义的和实际的强制手段,从农村抽走整团整团的志愿兵,送去和敌人打仗。他的组织能力和迅速把握局势的能

埃贝尔

力,和他的任何同僚相比,至少不相上下,但就说话的放肆大胆而言,他比他们大家都高出一头。因为——这一点必须牢牢记住——约瑟夫·富歇和大革命著名的先锋战士罗伯斯庇尔、丹东不同,他在教会和私有财产问题上并不小心翼翼。罗伯斯庇尔和丹东还恭恭敬敬地宣布私有财产"不可侵犯",而富歇却坚决地提出一个激进社会主义的和布尔什维克主义的纲领。新时代第一个明确的共产主义宣言,其实并不是卡尔·马克思的那个著名的宣言①,也不是格奥尔格·毕希纳②的《黑森信使》,而是那极不著名的为社会主义的史学家竭力忽视的里昂城的《指令》。这个指令虽说是由科洛·德布瓦③和富歇共同署名的,但无疑是富歇一人的手笔。这个措辞激烈的文件,提出的要求超过它的时代达一百年之久。这是大革命时代最令人惊讶的文件之一,值得拿出来公之于世。尽管这个文件已失去它的历史价值,因为,日后的奥特朗特公爵拼命否认他当初作为普通公民约瑟夫·富歇所要求的东西——不管怎么说吧,单从时间观点来看,他当初表示的这种信念已给他打上了大革命时代第一个明确的社会主义者和共产主义者的印记。法国大革命最大胆的要求不是马拉,不是肖梅特④,而是富歇提出来的。这个文件的原文比任何有关的描写更鲜明更刺眼地把富歇一向隐遁于昏暗之中的性格显露出来。这个《指令》一开头就大胆宣布,一切放肆行为都正确无误:"以革命的名义而行动的人们,一切全都允许。对共和党人来说,除了落后于共和国的法律之外,别无其他危险。谁要是超越法律,哪怕好像超过了目标,往往还没有达到真正的目的。只要世界上还有一个不幸的人,自由便将继续不断地向前迈进。"

在这阙强有力的,从某种意义上说已是激越无比的前奏曲之后,富歇便给革命精神下了这样的定义:"革命为的是人民,但是不要把人民理解

---

① 指《共产党宣言》。
② 格奥尔格·毕希纳(1813—1837),德国作家,曾参加黑森州的政治斗争,撰写社会主义传单《黑森信使》。
③ 让·玛丽·科洛·德布瓦(1750—1796),法国革命家,原为演员,思想激进。
④ 皮埃尔·肖梅特(1763—1794),法国革命家,思想激进,参与许多极端行动,后被处死。

为那个因财富而享受特权的阶级。这个阶级把人生的一切享乐和社会的一切财富全都攫为己有。人民只是法兰西公民的整体，尤其是那人数众多的贫民阶级。他们保卫了我们祖国的边疆，并且用自己的劳动养活了整个社会。如果只关心几百人的幸福，而使两千四百万人的痛苦继续下去，那么革命无论在政治上还是道义上都是暴行。如果满口说着平等，而在人们的幸福中还存在着那么巨大的差异，那么革命只是侮辱人类的欺骗。"在这段开场白之后，富歇便提出了他心爱的理论：Mauvais riche①绝不可能做一个真正的革命者，绝不可能做一个真正的诚实的共和党人，因此每一个单纯的资产阶级革命，若使一切财产的差异继续存在，必然不可避免地会蜕化为新的暴政。"因为为富不仁者将始终把自己看成与众不同的人。"因此，富歇便要求人民采取最断然的行动，进行完完全全的革命。"你们不要搞错了，要当一个真正的共和党人，每个公民心里必须进行一场革命，就和那改变法兰西面貌的革命相仿。在暴君的臣仆和自由国家的居民之间不得有任何共同之处，因此这些居民的一切行动，他们的感情和习惯必须是完全新型的。你们受到压迫，因此你们应该粉碎你们的压迫者。你们曾是宗教迷信的奴隶，因此你们现在除了崇拜自由，不该有任何偶像崇拜……任何人，只要他没有这种革命的激情，不关心人民的幸福，而拥有其他的欢乐和忧愁，心灵深处尽考虑个人利益，老是盘算他的荣誉、地位、天才能给他带来多少好处，有一瞬间忘怀了集体利益，在谈到人民备受压迫、富人穷奢极欲时无动于衷，对人民的敌人撒下同情之泪，而不是把自己的全部感情都献给为自由而献身的烈士，这种人如果胆敢自称为共和党人，那是弥天大谎。让他们趁早离开我们的国家，不然他们将会被人识破，他们污秽的血便将浸透自由的土地。共和国只要自由的人们居住在它的国土上，它决心把其他的人全都驱逐殆尽。它只承认那些愿意为它而生、为它而战、为它而死的人是自己的儿女。"在《指令》的第三节，革命的声明便赤裸裸地、不加掩饰地变为共产党宣言（一七九三年第一个明确的共产党宣言）："每一个人，只要他拥有的东西超过自

---

① 法文：为富不仁者。

己的需要,都必须来参加这项特殊的援助。捐献的款项必须和祖国巨大的要求相适应,所以你们首先必须以一种慷慨的、确实是革命的方式来确定,每个人为这公共的事业应该交出多少钱来。这不是一个数学计算的问题,也不能采用平素填写官方税收单时惯用的那种战战兢兢犹豫不决的办法:这种特殊的措施必须具有现实情况的特性,所以你们放手大胆地干吧,每一个公民不需要的一切东西都拿去吧,因为一切多余的财物都是明目张胆地损害人民利益。每个人超过自己需要的财物别无其他用途,只会被他滥用,所以只要把他绝对需要的东西留给他,剩下的一切在战争时期完全属于共和国及其军队。"

在这个宣言里,富歇明确地强调,不能只限于金钱。他接着写道:"他们多余的一切物品,只要对祖国的保卫者有用,现在祖国全都征用。有些人拥有大量的棉布、衬衫、衣料和靴子,多得出奇,所有这一切都必须成为革命征用的对象。"同样,他直截了当地要求人们,把金银,真正的共和党人所轻视的"metaux vils et corrupteurs"①上缴国库,"以便这些金属在那里能印上共和国的图像,通过火焰得到净化,只为大众服务——我们只需要钢铁,共和国将要胜利。"最后他发出一阵可怕的呼吁,要求大家不要有任何顾虑,以此结束整个的要求:"我们将以最严厉的手段维护赋予我们的权威。在别的情况下也许被称为散漫、软弱和迟缓的态度,我们将视之为恶意破坏,予以惩罚。措施不力姑息养奸的时代已一去不返。帮助我们采取强有力的打击,不然这些打击将落在你们自己身上。自由或死亡——由你们自己抉择。"

这篇理论性的文章已经可以使人料到约瑟夫·富歇担任总督时期的实际行动如何了。在下卢瓦尔省,在南特、内韦尔和穆兰,他敢于向法国最强大的两股势力——私有制和教会开战,即便是罗伯斯庇尔和丹东对这些势力都小心谨慎,望而却步。他本着"平分财富"的精神,行动迅速而果断。他发明了所谓的"仁爱委员会",有钱人得向这些委员会赠送财物,据说是个人自行酌定,可是为了不致含糊不清起见,他在一开头便加

---

① 法文:卑劣下贱使人腐化的金属。

了一段温和的警告:"如果富人不利用他们的权利使自由的政权变得和蔼可亲,共和国便有权剥夺他们的财产。"富歇不能容忍任何过分的富裕,他坚决地限制了"多余"这个概念。"共和党人除了铁、面包和四十埃居①的收入之外,别无所需。"富歇从马厩里拉出马匹,从面粉袋里取出面粉。他亲自让佃户用生命担保,不得稍稍违反原来的章程。他下令制作战时面包,名叫统一面包②,禁止烘制任何奢侈的白面糕点。就这样他每个礼拜征集五千名新兵,发给马匹、鞋子、衣服和枪支。他强迫工厂开工,众人全都服从他的钢铁意志。金钱滚滚而来,作为税收、关税、捐款、赋税、贡献。在工作了两个月之后,他志得意满地致函国民公会:"富人在此,羞愧无比。"不过实际上他应该说:"富人在此,战栗不已。"

约瑟夫·富歇,这位日后家私万贯的奥特朗特公爵,后来得到一位国王③的庇护,在教堂里第二次接受宗教的婚配礼,可是当时他一面表现为激进分子和共产主义者,同时还表现为最狂热最激烈的反对天主教的战士。"这个伪善的偶像崇拜必须代之以对共和国和道德的信仰。"在他的檄文中,他这样怒吼道,而最初的措施便像雷霆霹雳落在教堂和礼拜堂的身上。一道法令接着一道法令,一道指示跟着一道指示。"教士除了在宗教场合外,不得身穿僧侣服装。"教士被剥夺了一切特权,因为——富歇论证道,"现在是把这个傲慢不逊的阶级再引回到基督教初期的纯洁中去的时候了,是他们回到市民阶级中去的时候了。"过不多久,约瑟夫·富歇不再满足于仅仅充当军事首领、最高法官,拥有无限权威的独裁者的身份了。他把一切宗教权限也揽了过去。他取消了教士独身的规定,命令神父在一个月之内结婚,或者过继一个螟蛉。他在公开的市场上为人婚配,或者解除婚约。他爬上教堂的布道台(台上所有的十字架和圣像都被仔细拆除),宣讲无神论的布道词,极力否认灵魂不死和上帝存在。宗教的葬礼被废止,惟一的安慰是在公墓里刻上"死亡乃是长眠"这样一句碑文。这位新教皇开全国风气之先,在涅夫勒省为他女儿第一个

---

① 法国当时的银币。
② 第一次世界大战时德国人也烘制这种劣质面包。
③ 指路易十八。

施行了市民的洗礼。这个女儿以涅夫勒省的省名命名为涅夫勒。国民近卫军击鼓奏乐作为前导,富歇在公开的市场上给女儿举行洗礼命名的仪式,不要教会帮忙。在穆兰他一马当先,走在队伍的前面,穿过全城。他手执铁锤,把十字架、耶稣受难像和各种圣像这些"可耻的"狂热主义的标志击得粉碎。抢掠得来的神父的法冠和祭台的罩楸,堆成一堆,纵火焚烧,烈焰腾空而起。市民们围在四周,对这无神论的火刑①欢呼跳跃。但是,只是摧毁死东西,摧毁这些毫无抵御能力的石像和脆弱易碎的十字架,对于富歇来说只是一半胜利。只有当弗朗索瓦·洛朗大主教在富歇的三寸不烂之舌的鼓动之下,脱去了僧袍,戴上了红帽,三十名神父热烈地步他的后尘,这时富歇才取得了真正的胜利。这个胜利如燎原烈火,蔓延到整个法国,他可以扬扬自得地对他的那些比较软弱的无神论的同僚们自诩:他粉碎了宗教狂热。在他管辖的地区内,他消灭了基督教。

也许有人会说,这是一个狂怒者的行径,一个狂热的空想家的激情!可是约瑟夫·富歇在这哄人的激情后面,实际上始终是一个精于盘算的人,一个现实主义者。他知道,他得向国民公会述职。他知道,随着纸币的贬值,爱国主义的词句和信札也行情大跌。要想激起别人的赞赏,必须找到叮当乱响的金银词句。于是在招募来的团队向国境开发的同时,富歇便把他从教堂里抢来的财物送往巴黎。一口口大箱子运进国民公会,满载着金圣爵、打碎的和熔化的银烛台、纯金的十字架和撬挖出来的宝石。富歇知道,共和国首先需要现金,他第一个,而且是惟一的一个从外省把这样具有说服力的猎获物送到议员们跟前。这些议员看到这新型的举动,先是惊讶,继而便以雷鸣般的掌声表示欢迎。从这时起,国民公会里都知道富歇的大名,并且称他为铁腕人物。人人都知道他是共和国最无畏、最强劲的共和党人。

约瑟夫·富歇完成使命回到国民公会时,已经不再是一七九二年的那个籍籍无名、微不足道的小议员了。这个人招募了一万名新兵,从外省

---

① 火刑为中世纪天主教宗教法庭对付异端的极刑。

各地搜刮来十万元金币,一千二百磅纯金,一千锭白银,而且一次也没有动用过"民族剃刀",即一次也没有动用过"断头机"。国民公会对于这样一个人物"热心职守的精神",的确不能不表示赞赏。激进的雅各宾人肖梅特发表一首颂歌,歌颂富歇的事迹,他写道:"公民富歇完成了我叙述的这些奇迹。他敬老扶弱,尊重不幸的人,摧毁狂热主义,消灭联邦主义。他使钢铁生产又蒸蒸日上。他拘禁形迹可疑的人,严惩各种罪行,以儆效尤,追究并且逮捕剥削者。"富歇小心翼翼犹豫迟疑地在温和派的座位上就座之后不过一年,此刻已经算是激进分子中最激进了。现在里昂发生起义,需要一个特别果断、毫无顾虑、毫不犹豫的人物,去贯彻执行这次大革命,或者任何哪一次大革命所能想出来的最可怕的敕令,还有谁更适宜于担负这个任务呢?国民公会以它特有的浮夸词句命令道:"你迄今为止,为革命效劳,这为你将要做出的贡献提供了担保。你的使命是在Ville affranchie①(即里昂)重新点燃即将熄灭的市民精神的火炬。去完成革命,结束贵族挑起的战争,但愿那已被推翻的政权妄想重新建起的废墟,落在他们身上,把他们击成齑粉!"

于是约瑟夫·富歇,未来的亿万富翁,日后的奥特朗特公爵,便以复仇者和破坏者的姿态,以"里昂的刽子手"的姿态,第一次迈进世界历史的舞台。

---

① 法文:被解放之城。

二　里昂的刽子手

一七九三年

在法国大革命这部史册里,里昂起义,恰巧是最为鲜血淋漓的篇页之一,很少被人翻开。可是在当年还是小市民的农业的法兰西,不论在哪个城市里,甚至在巴黎,社会对立也不会像在这第一工业城市,丝织业的故乡,表现得这样尖锐。在那里,工人在一七九二年这个还是资产阶级的革命里,就第一次组成一个无产阶级的群体,和具有资产阶级思想的保王派的企业家阶级截然区分。因此恰好在这片敌意森然的土地上,阶级矛盾将采取最血腥最狂野的形式,无论是反动还是革命,均是如此,这也就毫不足奇了。

雅各宾党的追随者们、工人和失业大众,聚集在一个怪人的身边。每次世界变迁中这种怪人都会突然泛起,这种人全都品格纯净,拥有理想主义信念,但是他们以自己的信仰比最为残暴的现实政治家和最狂野的恐怖分子造成更多的灾难,他们以自己的理想主义酿成更多的流血事件。恰好是这种信念纯真、虔诚笃信、狂喜热忱的人,这种改变世界者,改造世界者,怀着最高尚的目的,促成了他自己也深恶痛绝的谋杀和灾祸。在里昂的这位怪人名叫沙利耶,是位还俗的神父,早年当过商人,对他来说,革命又一次变成了基督教,那真实、纯正的基督教。他怀着一种自我牺牲的迷信的爱,依附革命。把人类提高到理性和平等的境界,对于这位让·雅克·卢梭的狂热读者来说,已经意味着千年帝国得以实现。他那炽烈狂热的人类之爱恰好在焚毁世界的大火之中,看到一个崭新的、永不消逝的人道的旭日红霞。这个幻想家真令人感动：巴士底狱攻陷之后，他用双手捧着一块从这城堡拆下的砖石，步行六天六夜从巴黎来到里昂，为它在里昂建成一座祭坛。他崇拜热血沸腾慷慨激昂的檄文作者马拉，犹如崇敬一位神明，一位新的皮提亚①；他把马拉的演说和文章背得滚瓜烂熟，以他神秘的孩子气的演讲来鼓舞里昂的工人阶级，任何人都难出其右。民众本能地感到在他的本质里具有灼热的、富有同情的博爱精神，而里昂的反动派也同样感觉到，恰好是这样一个纯净的、为精神所驱使、为人类之爱几乎弄得如醉如狂的人，比那些大声鼓噪的雅各宾党的捣蛋鬼要危险得多。所有的爱都集中到他身上，所有的恨也冲他而去。城里出现第一次动乱，他们便把这个神经衰弱、有几分可笑的幻想家当作罪魁祸首投进监狱，然后用一封伪造的信件，七拼八凑地编织了一份对他的起诉书，把他判处死刑，为了儆戒其他激进分子，也是为了对巴黎的国民公会表示挑衅。

被激怒的国民公会派出一个个信使前往里昂，营救沙利耶。又是警告，又是要求，向桀骜不驯的市政当局进行威胁。可是里昂的市议会一旦下定决心，给巴黎的恐怖分子们点儿颜色瞧瞧，便非常自负地拒绝接受任何责难。他们先前很不乐意地让人把那恐怖的刑具断头机送来，放在一个仓库里没有使用；现在他们要给那些主张恐怖制度的人上堂课，在一个革命者身上首次试用一下这所谓的革命的人道的工具。正因为这台机器还没有试用过，刽子手笨手笨脚，沙利耶的死刑竟然变成了惨不忍睹卑鄙无耻的酷刑。钝斧三次落下，没有斩断犯人的颈椎。民众毛骨悚然地目睹他们领袖被捆住的身体血流如注，扭动不已，可是还一直活着遭受这可耻的刑罚，最后刽子手出于怜悯一刀砍下，才使这不幸的人身首异处。

但是这个被刑斧连砍三次砸得血肉模糊的头颅，对于革命者来说，不久便变成了复仇的信号，对他的杀人凶手来说则是个墨杜萨②的头颅。

国民公会听到这一犯罪行为的消息大吃一惊：什么，孤零零的一座法

---

① 希腊神话中宣示神谕的先知。
② 希腊神话中的女性怪物，荷马史诗中提及，谁若看见她那被砍下的头颅就会化为石头。

国城市竟然公然违抗国民公会？这样一种放肆的挑衅必须立即扼杀在血泊之中。但是里昂市政府也知道,它能得到的将是什么。它是从违抗国民公会公开转向叛乱。它征召军队,构筑工事,对抗同胞,对抗法国人,公开抗击共和国的军队。现在必须由武器在里昂和巴黎之间,在反动和革命之间做出决定。

根据逻辑推理,此时此刻,进行内战对于年轻的共和国来说不啻自杀,因为共和国的形势从来也没有比这时更危险,更绝望,更无出路。英国人已占领了土伦,夺取了舰队和军火库,威胁敦刻尔克。与此同时,普鲁士人和奥地利人已在莱茵河畔和阿登山脉向前推进,整个旺代省都处于熊熊烈火之中。战斗和暴乱从法兰西的一个边境到另一个边境,震撼了整个法国。但是这些日子也是法国国民公会真正富有英雄气概的日月出于一种阴森可怕的命运攸关的本能,领袖们认识到用挑战可以最好地战胜危险,在沙利耶死后,他们拒绝和杀害他的刽子手们缔结任何协议。"Potius mori quam foedari"①,宁可在七条战线之外再开辟一条战线,也不示弱而缔结和约。这种拼命挣扎不可抗拒的干劲儿,这种有悖常理、狂暴蛮横的激情就像俄国革命一样(在东西南北方同时为英国人和全世界的雇佣兵所包围,在内部又同时受到弗兰格尔、邓尼金和高尔察克②的兵团的威胁),在最严重的危险关头,拯救了法国革命。惊慌失措的里昂市民阶级如今公开投入保王党人的怀抱,把他们的军队交给一位国王的将军指挥,但这都无济于事,——无产阶级的士兵们从农家房舍,从各个郊区蜂拥而出,十月九日,法兰西发生暴乱的第二首都为共和国的军队所攻克。这一天也许是法国大革命最值得骄傲的一天。国民公会主席在会上庄严地从他的座位上起立,报告里昂已彻底投降,议员们从座位上一跃而起,高声欢呼,互相拥抱。在这一瞬间似乎所有的不和均已化解,共和国已经获救,向全国、全世界树立了一个卓越的榜样,证明共和国的人民军队具有不可阻挡的威力,具有愤怒和冲击的力量。但是灾难深重的是,这

---

① 拉丁文:宁可沦亡也不妥协。
② 亚·瓦·高尔察克(约1874—1920),十月革命后在东西两线向苏维埃俄国发动进攻的白军将领。

种勇敢的骄傲感使得胜利者忘乎所以,产生可悲的渴望,想立刻把这种胜利转化为恐怖。对战败者的复仇应该像导向胜利的干劲儿同样的可怕,"应该树立一个榜样:法兰西共和国,年轻的革命,对于那些起来反对三色旗的人惩罚最为严厉。"就这样,国民公会这个人道的辩护士,用一道法令,在全世界面前损坏了自己的形象。在米兰进行屠城的红胡子大帝①,以及恣意杀戮的哈里发们为这道法令提供了最早的历史文献。十月十二日,国民公会主席打开那份可怕的文件,申请摧毁法兰西的第二首都。这份鲜为人知的法令原文如下:

一、国民公会根据公安委员会的建议,任命一个由五人组成的特别委员会,毫不迟疑地对里昂的反革命进行军事惩罚。

二、里昂所有的居民都必须缴械,他们的武器将转交给共和国的保卫者们。

三、其中一部分武器转交给受富人和反革命分子压迫的爱国志士们。

四、里昂城将被彻底摧毁。一切富人居住的房屋必须破坏;只有穷人的房屋,被杀害或遭流放的爱国志士的住宅,工业用房以及用于慈善和教育目的的建筑得以保留。

五、里昂的名字将从共和国城市的名册上划去。从此,剩下的房屋的总体将授以 Ville Affranchie 之名。

六、在里昂的废墟上将树立一根柱石,用以下铭语向后世昭示这座保王之城犯下的罪行和受到的惩罚:"里昂反对自由——里昂不复存在。"

这个疯狂的提案要把法国第二大城夷为一片瓦砾,谁也不敢对此提出异议。自从寒光闪闪的断头机威胁着众人,哪怕只是悄声说出仁慈或者怜悯字样的人都有人头落地的危险,在法兰西的国民公会里,勇气早已荡然无存,国民公会被自己的恐怖手段所震慑,一致同意这破坏性的行动,罗伯斯庇尔的朋友库东②受命去执行这项法令。

---

① 即神圣罗马帝国皇帝腓特烈一世。一一八九年开始第三次十字军东征,翌年溺死于东征途中。

② 乔治·库东(1755—1794),法国革命家,狂热分子,罗伯斯庇尔的忠实追随者。后死于断头机下。

马拉

里昂被围,1793年10月

库东,这位富歇的前任,立刻认识到把法兰西最大的工业城市,尤其是该城的文化古迹肆意破坏以儆效尤,乃是疯狂的自杀性行为。从一开始,他便暗下决心,破坏这一使命。为此必须有聪明的伪装。于是库东便以拖延战术来掩饰他保护里昂的秘密目的。首先他热情洋溢地赞美这道彻底摧毁里昂的疯狂法令。"公民同志们,"他叫道,"读了你们的法令,我们赞叹不已。不错,这座城市必须摧毁,以便儆戒其他一切敢于反抗祖国的城市。在国民公会迄今为止所颁布的一切重大的强劲有力的措施当中,只有一项为我们所忽视:那就是彻底摧毁的法令……但是公民同志们,你们请放心,请向国民公会保证,它的原则就是我们的原则,它的法令将原原本本地得到执行。"但是这个以颂歌一样的词句对他的任务表示欢迎的人,实际上根本不想执行这项任务,而只采取一些虚张声势的措施。由于早年身患小儿麻痹症,库东双腿瘫痪,但是他精神上果断坚毅,不屈不挠。他让人用轿子把他抬到里昂的城市广场上,用一柄银锤象征性地敲一下那些需要拆除的房屋,并且预告要举行可怕的复仇法庭。这一来就使那些情绪激烈热血激奋的分子得到安抚。而实际上他却借口缺乏工人,只把一些妇女和孩子派去,装模作样地对那些房子有气无力地铲上几锹,被处以死刑的人也为数甚少。

这样杀气腾腾的宣告发表之后,接下来的措施竟是出人意料地温和,全城舒了口气,但是恐怖分子也十分警觉,他们渐渐看出库东的温和思想,便以暴力要求国民公会采取暴力措施。沙利耶的鲜血淋漓破损不堪的头颅被作为圣物运往巴黎,以庄严隆重的仪式交给了国民公会,并且陈列在巴黎圣母院以激励民众。恐怖分子越来越焦躁不耐地抛出新的提案反对迟疑不决的库东:他过于懒散,过于拖沓,过于怯懦,总而言之,缺乏大丈夫气,无法进行这惩戒性的报复行动。需要有一个的的确确毫无顾忌、忠实可靠、货真价实的革命者,一个不怕流血、敢于采取极端措施、钢铁般的男子汉。最后国民公会对他们的鼓噪只好让步,把最最果断坚决的两位护民官派去接替过于温和的库东,那就是性情暴烈的科洛·德布瓦(关于此人流传这样一则传说:他做演员时,曾在里昂被人嘘下台来,因而他是教训该城市民的合适人选），第二位便是一切总督当中最为激进的一位，那声名狼藉的雅各宾党人，极端恐怖主义分子约瑟夫·富歇。他们两人作为刽子手被派到那不幸的城市里去。

这位一夜之间被召唤来从事这杀人勾当的约瑟夫·富歇，的确是一个刽子手。他的确像当时人们称呼恐怖行为的先驱者时所说的那样，是"嗜血狂徒"吗？从他的言论来看确实如此，没有一位总督在自己省里的表现比约瑟夫·富歇更主动积极，更干劲十足，更革命，更激烈：他不顾一切地征收粮食，掠夺教堂，没收财产，击溃反抗。但是——这对他来说是很说明性格的！——他只是用言论、命令和恫吓来施行恐怖，因为在他统治内韦尔、克拉姆西的那几周里，没有流洒一滴鲜血。当断头机在巴黎像缝纫机一样嗒嗒嗒响个不停，卡里埃①在南特把成百上千个犯罪嫌疑人淹死在卢瓦尔河里，枪击声、谋杀声和追捕声在全国回荡时，富歇在他的辖区里却没有处死一个人，没有判处一名政治犯死刑。他知道——这是他心理学的主旋律——大多数人的怯懦。他知道，摆出一副狂野的强劲的恐怖姿态在大多情况下便省去了恐怖本身。后来在反动派最美丽的花季五月，其他各省全都奋起作为控告者控诉他们从前的主人，他辖区的人却提不出别的控告，只能提出，他老是以死刑威胁他们，但是无人能够指控他真正执行过死刑。人们这就看到，被确定为里昂刽子手的富歇，根本不喜欢流血。这个冷血的不贪女色的人，这个善于算计的城府很深的赌徒，与其说是老虎，毋宁说是狐狸，用不着用血腥味来刺激他的神经。他用言语和威胁大呼小叫（内心其实并不一起发烧），但是从来也不是由于酷爱凶杀，渴求权力，真正要求把别人处死。出于本能和聪明（并非出于人道），他尊重别人的生命，只要他自己的生命不受威胁，他总是在他自己的生命或者利益受到威胁时，才去威胁别人的生命或命运。

这几乎是一切革命的秘密之一，是革命领袖的悲剧命运：他们大家都

---

① 让·巴蒂斯特·卡里埃（1756—1794），法国革命家，国民公会议员，在短短四个月里，于南特屠杀一万六千人，后死于断头机下。

卡里埃

科洛·德布瓦

不喜欢流血,可是被迫使鲜血横流。德穆兰怒发冲冠,拍案而起,要求开庭审判吉伦特派人,可是等他坐在法庭上,听人对他自己送上法庭的二十二人宣判死刑时,他跳起身来,面无人色,浑身发抖,绝望地冲出法庭:不,他并不希望事情变成这样!罗伯斯庇尔签署成千上万道灾难深重的法令,可是两年前他在咨询会议上曾经反对过死刑,并且把战争斥为罪行。丹东虽然是凶杀法庭的缔造者,却从他惊愕的灵魂里喊出了这样一句绝望的话:"宁可死于断头机下也不把别人送上断头台。"甚至那个在自己的报纸上公开要求砍下三十万颗人头的马拉,也设法拯救每一个即将被杀的人。他们大家后来都被描写成嗜血野兽,狂热激奋的杀人犯,闻到死尸的臭气便已陶醉。他们大家都跟列宁和俄国革命的领袖们一模一样,打内心憎恶任何死刑;他们大家原来都只想用死刑相威胁,牵制他们政治上的敌人,但是从理论上的赞同必然会萌发出凶杀的毒龙之种。所以法国革命家的罪过并不是以鲜血来自我陶醉,而是以血腥的词句来自我陶醉。他们大家都干了蠢事,仅仅为了鼓舞民众,并且向自己证实自己的激进主义,他们创造了一种血淋淋的俚语,并且一刻不停地胡言乱语,说叛徒甚众,需动用绞架。可是等到民众陶醉于这种调唆人的胡言乱语,真的要求他们采取那些他们认为必要的"果断措施"时,这些领袖们又缺乏反对的勇气:他们必须使用断头机,为了使他们关于断头机的言论不致被人视为谎言。他们的行动必须勉强跟上他们疯狂激烈的言论,于是开始了一场令人心惊胆战的赛跑,因为在这场追逐民众宠爱的竞赛中谁也不敢落在别人后面。根据万有引力定律,执行一次死刑便带来另一次。起先只不过是以摆弄血淋淋的字句开始的游戏,后来变成日益狂暴不断升级的砍头行径,并非由于对此热衷,也不是出于激情,尤其不是下定决心使成千上万的人去牺牲,而是由于政治家们、各党派的党员们优柔寡断,没有勇气去抗拒百姓,话说到底,是由于怯懦。世界历史在大多数情况下被描述成彪炳人的勇气的历史,可惜并不仅仅如此,它也是一部揭示人的怯懦的历史。政治并不像人们宣扬的那样,是引导公众舆论,而是领袖们奴性十足地屈服于他们自己创造的,自己施加影响的舆论机器。历次战争总是这样产生:由于耍弄了危险词句,挑动了民族激情,政治罪行也是这样引发出来的;世上没有一种罪恶,没有一种暴行像人性的怯懦那样造成这么多鲜血横流。因此,约瑟夫·富歇在里昂变成大屠杀的刽子手,并不是由于共和主义的激情(他根本就不知道激情为何物),而仅仅是由于害怕成为温和派,为人憎恶。但是在历史上起决定作用的并非思想,而是行动。尽管他千百次抵抗这个字,他的名字依然被写成"里昂的刽子手"。日后,即便是公爵的大氅也无法掩盖他手上的血迹。

十一月七日、十一月十日,科洛·德布瓦和约瑟夫·富歇先后抵达里昂。他们立即着手工作。但是在真正的悲剧上演之前,这位被解雇的戏子和他那当过神父的助手还演出一场短短的滑稽戏,这也许是整个法国大革命期间最富挑衅性、最放肆大胆的一出滑稽戏了:他们在光天化日之下举行了一台黑色的弥撒;借口为自由的殉道者沙利耶举行一次追悼会,组织了这场无神论的节日狂欢。序幕始于早上八点,所有的教堂都被褫夺了最后的虔诚的标志,从祭坛上扯下了耶稣受难的十字架,祭坛的桌帷和弥撒的祭衣都被扯走,然后汇集了浩浩荡荡的一股人流,穿过全城,通向泰罗广场。四名来自巴黎的雅各宾党人用一副覆盖着三色壁毯的担架,抬着沙利耶胸像,上下左右缀满了鲜花,胸像旁边是沙利耶的骨灰坛,一个小笼子里关着一只鸽子,据说这只鸽子曾是那位殉道者身陷囹圄时的安慰。三位总督,神情庄严而又严肃,走在担架后面,前往举行这种新式礼拜,向民众庄严隆重地证明,为自由而献身的烈士沙利耶,"Dieu sauveur mort pour eux"①的崇高神性。这个喧闹的典礼本身已经令人不快,再加上特别令人难堪的、愚蠢的低级趣味,更加不堪入目:一群喧闹不已的民众扬扬得意地跳着丑态百出的胜利之舞,把从各个教堂掠夺得来的弥撒器皿、圣杯、圣爵、圣像全都拖来;在他们后面慢吞吞地走着一头毛驴,两只耳朵上面,巧妙地扣上一顶偷来的主教法冠,这头可怜的灰毛野兽的尾巴上面捆着一个十字架和一部《圣经》——这样在大青白日,捆在驴尾巴上的福音书,便在马路的尘埃里东摇西摆,引得一批大声喊叫的下等人乐不可支。

---

① 法文:为他们捐躯的救世主。

终于军号吹响,命令全场肃立,在宽阔的广场上,在茵绿的草地上搭起了一座祭坛,上面庄严地安放着沙利耶的胸像和骨灰坛,三位人民代表恭恭敬敬地向这位新的圣人鞠躬致敬,首先是训练有素的演员科洛·德布瓦抑扬顿挫地讲话,然后富歇发表演说。这位在国民公会善于如此顽固地保持沉默的人突然滔滔不绝地讲起话来,以激越昂扬的声调颂扬那尊石膏像:"沙利耶,沙利耶,你已离我们而去!一批罪犯害你这位自由的殉道者不幸牺牲,但是这些罪犯得流尽鲜血,为此赎罪,以慰你愤怒的亡灵。沙利耶!沙利耶!我们在你的像前宣誓,为你的英勇献身复仇,让贵族的鲜血成为祭奠你的阵阵薰香。"第三位人民代表不像这位未来的贵族、日后的奥特朗特公爵那样能说会道。他只是谦恭地吻一吻胸像的前额,冲着整个广场疾言厉色地大吼一声:"杀死贵族!"

这三人庄严地参拜完毕,便燃起一大堆柴火。不久前还削发修行的约瑟夫·富歇和他的两名同僚脸色严峻地看着人家把福音书从驴尾巴上割下扔进火里,在法衣、经书、圣体和木制圣像燃烧起来的熊熊烈火之中化为缕缕青烟。然后有人让这头灰色毛驴从一只圣杯里饮水,以表扬它所干出的亵渎神明之举。在这毫无品味、不堪入目的勾当结束之后,四名雅各宾党人又把沙利耶的胸像抬在肩上送回教堂,庄严地放在祭坛之上,取代那尊砸烂了的基督圣像。

为了永久纪念这次庄严隆重的庆典,几天后铸造了一枚特制纪念币。这枚硬币今天已无法觅得,很可能是因为日后的奥特朗特公爵把所有的样品悉数收购,把它们全都销毁,就像那些过于详尽地描写他那极端雅各宾时期和无神论时期所建树的激进过火的英雄业绩的书本一样。他自己记性很好。但是别人也会回忆起或者被人提醒想起里昂的这台黑色弥撒,这对于一位笃信基督的国王陛下的元老院议员和大臣阁下来说,日后将是极为难堪、很不愉快的事情。

不论约瑟夫·富歇在里昂第一天的表现多么令人反感,他毕竟只是在做戏,在排演令人讨厌的假面舞会:还没有流洒任何人的鲜血。但是在第二天早上,总督们就把自己关在一间偏僻的屋子里,象征性地关上了大门,有武装卫兵守卫,任何不召自来的人均不得接近,不表示任何宽大,不接受任何请求,不给予任何照顾,成立了一个革命法庭。这两位人民国王富歇和科洛致国民公会的信函预示,他们策划了一个多么可怕的巴托罗缪之夜①,他们两人写道:"我们以品德坚定的共和主义者的刚毅执行我们的使命。人民把我们置于显要位置,我们不会降低身份,去关心几个多少有些罪过的人的卑微利益。我们避开众人,因为我们不能浪费时间,不能滥施恩惠。我们眼里只有共和国,它命令我们树立伟大的榜样,给人们以极为明显的教训。我们耳中只有人民的呼喊,他们要求我们以迅速、可怕的方式一举为爱国志士流洒的鲜血复仇,以便人类不会再次看到鲜血横流。我们坚信在这卑鄙无耻的城市里除了那些为杀害人民的凶手所镇压、所囚禁的人之外,别无其他清白无辜的人。我们对那些悔恨的泪水抱着十分怀疑的态度。什么也不可能软化我们的严峻。我们必须向你们承认,市民同胞们,我们把宽容视为危险的弱点,它只会在这些犯罪分子的希望行将彻底幻灭的瞬间,使之又重新燃起。若对一个人表示宽容,就等于给他同类的人都表示宽容,这就使你们司法的效果全然无效。拆除工作进行得过于缓慢,焦躁不耐的共和党人要求采用更快捷的手段:埋雷爆炸,只有那吞噬一切的熊熊烈火才能显示人民的威力。人民的意志不能像暴君的意志那样受到阻碍,人民的意志必须具有急风暴雨的效果。"

这场急风暴雨按照预定计划在十二月四日刮起,它的回响不久传遍全法兰西,令人毛骨悚然。一清早便从监狱里带走六十名年轻人,每两个人捆在一起。但是并没有把他们带到断头机前。按照富歇的说法,断头机干得"太慢",他们被带到罗讷河对岸的勃罗多平原。匆忙挖就的两排平行的坟坑,让受害者们猜到他们的命运,离他们十步之遥排列起来的一门门大炮让他们猜到集体屠杀的方法。这些无力反抗的人被捆绑在一起,他们抢地呼天,浑身战栗,拼命挣扎,一大堆濒临绝境徒劳无功地进行反抗的可怜人。一声令下——铅弹从这样凶险致命的近处,从近在咫尺的炮筒里射向那些惊恐万状颤抖不已的人群。当然,这第一发排炮并未

---

① 巴黎的天主教徒商定在圣巴托罗缪节的那天夜里(一五七二年八月二十三日至八月二十四日)向胡格诺教徒发动突然袭击,杀死胡格诺派二千余人。

富歇在里昂发明的"炮决"

里昂的屠杀

圣巴托罗缪之夜

圣巴托罗缪之夜

把所有的受害者全都杀死。有些只是被炸掉一只胳臂或者一条腿,有些只是炸开腹腔,肚肠外露,有几个甚至碰巧一点未受伤。正当鲜血已经汇成溪流,向着坟坑潺潺流注的时候,第二声令下,骑兵便手持佩刀和手枪向着那些未死的受害者扑去,又劈又砍,向着那些蠕动抽搐、呻吟呼喊,可是已经不能逃走的人群开枪射击,直到最后一声痰喘也全然窒息为止。为了褒奖这次屠杀,刽子手们可以从那六十具还温热的尸体上剥下衣服和鞋子,然后把死尸一丝不挂残缺不堪地埋进坟坑之中。

这是日后笃信基督的国王陛下的大臣约瑟夫·富歇所执行的第一次赫赫有名的炮击事件。第二天早上一份措辞激烈的文告对此表示赞扬:"人民代表在执行他们身负的使命时将毫无私人感情,人民把复仇的霹雳雷霆放在他们手里,不把一切自由的敌人击成齑粉,他们绝不会放下手中的霹雳。他们将有勇气,越过反叛者一行行宽阔的坟坑,踏过废墟,走向民族的幸福和世界的革新。"同一天勃罗多的排炮以杀人的方式又一次证实了这种可悲的"勇气",受害者的人群更为壮观。这一次是二百一十个任人屠宰的牺牲,他们全都双手反绑着被带出监狱,几分钟后被霰弹的粉碎性的铅头以及步兵的一排排枪弹所杀死。屠杀的过程是同样的,只不过这一次刽子手艰难繁琐的行当得到简化,在这样紧张费力的大屠杀之后,免于充当他们受害者的挖墓人。何必再为这批无赖挖坟?他们从那些绷紧的脚上把血淋淋的鞋脱了下来,然后把赤身露体、往往还在抽搐的死尸干脆扔进罗讷河,使之葬身汹涌奔流的河水之中。

这种令人发指的恐怖行为,全国和整个世界都深恶痛绝。约瑟夫·富歇却百般美化,竭力掩饰。罗讷河为这些裸体的尸体所污染,竟被富歇赞为政治上的伟绩,因为它们沿河漂浮,直达土伦,在那里为共和党人无情、可怕的复仇提供形象的证明。他写道:"必须把那些血淋淋的尸体投进罗讷河,让它们沿着河岸,一直流到入海处,流向卑鄙无耻的土伦,使怯懦残忍的英国人亲眼看到恐怖的威力,充分显示人民乃全能之主。"当然在里昂已经无须以这种方式表示,因为行刑一次接着一次,屠杀也一场紧接着一场。富歇"噙着快乐的眼泪"欢迎攻克土伦,为了庆祝这一天,"他让二百名反叛者死于枪炮之下",任何乞求仁慈的呼喊都属徒劳。有两个女人在血腥的法庭上苦苦哀求释放她们的丈夫,由此被捆在断头机旁示众。谁也不得走近人民代表住的房子去请求缓刑。步枪的劈啪声越是猛烈,总督的咆哮声便越是响亮:"不错,我们敢于宣布,我们让许多污秽不洁的血液横流,但这只是出于人道,为了履行职责……你们把刀枪托付给我们,我们绝不会放下它们,除非你们收回成命。到那时为止,我们将继续不断地击倒我们的敌人,我们将用最最可怕的方式,以迅雷不及掩耳之势把他们赶尽杀绝。"

在短短几周之内处死一千六百人,证明约瑟夫·富歇这次破例说了实话。

在组织这些集体屠杀、撰写热情洋溢的有关报告之余,约瑟夫·富歇和他的同事并没有忘记国民公会要他们在里昂完成的另一项可悲的任务。在第一天他们就向巴黎告状,上面下令拆除该城,这项工程在他们前任治下,进展"过于迟缓"。——"现在将用炸药来加速破坏工作,工兵部队已经开始工作,两天之内贝勒古尔的建筑物将全部炸毁。"这些房子的门面赫赫有名,始建于路易十四年代,是芒萨尔①的一位学生所建,因为美丽超群,首先遭到毁坏。这些房屋里的居民被残暴地驱赶出去,成百上千个失业男女,在几周之内,把这华丽辉煌的艺术珍品无谓地砸得稀烂。这不幸的城市弥漫着呻吟和叹息,枪炮的轰鸣和墙垣倒塌的声响:"司法"委员会杀人,"拆除"委员会拆房,与此同时,"物质"委员会肆无忌惮地征调食物、布匹和贵重物品。每幢房子从地窖到屋顶都搜查一遍,寻找躲藏起来的人和藏匿起来的珍宝。到处都笼罩着富歇和科洛这两个人制造的恐怖气氛,他们躲在一幢房子里,由士兵站岗保护,谁也见不到他们,谁也无法接近他们。最最华丽的宫殿已被推倒,所有的监狱尽管不断装满新的犯人,又经常出空一半,商店里空空如也,勃罗多的田野浇灌了成千上万人的鲜血。这时终于有几个勇敢的市民下定决心(他们可能为此而掉脑袋!),赶到巴黎向国民公会

---

① 弗朗索瓦·芒萨尔(1598—1666),法国著名建筑师。

递上一份请愿书,恳请不要把全城都夷为平地。不言而喻,这份请愿书的措辞非常谨慎,甚至有些低三下四,他们也开始胆小怯懦地先低头鞠躬,盛赞那份法令,"似乎是罗马元老院的天才授意写成的"。然后他们就"为真诚悔恨、迷途知返的人乞求仁慈,——我们斗胆相告,那是一些遭到误解清白无辜的人"。

但是有人及时把这隐蔽的控告向这两位总督报告,科洛·德布瓦更加能说会道,便乘坐快速邮车驰向巴黎,及时进行反击。第二天他就在国民公会,在雅各宾党人那里大胆陈词,非但不为集体屠杀进行声辩,还把它当作一种"人道"的形式大加赞扬。他说:"免得人们看到连续行刑的可怕场面,人民代表因而决定,在同一天把所有的犯人一举消灭;这种愿望产生于一种 veritable sensibilite①。"在雅各宾党人那里他更加狂热地称赞这种崭新的"人道"制度。"是的,我们一排炮弹撂倒二十个犯人,有人为此责怪我们。他们难道不知道,这也是一种温和仁慈的行动!倘若把二十个人送到断头机上处死,那么最后一个人受刑前便已死了二十次,而在这里却是二十个叛徒同时走向毁灭。"的确,这些从革命俚语的词典里匆忙搬来的陈词滥调对人发生了作用,国民公会和雅各宾党人接受了科洛的解释,并且表示赞许,从而授予总督们一份继续行刑的特许令。同一天,巴黎庆祝沙利耶移葬先贤祠,到此为止,只有让·雅克·卢梭和马拉得此殊荣。沙利耶的情妇和马拉的情妇一样得到一笔养老金。这就使烈士被公开奉为民族的圣人,富歇和科洛的每一个暴力行为都被视为合理的复仇行为,得到认可。

尽管如此,他们这两人总还是有点忐忑不安。因为国民公会里危机四伏,丹东和罗伯斯庇尔之间,温和派和恐怖派之间势力消长摇摆不定,要求人们加倍谨慎。于是他们两人决定分配角色:科洛·德布瓦留在巴黎,仔细观察各委员会里和国民公会里的情绪,以他凶猛粗暴、声势凌厉的演说把可能发生的任何攻击都事先强压下去,而继续屠杀的任务则分配给"干劲"充沛的富歇。那一时期,约瑟夫·富歇是权力无限的独裁统

---

① 法文:真正的同情心切。

治者,确定这点十分重要,因为后来他试图以巧妙的方法,把一切暴力行为全都推到他那心胸更加坦率的同僚身上。但事实表明,即使在他大权独揽时期,死神的镰刀也照样飞速挥动,丝毫不减弱。一天枪杀四十五人,六十人,一百人,即使科洛远在巴黎,这里的墙垣也纷纷坍塌,房屋遭到洗劫,监狱因为不断行刑而出空,约瑟夫·富歇一直用热情洋溢的血腥词句大声咆哮,掩盖自己的所作所为:"但愿这个法庭的判决能使犯罪分子惊慌失措,但是这些判决使民众放心,得到安慰,民众听取这些判决并且予以批准。人们认为我们会对犯罪分子开恩,哪怕只是赦免他们一次,这都是冤枉我们:我们一个人也没有赦免!"

可是突然间——出什么事了?——富歇改变了腔调。他嗅觉灵敏,在远方已感觉到,国民公会里风向已变,因为若干时间以来,在他那尖锐刺耳的行刑号声响起之后,没有传来合适的回音。他的雅各宾党的朋友们,他的信奉无神论的志同道合的伙伴们,埃贝尔,肖梅特,龙桑①,突然之间全都沉默无语——非常沉默,永远沉默下去,因为罗伯斯庇尔毫不留情,出乎意料地猛然出手,卡住他们的咽喉。这只道德崇高的猛虎一直巧妙地在过于狂热和过于温和的人们之间转来转去,扫除障碍,时而在右边,时而在左边,这时突然从暗处跳将出来,扑向极端激进分子。他下令要求卡里埃向国民公会述职,此人在南特以同样激进的手段把人淹死,就像富歇在里昂把人枪杀一样;罗伯斯庇尔通过他的心腹圣茹斯特②在斯特拉斯堡把那狂野的厄罗吉乌斯·施奈德③送上断头台;他把富歇在外省和里昂举办的那种无神论的民众典礼公开斥为愚蠢行为,禁止在巴黎举行。和往常一样,内心忐忑不安的议员们胆怯驯服地看他的眼色行事。

---

① 夏尔·菲利普·龙桑(1752—1794),法国革命军的将军,参加镇压旺代的起义,后与埃贝尔一同死于断头机下。
② 圣茹斯特(1767—1794),法国革命家,罗伯斯庇尔的忠实追随者。与罗伯斯庇尔同时死于断头机下。
③ 厄洛吉乌斯·施奈德(1756—1794),德国人,后投身法国革命,激进主义者,为圣茹斯特逮捕,在巴黎死于断头机下。

旧日的惊恐攫住富歇：他深恐不再属于多数。恐怖分子给干掉了，——干吗还继续当恐怖分子？不如赶紧倒向温和派，倒向丹东和德穆兰，他们现在正要求设立一个"温和的法庭"，赶快根据风向顺风撑船。二月六日，他突然下令停止枪杀犯人，只有断头机（他曾在敕文里声称，断头机干活太慢）迟迟疑疑地继续工作，充其量每天砍下稀稀落落的两三个脑袋，和先前在勃罗多平原上举行的民族庆典相比，的确是微不足道的小事一桩。他一下子把全部力量用来对付激进分子，对付那些举办他的盛典、执行他的命令的人们，霎时间他从一个革命的扫罗①摇身一变成了一个人道的保罗。他干脆就投向对立面，把沙利耶的朋友称作一帮"无政府主义者和暴乱分子"，肆无忌惮地解散一二十个革命委员会。这时发生了非常奇怪的事情：惊恐万状、怕得要死的里昂居民，突然之间把在里昂开枪杀人的英雄富歇视为救星。里昂的革命者们又写了一封封愤怒的书信，指责富歇态度暧昧，叛变革命，"镇压爱国者"。这样大胆地急转弯，这样放肆地在大青白日投向另一阵营，逃去投靠胜利者，这是富歇在斗争中的秘诀。全凭这些伎俩救他一命。他在两边下注，倘若他在巴黎由于过分温和受到指控，他就可以指指上千座坟墓，指指里昂城砸得稀烂的房屋门面来洗刷自己。反过来要是有人指控他是刽子手，他可以用雅各宾党人的控告为证，反驳他们指责他谦和礼让过于温和。他可以根据风向，从右边的口袋里掏出一个证明，证明他铁面无私，从左边一个口袋里掏出一个证明，证明他富有人性，他现在既可作为里昂的刽子手，又可作为里昂的救星登场。果不其然，凭着这巧妙的变戏法的绝招，即使在日后他也成功地把大屠杀的全部责任都推到他那心胸更为坦荡、为人更为耿直的同僚科洛·德布瓦的头上。但是他只能蒙骗后世，罗伯斯庇尔，这个敌人正冷酷无情地守在巴黎，他无法原谅富歇把他的心腹库东从里昂排挤出去。在国民公会共事时，他就了解这个两面三刀的家伙。富歇现在正急于躲避这场暴风雨。罗伯斯庇尔铁面无私地注视着富歇态度的

---

① 《圣经》中初期教会领袖之一。曾积极参加对早期基督徒的迫害，后为上帝感化，积极宣扬基督福音，从此改名为"保罗"。

39

各种转变。他的怀疑有着钢铁的利爪,谁也无法逃脱。芽月①十二日他在公安委员会里强行通过针对富歇的威胁性敕令,命他立即前来巴黎,对里昂发生的事件承担责任。当了三个月残忍法官的富歇,如今自己也得走上法庭了。

上什么法庭,为什么上法庭?因为他在三个月内下令屠杀了两千法兰西人吗?人们会揣测,他是作为卡里埃和其他杀人无数的刽子手的同事上法庭受审。但是现在大家才认识到,富歇放肆大胆的最后转变,令人吃惊,确是政治上的天才之举。不,他需要负责的是镇压了激进的"Société populaire"②,迫害了雅各宾党的爱国志士。这位"里昂的刽子手",这位把两千受害者处死的行刑官受到控告——历史上令人难忘的闹剧!——罪名竟是犯了人类最崇高的过失:过于富有人性。

---

① 法国大革命中制定了新的历法,是为共和历,始于共和国奠定之日,即一七九二年九月二十二日,依次为葡月、雾月、霜月、雪月、雨月、风月、芽月、花月、牧月、获月、热月、果月,共为十二个月,每月为三十日。芽月为公历三月二十一日至四月十九日。
② 法文:人民协会。

三　与罗伯斯庇尔的斗争

一七九四年

四月三日,约瑟夫·富歇获悉,公安委员会召他返回巴黎,五日他乘上旅行马车,十六声沉闷的轰响送他上路,这是断头机最后一次奉他之命在完成它那严酷的职责。还有最后两次死刑在这天匆忙进行,两次非常特别的行刑,因为大屠杀的两个迟到的牺牲品(按照当时俏皮的说法)得把自己的脑袋吐到篮子里去,他俩是谁?不是别人,是里昂的行刑吏和他的助手,就是他们两个奉反动派之命冷漠地把沙利耶和他的朋友们放在断头台上处死,现在他们自己死于断头机的刀下。到底给他们编派了什么样的罪行,人们即使使足力气,也无法从法庭的档案里看出个究竟;也许只是为了别让他们对富歇的继任和后世讲述太多关于里昂的事情,他俩才为之送命。死者最善于保持沉默。然后马车辚辚驶去。前往巴黎途中富歇有许多事情需要深思。不论怎么说,他可以自我安慰,还没有输掉什么。他在国民公会里拥有一些颇有势力的朋友,尤其是罗伯斯庇尔的那个大冤家对头丹东——也许他们能够成功地牵制住这个令人恐怖的家伙。可是富歇怎能预料,在这决定革命命运的时刻,事件的发展会比从里昂驶向巴黎的驿车的车轮更为迅速?两天前丹东的心腹肖梅特已被捕入狱,而丹东硕大的雄狮头颅昨天也已被罗伯斯庇尔塞到断头机下,同一天,右派的精神领袖孔多塞在巴黎郊区踯躅,第二天,为了避免出庭受审,他将服毒自尽?他们大家都被一个人所推翻,而恰好此人,罗伯斯庇尔,是他们不共戴天的政敌。直到八日晚上到达巴黎,他才获悉,危机四伏,

41

险象环生,他是直奔虎口。上帝知道,这位约瑟夫·富歇总督,在巴黎度过的第一夜真是睡不安席。

第二天一早,富歇便前往国民公会,焦躁不耐地等着开会。可是说也奇怪,宽阔的大厅没有坐满,一半,甚至一半以上的座位一直空着。肯定是这样,一批代表身负使命正在外地,或者为别的事情所耽搁,可是不对,右手边从前是领袖们,是吉伦特派人,大革命杰出的演说家们坐的地方,如今怪吓人地空了一大片!他们到哪儿去了?那二十二个英勇大胆的代表,韦尼奥、布里索、佩蒂翁不是死在断头台上,便是自杀身亡,或者在逃亡途中被狼群撕成碎片。朋友当中敢于为他们辩护的六十三人已被多数派逐出国民公会——罗伯斯庇尔以他惊人的一击干掉了他在右派中的一百多个对头。但是他的铁拳也同样果断地打向"山岳"上他自己的行列里:丹东、德穆兰、沙博①、埃贝尔、法布尔·德埃格朗蒂纳②、肖梅特和其他二三十人,都反抗他的意志,反抗他的教条主义的虚荣心,他把他们一直送进坟坑。

这个其貌不扬的男子把大家全都消灭殆尽,他身材矮小,身形瘦削,脸色又黄又白,额头低下,头发向后,一双近视眼呈浅蓝色。此人气度平平,常常被他那些前任的伟岸身躯所遮盖。但是时间锋利的镰刀为他荡平了道路,自从米拉波、马拉、丹东、德穆兰、韦尼奥、孔多塞被解决之后,也就是年轻共和国的护民官、叛乱者、领袖、作家、演说家和思想家被干掉之后,罗伯斯庇尔现在可是集一切身份于一身,是他们的教皇、独裁者和凯旋的将军。富歇忐忑不安地打量着他的敌人,现在一切奴颜婢膝的代表们都挤到此人身边,满怀敬意,拼命巴结,此人则听凭大家对他致敬,态度冷漠,神情泰然。这位廉洁奉公之人把自己裹在他的"美德"里面,犹如披上了一袭铠甲,不可亲近,无法看透。他眯起近视眼打量着竞技场,心气高傲地意识到,现在谁也不敢再起来反抗他的意志。但是有一个人还敢,可他已经一无所有,没有什么可再失去,这就是约瑟夫·富歇,他要

---

① 弗朗索瓦·沙博(1756—1794),法国革命家,原为修士,国民公会议员,以残忍著称,与丹东等人同时被杀。
② 法布尔·德埃格朗蒂纳(1755—1794),法国革命家,原为喜剧作家,与丹东同时被处死。

求发言,为他在里昂的所作所为进行辩护。

要求在国民公会进行辩护便是向公安委员会挑战,因为不是国民公会,而是公安委员会要求他进行解释。可他则诉之于高一级的决策机构,诉之于全民族的代表大会。这项要求的大胆是显而易见的。可是国民公会的议长允许他发言,不管怎么说,富歇并非等闲之辈,在这个大厅里提到他名字的次数已经太多,他的功绩,他的报告,他的事迹,还未被人遗忘。富歇走上讲台,宣读了一份冗长的报告。大会听他讲话,没有打断他的发言,也没有表示赞扬或者非议。可是他讲话完毕,没有一人鼓掌。因为国民公会已经变得胆战心惊。断头机运转了一年,已经在心灵上把这些男子汉全都予以阉割。从前有些人自由自在地献身于自己的信念,犹如献身于一种激情,他们大胆而公开地投入言论和思想的争辩之中,现在他们都不再喜欢表态。自从刽子手像波吕斐摩斯①似的伸手抓向他们的行列,时而向左,时而向右,恣意攫取,自从断头机像一片蓝色的阴影蛰伏在他们每一句话的后面,他们宁可缄默不语,也不愿开口说话。每个人都躲在别人身后,每个人都先左顾右盼,才敢有所动作,恐惧犹如沉重的浓雾灰蒙蒙地压在他们脸上,最最使人,特别是一群人感到屈辱的,莫过于对无形之物的恐惧。

所以他们这一次也不敢发表意见。千万不要介入公安委员会这无形法庭的事务! 富歇的辩解,没有被拒绝,也没有被接受,而是干脆转到公安委员会去审查;这就是说,它恰好落入富歇处心积虑想要绕过的那个关口,富歇出师不利。

现在恐惧也降到他的头上。他没有探明地形,过于冒进,最好迅速撤退。宁可投降,也不要单枪匹马去反对最有权势的人。于是富歇满心悔恨地屈膝跪下,低头认错,当天晚上,他就前往罗伯斯庇尔的住处,和他推

---

① 荷马史诗中的独眼巨人,奥德修斯从特洛伊返航途中,陷入其洞穴之中,十二个同行者六人为其吞噬。奥德修斯把他灌醉,刺瞎其独眼,得以逃脱。

心置腹地交谈,或者说得更坦率些:为了向他乞求宽恕。这次谈话没有证人在场。只有结果为人所知。我们可以通过类比法用巴拉斯在回忆录中描写得详尽无比的那次访问来设想富歇和罗伯斯庇尔的这次会晤。罗伯斯庇尔住在圣奥诺雷大街的一幢狭窄的市民住房里,公开显示他的美德和清贫,房东把他视为上帝,保护这位房客,犹如保护一件圣物。富歇在爬上这幢市民住房的木头楼梯之前,大概也得经受房东的盘问。罗伯斯庇尔在这间狭小的房间里,出于虚荣心,只用自己的画像当作装饰。在这里,罗伯斯庇尔没给巴拉斯让座,大概也没有请富歇坐下,而只是直挺挺地站着,态度倨傲,摆出故意侮辱人的神气,像接待一个可怜的罪犯似的接待了他。此人热爱美德,钟爱自己的美德已到偏执狂放的程度,对于一个曾经和他意见相左的人,他是不会宽容也不会原谅的。他铁面无私,狂热成性,是个崇尚理性和"美德"的萨沃那罗拉①。敌人的任何妥协,甚至投降,他都一概拒不接受,即使政治迫切要求人们谅解,他的满腔仇恨、刚愎自用、蛮横倨傲也阻碍他改变态度。不论富歇当时跟罗伯斯庇尔说了什么,他的这位法官又给了他什么回答——我们只知道,这次接待并不友好,而是一次措辞严厉、冷酷无情的训斥,一次毫不掩饰冷峻逼人的威胁,是一份形象生动的死刑判决书。约瑟夫·富歇气得浑身发抖,走下圣奥诺雷大街的那道楼梯,受尽羞辱,遭到拒绝,受到威胁。他知道现在只有一个救星可以拯救他的脑袋,那就是另一个人的脑袋,罗伯斯庇尔的脑袋比他的脑袋更早掉进断头机下的首级篮里。一场你死我活的战斗打响了。罗伯斯庇尔和富歇之间的决斗已经开始。

罗伯斯庇尔和富歇的这场决斗是法国大革命史上最扣人心弦、心理学上最激动人心的插曲之一。两个人都绝顶聪明,两个人都是老练的政客,无论是挑战者还是应战者,都犯了同样的错误:他们自以为早就认识对方,因而长久以来一直过于低估对方,对于富歇来说,罗伯斯庇尔还依旧是那个形容憔悴瘦骨嶙峋的律师,和他一起在故乡阿拉斯省的俱乐部

---

① 基罗拉摩·萨沃那罗拉(1452—1498),意大利神父,他主张以严厉的手段对付教皇宫廷里的道德沦丧,因而与教皇发生矛盾,被捕后遭放逐。

罗伯斯庇尔

里开开无伤大雅的玩笑,起先撰写一些格雷古①式的甜蜜腻人的小诗,后来在一七八九年的国民公会里滔滔不绝地发表演说使大会代表厌烦。罗伯斯庇尔如何通过坚忍不拔的自我修养,由于身负重任而平步青云,已由蛊惑人心的煽动家,变成了国务活动家,已由灵活机变的阴谋家变成了思维缜密的政治家,由雄辩士变成了演说家,这点富歇没有看到或者发现得太晚。责任在肩往往使人变得高大,罗伯斯庇尔意识到自己的使命,于是自己也随之成长。置身于贪婪的乘机牟利者和大声喧嚷者之中,他感到拯救共和国乃是命运单独赋予他的毕生任务。他感到有必要实现他关于共和国、革命、道德风尚,甚至神性的设想,这恰好就是他对人类所负的神圣使命。罗伯斯庇尔的这个顽固的信念,既是他性格的优点也是他性格的弱点。他对自己的刚正不阿陶醉不已,对自己的刚愎自用迷恋不止。他把和自己意见相左的不同想法不仅看成不同意见,而是视为背叛。因此他便以法官审讯异教徒的冰冷无情的拳头,把每一个持不同意见的人当作异教徒推到新的柴堆中——断头台上。毫无疑问,一七九四年的罗伯斯庇尔身上是有伟大、纯洁的思想,但是说得确切些,这种思想并非活在他的身上,而是僵化在他身上。这种思想很难完全脱离他,而他也不能完全摆脱这个思想(这是一切刚愎自用者的命运)。缺乏彼此交流的温暖,缺乏动人心魄的人性,便使他的行动丧失真正繁衍的力量。他的强大只在僵硬之中,他的力量只在严酷之中,独断专行对他来说,已变成了他人生的意义和形式,所以他只能把自我刻印在革命身上,否则他的自我必然破碎。这样一个人容不得别人反对,在精神问题上,无法忍受不同意见,不能容忍别人和他平起平坐,更不能容忍别人和他分庭抗礼。只有当别人像镜子一样反映出他自己的观点,像圣茹斯特和库东似的充当他的精神奴隶,他才能容忍他们,其他所有人都被他那浓烈碱水般的暴躁脾气无情地清洗出去。该倒霉的是那些不仅和他意见相左(这种人也受到他的迫害),甚至还对抗他的意志、不认为他的意见正确无误的人。而约瑟

---

① 让·巴蒂斯特·约瑟夫·维亚尔·德·格雷古(1683—1743),法国诗人,原想当神父,后为法学家。他的诗歌轻松佻达,格式随意。

夫·富歇现在就是在这样干。他从来不去征求罗伯斯庇尔的忠告，从来不向他昔日的朋友低头弯腰，他坐在罗伯斯庇尔敌人的板凳上，大胆地越出罗伯斯庇尔规定的中庸谨慎的社会主义的界线，鼓吹共产主义和无神论。但是迄今为止，罗伯斯庇尔显然没有认真对付过富歇，他觉得富歇过于微不足道。对于罗伯斯庇尔来说，这个代表仅仅是一个小小的神学院里的教师。他认得的富歇当年还穿着僧袍，后来向他妹妹求婚，是个渺小卑鄙、野心勃勃的家伙，背叛了上帝，背叛了未婚妻，背叛了一切信念。他怀着僵硬族对柔韧族、宁折不弯族对追求成功族的整体仇恨，怀着宗教类对世俗类的类型怀疑，对富歇嗤之以鼻。但是这种仇恨迄今为止还没有冲着富歇个人，只是针对这种类型，富歇只不过是一个变种而已。他自己迄今为止一直忽略富歇：这样一个阴谋家，随时可以放在脚下踩得稀烂，何必为他费心？只是因为罗伯斯庇尔一贯轻视富歇，迄今为止只是对富歇进行观察，并未认真予以打击。

现在他们两人才注意到，彼此都过于低估对方。富歇认识到在他离开巴黎期间，罗伯斯庇尔已经变得权倾一世，所有的机构全都隶属于他，军队、警察、法庭、各个委员会、国民公会和雅各宾党人。要反对他显然毫无指望。但是罗伯斯庇尔迫使他进行战斗。富歇知道，他若不获胜，就会毁灭。绝望之中，总会迸发出最后的力量，于是富歇在一举步就要迈进深渊之际，突然扑向他的追捕者，犹如一头驯鹿，被逼得走投无路时，便拼命鼓起勇气从最后一个树丛中跳将出来，扑向猎人。

首先表示敌意的是罗伯斯庇尔。他起先只想给这个放肆的家伙一个教训，一个警告，踢他一脚。五月六日的那篇著名的演说给他提供了契机，这篇演说号召共和国所有的神职人员，"承认一个最高之物的存在，并且承认永生不死是宇宙的引导力量"。罗伯斯庇尔从来没有发表过比这篇演说词句更加优美、情绪更加高昂的演说。据说这篇演讲稿是他在让·雅克·卢梭的庄园里写成的，在这里，这位教条主义者几乎变成了诗人，这位思维模糊不清的理想主义者变成了思想家。把信仰既和缺乏信仰区分开，又和迷信严加区分，创立一种宗教，这种宗教既凌驾于国内流行的崇拜圣像的基督教①之上,同样也凌驾于空洞无物的唯物主义和无神论之上,也就是说,同样保持中庸,就像他在一切精神问题上一贯所持的态度那样,这就构成了他的演说的基本思想。这篇演说尽管词句浮夸堆砌,却充满了真诚的伦理力量和促使人类向上的强烈愿望。但是即使神游太空,这位理论家也无法摆脱政治因素,即使在这些超越时空的思想里,他那凶狠暴躁的怨恨也掺杂进个人的攻击。他满怀仇恨地提醒人们勿忘那些被他自己推上断头台的死者,嘲弄他的政策造成的受害者丹东、肖梅特,把他们当作道德败坏、无视上帝的例子,应该受到鄙夷。忽然间,他以命中要害的狠狠一击,扑向那些经受住他的愤怒残存下来的无神论的宣道师中惟一的一名,扑向约瑟夫·富歇,"告诉我们,是谁给你使命,去向民众宣布并无神明?你去说服人们,是一种盲目的力量决定他们的命运,时而打击美德,时而打击罪恶,这些全凭偶然,灵魂只不过是薄薄的一口气,到坟墓的门口就烟消云散,你这样做究竟有什么好处?不幸的诡辩家,你有什么权利,竟大胆地从纯洁的手里夺去理性的权柄,把它交到罪恶的手里?给大自然蒙上一块尸布,使不幸更加绝望,使犯罪得到开脱,使美德黯淡无光,使人类卑劣低下!……只有自己也感到可耻可鄙,别人全都对他憎恶的犯罪分子,才会认为,大自然除了虚无之外,不可能给予我们更加美好的馈赠。"

罗伯斯庇尔的这篇精彩绝伦的演说,激起了长时间无休无止的掌声。国民公会一下子感到摆脱了日常琐碎的争论,一致决定举行罗伯斯庇尔所建议的崇敬最高之物的庆典。只有约瑟夫·富歇沉默不语,咬紧嘴唇。对手取得这样的胜利,他只好保持沉默。他知道他无法和这位杰出的雄辩家公开较量,他一言不发脸色苍白地接受了在大会上公开打来的一击,只是在内心深处下定决心报仇雪恨予以反击。

过了几天,几个星期,都听不到富歇有什么动静。罗伯斯庇尔认为已经把他干掉:给这放肆的家伙踢上一脚,大概就已足够。不过,人们之所

---

① 新教(耶稣教)和旧教(天主教)都是基督教,但新教不供奉圣母像和圣人像,而旧教则崇拜圣像,供奉圣像,这里指的便是旧教天主教。

以对富歇既无所见,亦无所闻,那是因为他正坚忍不拔、按照计划、像鼹鼠似的在地下进行工作。他在各个委员会进行访问,在议员当中广泛结交,他对所有的人都亲切友好,和蔼可亲,试图争取每一个人。他在雅各宾党人中功夫下得最大。在那里,说话机敏巧妙,还很有用处。他在里昂的成绩也颇受人们器重。没有人清楚知道这个其貌不扬的人,忙忙碌碌东跑西颠,到处穿针引线,究竟有什么企图,有什么计划,有什么打算。

突然间,一切全都明朗,大家深感意外,尤其感到意外的是罗伯斯庇尔;因为牧月十八日,约瑟夫·富歇以多数选票当选为雅各宾俱乐部的主席。

罗伯斯庇尔栗然警觉,谁也没有料到,富歇有可能做出这样大胆的行为,现在罗伯斯庇尔认识到,他碰到的富歇是个多么老奸巨猾放肆大胆的对手。两年以来,他从来没有碰到过一个被他公开攻击过的人,竟然还胆敢昂首挺立。他的目光刚扫过去,这些人便都立即消失;丹东逃到他的乡间别墅里去了,吉伦特派人纷纷遁入外省,其余的人闭门蛰居,毫无动静。而这个大胆狂徒,曾经被他在国民公会上戟指怒骂、斥为不洁之徒的人,却遁入圣地,遁入革命最神圣的所在——雅各宾俱乐部,在那里窃取一个爱国志士所能得到的最高的荣耀!因为恰好在去年,这个俱乐部手里掌握着极其巨大的道德权力,这点不可忘记,必须牢牢记住:一个人只有为雅各宾俱乐部所接收,他才通过了最终的鉴定,成为货真价实的爱国志士。谁若又被这个俱乐部开除,谁若遭到俱乐部唾弃,就无异于判定了要命丧刑斧。将军、民众领袖、政治家都缩着脖子走到这个法官的座前,就像走到市民意识的最高法庭,几乎可说是神圣法庭前面。雅各宾俱乐部在一定程度上就是革命的近卫军,是这座圣殿的内侍和保镖。而这些近卫军,这些道德最为严峻、操守最为诚实、性格坚贞不屈的共和党人竟然选举约瑟夫·富歇充当他们的领袖!罗伯斯庇尔简直怒气冲天,因为这个无赖竟然在光天化日之下闯入他的王国,他的领地,恰好闯进他的地盘。他就是在这里向他的敌人发出控告,并在久经考验的人们当中锻炼了自己的力量,而现在,他若要发表演说,必须征求约瑟夫·富歇的允许,他,马克西米利安·罗伯斯庇尔得屈从于约瑟夫·富歇一时心情的好坏。

罗伯斯庇尔立即集中全部力量。这次失败必须报复,而且是以鲜血作为代价。把富歇掀翻在地,立即掀翻,不仅让他滚下主席的交椅,还要把他逐出爱国志士的圈子!罗伯斯庇尔立即从里昂找来几个市民骚扰富歇,让他们向富歇提出控告。这个在公开论战中始终手足无措的富歇,遭到突然袭击,笨嘴拙舌地进行辩护。罗伯斯庇尔便亲自介入,警告雅各宾党人,"别受骗子的欺骗"。他这初次出击几乎就把富歇打倒。可是主席的大权还握在富歇手里,他便以此提前结束辩论。他极为丢脸地中断讨论,遁入黑暗之中,在那里准备一次新的攻击。

可是现在罗伯斯庇尔已经洞悉一切。他识别了富歇的斗争方式。他知道,此人不会挺身而出,和人决斗,而是一再往后遁逃,以便在阴影里暗中准备反击。这样一个坚忍不拔的阴谋家,单单用鞭子抽得他步步后退或者痛殴一顿是不够的,必须穷追不舍,一直逼到最远的角落,并且用脚把他踩烂。必须挤出他喉咙里最后一口气,把他解决,彻底干净,一劳永逸。

因此,罗伯斯庇尔再一次向他发起冲击。他在雅各宾党人那里再一次提出公开的控告,要求富歇必须出席下次会议,进行申辩。富歇当然避开他的锋芒。他知道自己的优势和弱点,他不愿让罗伯斯庇尔公开获胜,在三千人面前,面对面地把他羞辱一番。他宁可遁入黑暗,宁可让人战胜,但要赢得时间,宝贵的时间!因此他客客气气地致函雅各宾党人,可惜他必须拒绝公开辩解。在两个委员会对他的行为做出决定之前,请雅各宾党人暂缓对他进行裁决。

罗伯斯庇尔扑向这封信,就像扑向一件猎物。现在必须把约瑟夫·富歇抓住,现在必须彻底把他击成齑粉。罗伯斯庇尔在获月二十三日(六月十一日)发表的反对约瑟夫·富歇的那篇演说,是罗伯斯庇尔向敌人发出的最无情、最凶狠、火气最旺的攻击。

从开头几句话,人们就感到,罗伯斯庇尔不仅想击中他的敌人,还想置他于死地,不仅想羞辱他的敌人,还想把他彻底干掉。一开始,他假装心平气和。他发表的第一个声明,还不冷不热,说他对富歇这个"个人",丝毫不感兴趣:"我从前也许和他有过某些联系,因为我把他看成一个爱国志士。我现在在这里控告他,与其说是由于他的罪行,毋宁说是因为他掩饰自己,以便再干其他的罪行。我认为他是我们必须消灭的那场叛变的首领。我审核了刚才宣读的这封信,我要告诉诸位,写这封信的人受到指控,却拒绝在他的同胞面前自我辩解。这就是一种专制制度的开始。因为谁若身为一个民众集体的成员,却拒绝在这个集体面前自我辩解,就是攻击这个民众集体的权威。使人惊讶的是,同一个人,从前千方百计地谋求我们这个集体的赞许,现在一受控告,就蔑视这个集体,他似乎在某种程度上呼吁国民公会帮助他来反对雅各宾党人。"说到这里,他的仇恨,突然带着个人色彩喷涌出来,连相貌丑陋这一点也被他用来把富歇贬抑一番。他用嘲讽的口气说道:"莫非他害怕人民的眼睛和耳朵,莫非他害怕,他那可悲的外表过于明显地暴露了他的罪行?尽管大自然把他的眼睛创造得如此阴险隐蔽,他是不是依然害怕那六千道直瞪着他的目光会从他的眼里发现他的整个灵魂?是不是害怕他的语言会揭露一个罪人的心情混乱和内心矛盾?每个有理性的人必然认识到,他的举止之所以如此,恐惧是惟一的理由。每一个惧怕同胞目光的人,都是罪人。我在此要求富歇出庭受审。让他负起责任,并且说出,究竟是他还是我们更加尊重人民代表机关的权力,我们之间究竟是谁更加勇敢地击溃了一切派别的分裂活动。"他还把富歇称作一个"品格低下,让人鄙夷的骗子",并且奸刁狡黠地暗示那些"中饱私囊罪恶累累的人们"。最后以下面这些威胁性的字句结束他的演讲:"富歇已经把自己的品格表现得淋漓尽致。我说这些话,只是为了让谋叛者们永远清楚地知道,人民高度警惕,他们永远也不可能逃脱。"尽管这些话明显地预示了一份死刑判决书,大会还是服从了罗伯斯庇尔的意旨,认为他们的前任主席不配担任这一职务,毫不迟疑地把他开除出雅各宾俱乐部。

现在约瑟夫·富歇已经注定了要上断头台,就像一棵树划上记号要被斧子砍倒。被开除出雅各宾俱乐部意味着加上罪犯的烙印,罗伯斯庇尔的控告,而且是这样无情的控告,大多意味着判刑。富歇现在在大青白日已经穿上死囚的囚衣。每个人都估计他时刻会被逮捕,他自己更是深信不疑。他早已不在自己家里的床上睡觉,生怕像丹东和德穆兰一样在夜里被宪兵从家里带走。他潜伏在几个勇敢的朋友家里,因为收留这样一个遭到公开唾弃的人,是需要勇气的,甚至公开和他说话也需要勇气。他每走一步后面都有罗伯斯庇尔领导的公安委员会的警察在暗中尾随,他们把和他交往的人以及前来访问的客人都一一汇报。他无形之中已被包围,一举一动都不得自由,已经被送到刀斧之下。

的确,在七百个议员当中,富歇当时受到的威胁最为严重,看不出他有可能逃脱厄运。他曾再次设法依附在什么地方:依附雅各宾党人,可是罗伯斯庇尔凶狠的拳头已经把他打倒在地,他的脑袋现在只是借住在他的肩上。因为他对国民公会,对这个胆小怕事吓得心胆皆裂的羊群能指望些什么呢?只要公安委员会要求把他们当中的一个送上断头台,他们就耐心地诺诺连声,他们毫不反抗地把他们从前的领袖丹东、德穆兰、韦尼奥都一一送上革命法庭,千万不要因为抗拒而引火烧身——他们为什么就不会放弃富歇呢?这些人,往日勇敢无畏、激情如炽,如今默默无语、心惊胆战、神情惶恐地坐在他们的座位上。恐惧这摧毁神经,磨损心灵的可怕毒药使他们的意志完全瘫痪。

但是毒药只要加以人工提炼,把它深藏在内的力量释放出来,那么,它还含有治疗的功能,这是古往今来毒药的一个秘密。所以在这里——看上去荒唐——恰好是对罗伯斯庇尔的恐惧,可以使他在罗伯斯庇尔的威胁面前获救。倘若有人一连几个星期、几个月不断地迫使你感到恐惧,让你老是不知凶吉,心灵受到摧残,意志为之瘫痪,你是不会原谅他的。人类,或者人类中的一部分,一群人,他们永远也不可能长期忍受某一个人的专制独裁而不对他恨之入骨。受到压制的人各个方面都有,他们心头的仇恨在暗地里翻腾。五六十个议员,像富歇一样,不敢再在自己家里睡觉,罗伯斯庇尔从他们身边走过,他们就咬紧了嘴唇,许多人一面为罗伯斯庇尔的演说欢呼喝彩,一面背着他握紧了拳头。这位廉洁奉公的人统治得越严酷,越长久,他们对他强大无比的意志力就越愤恨。渐渐地他打中了所有的人,侮辱了大家,得罪了右翼,是因为他把吉伦特派人送上了断头台;得罪了左翼,是因为他砍下了极端分子的脑袋;得罪了公安委员会,因为他把自己的意志强加于它;得罪了赚钱牟利之辈,因为他威胁了他们的买卖;得罪了野心勃勃的人,因为他拦了他们的路;得罪了妒忌成性的人,因为他在掌权执政;得罪了性格随和的人,因为不和他们为伍。倘若能把这众人的仇恨,这众多分散的怯懦凝聚成一个意志,化为一把利剑,直指罗伯斯庇尔的心脏,那么他们大家,富歇、巴拉斯、塔利安①、卡诺,他所有暗中的敌人,便全都得救。但是要做到这一点,首先要使这些性格软弱的家伙差不多都能坚信,他们受到了罗伯斯庇尔的威胁;必须进一步扩大这种恐惧和疑虑的气氛,人为地进一步增强罗伯斯庇尔造成的紧张气氛。必须把罗伯斯庇尔阴沉的演说中弥漫的这种铅块似的郁闷气氛,这种模棱两可的压力,更加沉重地压在个别人的神经之上,要使恐惧变得更加使人恐惧,使惊恐更加令人心悸,这样这群人也许就会有足够的勇气,去攻击这个孤家寡人。

富歇真正的活动就从这里开始。从清晨直至深夜,他从一个议员家里溜到另一个议员家里。窃窃私语,传播谣言,说罗伯斯庇尔正在准备一份新的神秘黑名单。他向每一个人都悄声说道:"你就在那名单上。"或者:"下一拨轮到你。"果不其然,就这样,一种令人心惊胆战的恐惧渐渐在暗中传开,因为面对这样一个加图②,这样一个彻头彻尾的廉洁奉公的人,只有极少数人感到良心毫无愧疚。第一个也许在处理金钱时有点过于漫不经心;第二个曾经反驳过罗伯斯庇尔;第三个和女人交往过多(这一切在这位共和派的清教徒眼里都是罪行);第四个也许一度和丹东,或者那一百五十名遭到判决的罪犯当中的某一个有过友谊;第五个曾经收留过一个被判刑的罪犯;第六个收到过某个流亡分子的来信。简而言之,人人自危,人人都自以为有可能受到攻击,谁也不觉得自己纯洁无瑕,足以完全满足罗伯斯庇尔对市民美德提出的苛刻要求。犹如织机上的梭子,富歇一而再地从这边窜到那边,牵出新线,连成新的网眼,把越来越多的人拉进这张由怀疑和猜忌织成的蛛网。然而他进行的可是一场危险的游戏,因为他织的只是一张蛛网,罗伯斯庇尔只要猛地一动,只要有人泄

---

① 让·朗贝尔·塔利安(1767—1820),法国革命家,在推倒罗伯斯庇尔的活动中起重要作用。
② 加图(前234—前149),古罗马政治家,奉行严格的道德律令,整治风化。

加图

塔利安

露一句半句,这张蛛网就会被扯得粉碎。

富歇在这场反对罗伯斯庇尔的叛乱中所扮演的神秘、绝望、危险而又诡计多端的角色,在大多数描述这一时期的著作中都没有得到足够的重视。在那些肤浅的描述中甚至根本没有提到过他的名字。历史的撰写几乎总是把人们看见的事实记录下来,因此史学家在描写那激动人心的最后几天的情形时,通常只描述塔利安富有戏剧性的慷慨激昂的举止,他如何在讲台上挥舞匕首,想要以此自杀,只描述巴拉斯猛然干劲迸发,如何召集部队,只描述布尔东①如何发表控诉的演说;简而言之,他们只描写演员,只描写热月九日上演的那出宏伟大戏里的角色,完全忽视了富歇。事实上富歇在那些日子里,并没有在国民公会的舞台上参加演出。他的成绩是幕后工作,是更为艰难的、指导这场大胆、危险的戏剧的导演的工作。他决定了各场的场景,指导了演员,在人们看不见的暗处进行排练,暗中提词——暗处一向是他真正活动的场所。但是如果说日后的史学家们忽视了他的角色,那么有一个人在当时就清楚地感觉到他在暗中活动,此人便是罗伯斯庇尔,在光天化日之下罗伯斯庇尔用恰当的名字称呼富歇为"Chef de la conspiration"②。

罗伯斯庇尔猜疑成性、疑虑重重,他感到,有什么反对他的密谋正在暗中酝酿。各个委员会突然爆发反抗,更明显的也许是有些议员表现出来的过分客气和奴颜婢膝使他感到有人在暗中捣鬼。他知道,他们是他的敌人。罗伯斯庇尔感觉到他们暗中正策划着对他下手,他已知道策动这一打击的那只手便是"Chef de la conspiration",于是严加提防。他小心翼翼地伸出他的触角——他自己的警察,他的私人间谍,一步步地向他报告,塔利安、富歇和其他谋叛分子的每一步,每一次会晤,每一次谈话;许多匿名信向他发出警告或者挑唆他赶快把独裁大权夺到手里,趁这些敌人还没有聚集起来,就把他们统统打倒。为了迷惑和蒙骗这些敌人,他突然换上面具,表示对政治权力无动于衷。他不再在国民公会和公安委员

---

① 即布尔东·德·卢瓦斯,罗伯斯庇尔的控告者。
② 法文:阴谋叛乱的首领。

会露面。只见他带着他那头纽芬兰种的大狗,手里拿着一本书,独自一人,紧闭着嘴,在大街上溜达,或在附近的森林里漫步。似乎只是忙着研究他心爱的哲学家的著作,对于权力漫不经心。可是等他晚上回到房里,他就一连几个小时反复推敲他的重要演讲。他没完没了地修改加工,手稿上写满了无数的删改和补充,因为他打算用这篇举足轻重的宏伟演说把他所有的敌人一举摧毁,这篇演说必须出其不意地亮出来,无比锋利,犹如一柄利斧,慷慨激昂充满雄辩的伟力,才智巧思使之光彩夺目,震怒仇恨使之精雕细琢。他要趁他们还没能聚集起来、互相通气时,便挥动这把武器突然出击,打他们一个措手不及。他殚精竭虑地磨利它的锋刃,浇上致命的毒汁。漫长珍贵的时日就在这令人毛骨悚然的工作中消逝。

但是已经没有时间可以再浪费,特务关于秘密集合的报告越来越急。热月五日富歇的一封写给妹妹的信落到罗伯斯庇尔手里,信中有句话神秘莫测:"马克西米利安·罗伯斯庇尔的污蔑,我一点也不害怕,……在短时间内你就会听到这件事情的结局,我希望这事会对共和国有利。"这么说短时间内就要发难,罗伯斯庇尔得到了警告。他把他的朋友圣茹斯特找来,和他一起在圣奥诺雷大街他窄小的阁楼里密谈。发起进攻的日子和方法决定了。罗伯斯庇尔要在热月八日以他的演说向国民公会发起突然袭击,使之完全瘫痪。然后圣茹斯特便在热月九日在公安委员会要求把罗伯斯庇尔的敌人,那些桀骜不驯的分子全部处以死刑,尤其处死那个约瑟夫·富歇。

空气紧张得已经叫人无法忍受,谋叛分子也感觉到隐藏在云层中的闪电。但是他们还一直延宕着,迟迟不向法兰西的这个最强有力的人发起攻击。他把所有的权力都攒在自己手里,控制着巴黎市政、军队、雅各宾党人、民众,还拥有名誉以及一个无懈可击的名声所具有的威力。他们心里似乎还一直没底,要在公开的战斗中袭击一位革命的巨人,似乎人数还不够众多,意志还不够坚定。有些人已经小心翼翼地在转变风向,话题转到撤退与和解。辛辛苦苦黏合起来的叛乱,眼看就会分崩离析。

在这一瞬间,命运远比一切诗人更有天才,它在摇摆不定的天平上放了一枚举足轻重的砝码。恰好是富歇被命运挑选来点燃这地雷的引线。

塔利安

在这些日子里,这位被群犬狂追、时刻受利斧的霹雳所威胁的人,除了在政治上蒙受不幸之外,在个人生活中最后又添加了极端严酷的不幸。这个怪人在公众场合强硬,冷酷,善搞阴谋,不苟言笑,可在家里却是个百般体贴的丈夫,温柔多情的父亲。他激情满怀地爱着他那丑得吓人的妻子,尤其喜欢他的女儿,这个小女孩是他当总督的日子里出生的,是他亲自在内韦尔的广场上为她施行法礼取名"涅夫勒"。这个身材娇小、脸色苍白的女孩,他的心肝宝贝,在热月的这些日子里,突然患了重病,在他为自己的生死担忧之时,又加上对他女儿生命的忧虑。这是残酷已极的考验,他知道他心爱的女儿,这个身体虚弱、患有肺病的孩子在他妻子身边奄奄一息行将死去,而他自己为罗伯斯庇尔所追逼,晚上不得守在身患重病生命垂危的孩子床前,必须躲在陌生人的住宅里或阁楼里。他现在非但不能关心她,看着她慢慢咽气,还不得不心急火燎地从一个议员这里跑到另一个议员那里,连哄带骗乞求哀告,保住他自己的生命。这个不幸的家伙,神志昏乱,心碎肠断,在烈日如焚的七月天(多年未遇最为炎热的天气)不知疲劳地在政治舞台的幕后来回奔跑,在爱女患病死去之时不得亲自在场。

热月五日或者六日这个考验终于结束,富歇陪送一口小棺材出城前往公墓:孩子死了。经受了这样的考验,人会变得心肠冷酷。面对孩子的死亡,他自己不再怕死。一种新的勇气,绝望的勇气,锻炼了他的意志。现在谋叛者还一直在犹豫不决,还一直想把这场斗争一拖再拖,而他,富歇,这时在这世上除了这条命已经没有什么可以失去。他终于开口说出了那句决定性的话:"明天必须出击。"此时是热月七日。

热月八日的黎明来临——这个具有世界历史意义的日子。一清早晴空万里,七月的骄阳烧烤着这座浑然不觉的城市,只有在国民公会里一大早便笼罩着一股稀奇古怪的紧张气氛。议员们在角落里扎堆站着;从来没有看见过在走廊里和看台上有这么多陌生人和好奇之徒。秘密和紧张犹如无头幽灵在大厅里游荡,因为谁也无法解释,谣言却已传开,说今天罗伯斯庇尔将和他的敌人清算。也许有人偷听了圣茹斯特,窥见他晚上离开那紧闭的房间回来,在国民公会里大家对这种秘密商谈的效果都非常清楚。还是说罗伯斯庇尔那方面,已经获得了他的敌人的作战计划?

一切谋叛分子,一切身感威胁的人,都心惊胆战地打量着他们同事们的脸色:莫非他们当中有人已经泄露了这个危险的秘密?谁泄露的?罗伯斯庇尔是不是会抢在他们前头?还是说,趁他还没讲话,他们就能把他压垮?这多数人组成的心中无数、胆小怕事的群体——这片"marals"①究竟会抛弃他们抑或保护他们?人人都摇摆不定,人人都哆嗦不已。犹如城市上空铅灰色天空的浓重郁闷,心灵的忐忑不安以逼人之势压着大会。

果不其然——会议刚刚开始,罗伯斯庇尔便要求发言,就像参加那次颂扬最高精神②的庆典那样,他打扮得庄严肃穆,身穿一件业已载入史册的天蓝色的服装,配着白色丝袜,步履缓慢,故作庄重地走上讲台。只是这一次和上次不同,手里没有擎着火把,而是像古罗马高级行政长官手握斧柄似的,手里握着厚厚的一个纸卷——他的演说词。每个人都知道,自己的名字若写在这封得严严的几页纸里,就意味着大祸临头,因此议员席上的闲聊和喧响都戛然而止,议员们从公园里、看台上急急忙忙地拥来,在自己的座位上入座。每个人都胆战心惊地端详着这张过于熟悉的狭长面孔上的表情,但是现在罗伯斯庇尔一脸寒霜毫无表情,任何好奇的人都无法看透。他在讲台上慢慢地打开他的演说稿。在他凭着自己的近视眼开始念稿之前,为了增强紧张气氛,他抬起目光,把整个仿佛已经麻醉的国民公会从右到左,从左到右,从下到上,又从上到下,缓缓地,冷冷地,以逼人之势扫了一遍。会场上坐着他的少数朋友,许许多多态度暧昧分子和一心盼他完蛋的一小撮怯懦的叛乱分子。他和他们目光对视,只有一个人他没有看见。在这决定性的时刻,他的敌人中只有一人缺席:那就是约瑟夫·富歇。

但是说来奇怪,在辩论中只有这缺席者的名字,只有约瑟夫·富歇的

---

① 法文:沼泽。
② 罗伯斯庇尔反对天主教,反对信仰天主,他主张崇敬"最高精神",曾为此举行过类似礼拜的庆典。

名字被人提及,恰好在他的名字上点燃了这场决定生死存亡的最后斗争。

罗伯斯庇尔讲得时间很长,离题万里,令人困倦。按照他的老习惯,他总是不点名地让刑斧在人们头上盘旋。他谈到种种叛乱,许多密谋,谈到丧失尊严的人们和罪犯,谈到叛徒和阴谋诡计,但是他没有点名。他只要求把大会催眠就已足够,明天将由圣茹斯特向已经瘫痪的牺牲品发出致命的一击,他让他那模棱两可、空话连篇的演讲无的放矢地拖了三小时之久。等他终于讲完,大会的代表与其说是吓得够呛,毋宁说是筋疲力尽。

起先全场毫无动静。大家全都心里没底。谁也说不准,这沉默究竟是确认失败还是肯定胜利,只有辩论才见分晓。

他的一个追随者提出要求,国民公会应该作出决议,刊印罗伯斯庇尔的这篇演说,以此表示认可。没有人提出异议。大多数代表赞同这项提议,他们胆怯成性,奴气十足,在某种程度上感到如释重负,因为罗伯斯庇尔今天不再向他们提出更多要求,不再要求新的脑袋,逮捕新的罪犯,不再要求他们做出新的自我限制。在最后的瞬间,谋叛分子中的一员——他的名字应该载入史册——布尔东·德·卢瓦斯挺身而出,发言反对刊印。这一个人的声音激起了其他所有人的声音。怯懦渐渐聚合起来,凝成一股绝望拼命的勇气;议员们一个接一个发言,指责罗伯斯庇尔,说他的解释和威胁过于含糊不清,他应该说说清楚,他指控的究竟是谁。不到十五分钟,场面完全改观,罗伯斯庇尔这个进攻者,被逼进行辩护,非但没有强化他的演讲,反而把它削弱。他解释道,他谁也没有指控,谁也没有怪罪。

此时此刻突然响起一个刺耳的声音,是个微不足道的小议员的声音,他冲着罗伯斯庇尔叫道:"那么富歇呢?"——"富歇?"点到这个名字了,这是曾经有一次被他斥为叛党首领、革命叛徒的人的名字。现在罗伯斯庇尔完全可以出击,并且必须出击。但是奇怪,说不出的奇怪,罗伯斯庇尔却缩了回去:"我现在不想谈他,我只想尽我的责任。"

罗伯斯庇尔这样避而不答,是他带到坟墓里去的秘密之一。他明明感到这是你死我活的斗争,为什么要对他最凶狠的敌人手下留情?为什么他不一举把富歇击倒在地？在所有的人当中只有富歇一人缺席，他为什么不向这缺席的人发起进攻？他为什么不进攻富歇以解除其他所有人的负担？其他的人心惊胆战，为了拯救自己，无疑会放弃富歇。圣茹斯特声称，在当天晚上富歇曾又一次试图接近罗伯斯庇尔。这是虚晃一枪，还是真心实意？好几个证人都说，这几天曾经看见富歇和他过去的未婚妻夏洛特·罗伯斯庇尔坐在一条长凳上。难道他的确试图再一次说服这个韶华不再的老姑娘，到她哥哥那儿去为他说情？这个走投无路的家伙，为了保住自己的脑袋，的确打算出卖其他叛乱分子？还是说，为了稳住罗伯斯庇尔，掩护这次叛乱，他打算假装悔改，表示忠诚？这个登峰造极的两面派曾经千百次地玩牌作弊，莫非这次又故技重施？廉洁奉公的罗伯斯庇尔自己同样受到威胁，他在那个时候准备对他深恶痛绝的敌人高抬贵手，只是为了保住自己？这样避而不对富歇提出控告，究竟表示暗中已有勾结，还是仅仅是个遁词？谁也不知答案。经过那么多年，时至今日，还一直有一道秘密的阴影笼罩在罗伯斯庇尔身上，历史永远也无法完全猜透这个城府极深的人，谁也不会知道他最后的思想：他确实想为自己夺取独裁大权，抑或想为大众夺得共和国，他究竟是想拯救革命，抑或像拿破仑似的当革命的继承人。谁也不知道他最隐秘的思想，从热月八日到九日，他最后一夜的思想。

因为这是他一生中最后一夜，在这一夜将有个了断。郁闷的七月之夜令人窒息，在月光下，断头机闪闪发光，鬼气森森。它那冰冷的锋刃明天究竟要砍向塔利安、巴拉斯和富歇三人的颈脖，还是砍向罗伯斯庇尔？六百名议员，这天夜里没人睡觉，两派都在准备决战。罗伯斯庇尔离开国民公会，冲到雅各宾党人那里去；在闪烁不定的烛光里激动得浑身哆嗦，他向雅各宾党人宣读了被议员们退回的那份演讲。真是荒谬绝伦，人们再一次向他欢呼喝彩，这是最后一次，可是他充满了痛苦的预感，并没有因为这三千人聚集在他的身边狂呼大叫而忽视现实，他把这篇演讲称作他的遗嘱。这时他的掌玺大臣圣茹斯特在公安委员会拼命奋战，抗击科洛、卡诺和其他谋叛分子，直到破晓时分。与此同时，在国民公会的走廊里已经织好了明天套住罗伯斯庇尔的一张罗网。就像织机上的梭子,网线从左翼穿到右翼,从山岳派穿到老反动派,一次又一次地穿来穿去,直到黎明时分终于定下了坚实的牢不可破的协定。这天夜里,富歇又突然出现,因为深更半夜他才得其所哉,玩弄阴谋诡计他得心应手。他那张铅灰色的脸,由于恐惧白如石灰,在这些半明半暗的房间里出没,阴森森地飘忽不定。他时而耳语,时而谄媚,时而允诺,时而吓唬,时而恐吓,时而威胁,一个接着一个,协定没有签成,他绝不歇息。到凌晨两点,所有的反对派终于达成一致:干掉这个共同的敌人罗伯斯庇尔。到这时,富歇终于可以躺下休息了。

热月九日的那次会议,约瑟夫·富歇也没有参加,但是他可以休息,可以缺席,因为他的工作已经完成,罗网已经织好,大多数人已经决心不再让这个过于强大、过于危险的人活着脱身。罗伯斯庇尔的侍从圣茹斯特刚开始发表他预先准备好的那篇攻击谋叛分子的演说,塔利安立即打断他的发言,他们昨天已经约定,不让这两个能言善辩的人,无论是圣茹斯特还是罗伯斯庇尔有机会讲话。这两个人必须还没开口还没来得及控告就被扼死。所以现在,在那驯顺的大会主席巧妙的安排之下,谋叛分子一个接一个地冲上讲台。罗伯斯庇尔刚想自我辩护,大家就狂呼乱叫,硬把他的嗓音压了下去——六百个忐忑不安的灵魂硬压下去的怯懦,一连几周、几个月以来积攒起来的仇恨和嫉妒,现在一股脑儿地都向这个人抛了过去。他们大家若分散开来,则人人在他面前都颤抖不已。到晚上六点,大局已定,罗伯斯庇尔受到公开谴责,被押进监狱。那些真正的革命者认为他是坚定不移、激情满怀的共和国的灵魂,对他赞赏不已,这些朋友把他救出监狱,送进市政厅。可是徒劳。夜里,国民公会的部队袭击了这座革命的堡垒。清晨两点,也就是富歇和他同党签订消灭罗伯斯庇尔的协议之后二十四小时,富歇的敌人,马克西米利安·罗伯斯庇尔,昨天还是法兰西最有权力的人,如今下巴已被打烂,满身鲜血地横躺在国民公会前厅的两张软椅上。这头巨大的野兽已被捕获,富歇已经得救。第二天下午囚车格格直响,开赴刑场。——恐怖已经结束,但是烈焰似的革命精神也就此熄灭,英雄时代就此告终。现在是继承人、幸运儿、获利者、猎取者、两面派、将军们和财主们的时刻,新的帮会的时刻已经来临。人们认为,约瑟夫·富歇的时刻现在也已来临。

囚车载着马克西米利安·罗伯斯庇尔和他的同伙穿过圣奥诺雷大街,沿着路易十六、丹东、德穆兰和其他无数受害者走过的那条悲惨的道路,缓缓地驶向断头台,欢欣鼓舞、好奇心切的民众欢呼着挤向囚车。行刑又一次成为民众的节日,屋顶上飘舞着大大小小的旗帜,从所有的窗户里都传出阵阵欢呼,欢乐的浪潮席卷整个巴黎。当罗伯斯庇尔的首级滚进篮子时,巨大的广场响起一片雷鸣般的如醉如狂的欢呼声。谋叛分子惊讶不已,昨天,巴黎,乃至整个法兰西还把此人奉若神明,为什么今天民众这样热狂地为他被处死而欢呼雀跃?一群狂热的民众在国民公会门口向塔利安和巴拉斯热情欢呼,把他们视为翦除暴君的豪杰,反对恐怖的英雄,赞美之声不绝于耳,谋叛分子更加惊讶不已。他们之所以惊讶,因为他们消灭了这个优越分子,只不过是想干掉一个处处作梗、一本正经,对他们吹毛求疵、百般挑剔的家伙,仅此而已,但是他们当中谁也没有想过要让断头机闲置生锈,终止恐怖行径。现在他们看到,集体屠杀如此不得人心,他们若把私人报仇事后归之为人道的动机,会使自己大得人心,便迅速决定充分利用这个误会。从此以后他们将要声称,革命的全部暴力行为全都是罗伯斯庇尔的罪过(因为死人无法在坟坑里做出回答),而他们则一向是温和的使徒,反对一切严酷行径和过火行为。

热月九日之所以具有世界历史意义,并不是因为罗伯斯庇尔被处以死刑,而是因为他的继任采取这种怯懦虚伪的态度。因为直到这天为止,革命无论采取任何行动,全都理直气壮,同时也心安理得地承担一切责任,——从这天起,它胆小怕事地承认,也做过不公正的事情,它的领袖们开始对此矢口否认。任何一种精神信仰,任何一种世界观,只要否认自己绝对有理,否认自己绝不错误,便已经丧失了最内在的力量。可悲的胜利者塔利安和巴拉斯把他们伟大的先驱丹东和罗伯斯庇尔斥为杀人凶手,看成两具腐尸,胆战心惊地坐到右派座位上去,凑到温和派身边,投向共和国暗藏的敌人,这一来他们不仅背叛了历史,背叛了革命的精神,也背

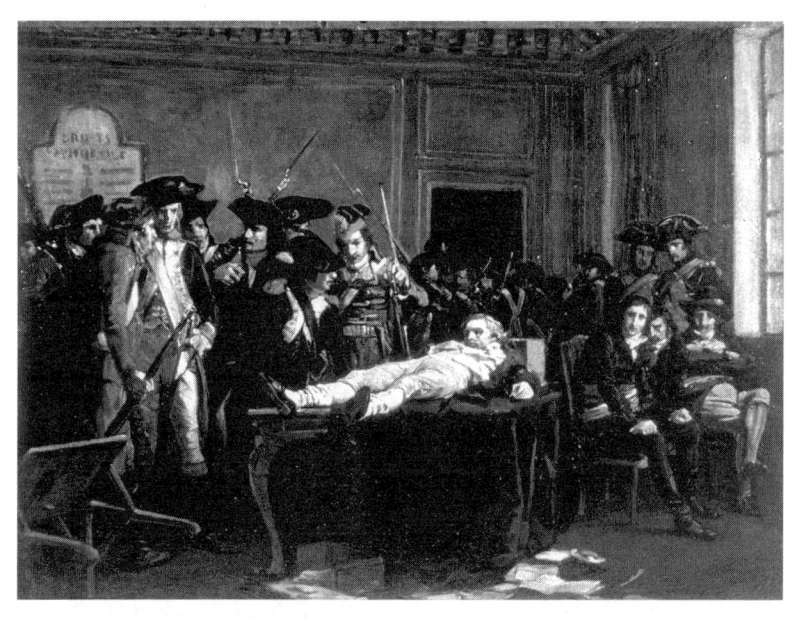

热月九日,罗伯斯庇尔满身鲜血地横躺在国民公会

圣茹斯特

罗伯斯庇尔在断头台上

叛了他们自己。

每个人都希望富歇这位主要的谋叛者,罗伯斯庇尔的不共戴天的敌人会待在他们身边。他受到的威胁最为严重,这位"Chef de la conspiration"也完全有权利要求在分配战利品时分得一大杯羹。但奇怪的是,富歇并不和别人一起坐到右派的板凳上,他还是坐他旧日在"山岳"上的座位,和激进分子坐在一起,保持沉默。他第一次(令人十分惊讶地)没有投向多数。

当时和日后都有些人问道:为什么富歇的行为这样别出心裁？回答非常简单,因为他比别人聪明,考虑问题更有远见,因为他的优越的政治家的理解力比塔利安和巴拉斯这两个无用的人更加深刻地统览了事实的现状,这两个人只是因为碰到危险,才迸发出短暂的能量。而富歇这位前任的物理教师,熟悉动力的规律,知道一个波浪不可能在空中静止不动。它必然会向前或向后涌动。倘若现在开始后退,开始出现一种反动,它绝对和先前的革命一样,不会就此停顿,它会和革命一样,一直奔向尽头,直到极限,直到暴力阶段。那时,这匆忙组成的联盟必然会四分五裂。倘若反动获胜,那么所有的革命先驱全都完蛋。因为随着新的思想出现,衡量昨天行动的标准也会非常危险地发生转变。昨天被公认为共和主义者的责任和美德的东西——譬如一举枪决六百人和公然掠夺教堂,那时就必然会被视为罪行。昨天的原告将成为明天的被告。富歇这个犯有累累罪行的人,不愿犯其他热月分子(那些除掉罗伯斯庇尔的人这样自称)所犯的巨大错误,战战兢兢地紧紧抱住反动车轮。——他知道,这无济于事:反动一旦滚动起来,就把一切都席卷而去。只是由于聪明和谨慎他才忠于左派,忠于激进分子,因为他感到,不久最大胆无畏的人就会有杀身之祸。

富歇想得不错。为了取悦民众,为了强调一种从未存在的人道精神,热月分子便牺牲掉那些最果断的外省总督,他们把卡里埃处以死刑,此人把六千人淹死在卢瓦尔河里,还处死了阿拉斯的护民官约瑟夫·勒朋[①]

[①] 约瑟夫·勒朋(1765—1795),原为神父,后任阿拉斯市长、国民公会议员,革命政府派到外省的特派员,由于执行恐怖统治受到控告,被处死刑。

以及福基耶坦维尔①。为了讨好右派,他们把被逐走的七十三名吉伦特派的党员召回。这样加强了反动势力之后,他们自己也就有赖于反动派。等他们发现这点,已经为时太晚。他们现在不得不驯服地控告那些帮助他们反对罗伯斯庇尔的人比约-瓦雷纳②和富歇当年在里昂的同僚科洛·德布瓦。反动势力越来越威胁富歇的生命。这一次富歇还能脱险,他胆怯地矢口否认一切在里昂参与的罪行(尽管每份公文他都是和科洛一同签署的),他同样诳称,由于他过于温和仁慈,所以受到专制魔王罗伯斯庇尔的迫害。这个狡猾透顶的家伙的确骗过了国民公会一时。他得以安全无恙地待在他的座位上,而科洛则被送到"不流血的断头台"上去,这就是流放到西印度热病流行的群岛,不出几个月就在那里一命呜呼。但是富歇聪明绝顶,扛过了这第一阵,并没有就此感到安全;他知道政治激情极端无情,若不把反动的牙齿打掉,它会和革命一样,噬人不知餍足;若不把最后一个雅各宾党人送上法庭,把共和国摧毁,它的复仇欲望是不会停止的。所以富歇看见革命只有一个救星,他的血腥罪行使他和革命不可分割地联系在一起:就是重新革命。他看见自己也只有一个救星:那就是政府垮台。于是恰好和六个月前一样,众人当中最受威胁的人为了拯救自己的性命又单枪匹马面对优势敌人,展开殊死的斗争。

每次只要事关权力和他的性命,富歇总迸发出令人惊讶的力量。他发现通过合法的途径已经不再能够阻止国民公会迫害往日的恐怖分子,于是除了在革命中采用屡试不爽的恐怖方法之外,别无他法。先前在判处吉伦特派人和国王死刑时,人们就以动员街上民众对抗议会的方法来吓唬那些胆小怕事、谨慎小心的议员们(其中包括当时还是保守分子的约瑟夫·富歇)。人们当时从郊区搬来工人大军,拥有无产阶级的伟力,怀着不可抗拒的干劲儿,并且在市政厅上挂起了造反的红旗。为什么不

---

① 安托万·康坦·福基耶-坦维尔(1747—1795),路易十六时期任警察局的密探,后为革命法庭的陪审团主席,一七九三年起被罗伯斯庇尔任命为官方控告者,追随罗氏,罗氏死后企图投靠胜利者,未能成功,于一七九四年被捕,翌年死于断头机下。
② 雅克·尼古拉·比约-瓦雷纳(1756—1819),法国革命家,与科洛·德布瓦同时被流放,后逃到海地,贫困而死。

再一次把这支革命的老卫队,这些巴士底狱攻克者,参加八月十日事件的壮士,投向那变得胆小怯懦的国民公会,用他们的拳砸烂那股优势的力量? 只有对造反、对无产阶级愤怒的强烈恐惧,才能吓唬热月分子——于是富歇决定煽动巴黎广大的民众,把他们投向他的敌人,他的控告者。

当然,富歇极端谨慎,他不会亲自前往郊区,去发表火热的革命演讲,或者像马拉那样,冒着生命的危险,把鼓动性强的小册子扔到民众中去。他不喜欢抛头露面,他乐于不承担责任,他的看家本领不是大声疾呼发表激动人心的演讲,而是悄声耳语,躲在别人身后,暗中施加影响。这一次他也找到了一个合适的人,此人大胆、果断地挺身而出,用他的身影掩护富歇。

巴黎当时有一个秉性诚实、满腔热情的共和党人,备受摒弃和镇压,他名叫弗朗索瓦·巴贝夫,自称格拉库斯·巴贝夫①。他激情如潮,但是头脑平庸,是个来自底层的无产者,当过土地丈量员和印刷工人,只有一些质朴的思想,可是他以满腔刚烈的激情哺育这些思想,并且把它们放在真正共和主义和社会主义的烈焰之上加以冶炼。市民共和主义者,甚至罗伯斯庇尔都小心翼翼地把马拉关于平均财产的社会主义的,有时甚至是布尔什维克的思想搁置一边;他们宁可大谈特谈自由、博爱,但很少谈及金钱和财产方面的平等。巴贝夫则拾起马拉的那些已经濒于破灭的希望,加以阐发使之重获生机,把它们像个火炬似的带到巴黎的无产者聚居的地区。这个火焰会突然之间高高蹿起,几小时之内席卷整个巴黎,吞噬全国,因为百姓渐渐悟到热月分子为了一己的私利,背叛了他们的革命,背叛了无产阶级的革命。现在富歇就站在这个格拉库斯·巴贝夫的身后。他在公开场合并不让人看到他和巴贝夫携手并肩,可是暗地里,他悄悄地怂恿巴贝夫去煽动民众。他说服巴贝夫去撰写一些挑动性的小册子,并亲自为他修改校样。因为他心想,只有当工人浩浩荡荡地开过来,

---

① 弗朗索瓦·巴贝夫(1760—1797),后改名为格拉库斯(又译革拉古),为著名的早期共产主义的革命家,在法国大革命中被处死。格拉库斯为公元前二世纪古罗马著名护民官蒂伯里乌斯·山帕累尼乌斯和戛优斯·山帕累尼乌斯兄弟的别名。巴贝夫以此作为自己的名字,表示对古代护民官的仰慕。

郊区民众拿着长矛铜鼓蜂拥而来,这个怯懦的国民公会才会恢复理智。只有通过恐怖、恐惧和吓唬,共和国才能得救。只有拼命往左边一晃,这危险的倒向右边的倾向才能得到平衡。为了进行这个放肆大胆、确有生命危险的冲击,这位正派纯洁、轻信正直的巴贝夫可以作为他绝妙的先锋:巴贝夫宽阔的无产者的脊背后面,正好可以藏身。而巴贝夫呢,他高傲地自称为格拉库斯,自称为人民的护民官,如今有著名的议员富歇来为他出谋划策,深感荣幸。他心想,这里还有最后一个绝妙的共和党人,一个继续坐在山岳派席位上的议员,和那些"Jeimesse doree"①、军队供应商们不相为伍,他心甘情愿地让富歇为他参谋,由这只机灵的手在背上一推,他便冲了出去,反对塔利安,反对热月分子和政府。

但是只有他,这个心地善良、考虑问题直来直去的巴贝夫才会被富歇蒙骗。政府不久就认出那只举起枪来装上子弹瞄准政府的究竟是谁的手。塔利安在公开的会议上控告富歇是巴贝夫的后台老板。富歇一如既往,死不承认他的同党(就像不承认雅各宾党人中的肖梅特,里昂的科洛一样)——不,他和巴贝夫并无深交,他批判巴贝夫的过火行动,简而言之,富歇以最快的速度撤退。反击又命中他前面的那个人,不久巴贝夫被捕,在一座兵营里被枪决(永远是别人为富歇的言论和政策付出血的代价)。

富歇这次对政府的反击遭到失败,除了又引人注目之外,并未达到任何目的,这可不妙。因为人们现在又重新回忆起里昂,回忆起勃罗多地方浸透了鲜血的田野,反动势力一而再地加倍使劲从富歇统治过的外省各地召来控告者。他刚刚使了大劲摆脱掉里昂的指控,内韦尔和克拉姆西的指控又接踵而至。在国民公会的席前,控告约瑟夫·富歇犯有恐怖主义罪行的指控声音,越来越响亮,人声越来越嘈杂。他为自己进行了机敏的辩护,坚定有力,不无成功;甚至他的敌人塔利安也努力为他开脱,因为看到反动势力日益强大,塔利安自己也不寒而栗。他开始想到自己的脑袋。但是已经为时过晚,一七九五年热月二十二日,罗伯斯庇尔案件发生

---

① 法文:金色青年。

弗朗索瓦·巴贝夫

之后一年零十二天，经过漫长的辩论对约瑟夫·富歇提出控告，罪名是他的恐怖行为。热月二十三日，决定逮捕富歇。就像丹东的阴影扑向罗伯斯庇尔，现在罗伯斯庇尔的阴影也向富歇扑了过去。

但是现在——这位聪明的政治家计算得非常正确——是共和国第四年的热月，不再是第三年的热月。在一七九三年控告就意味着下逮捕令，逮捕就意味着处死：晚上押进龚西埃杰里监狱，第二天受到审讯，下午就坐上刑车，开赴刑场。可是在一七九四年已经不再是那位"廉洁奉公者"①的钢铁手腕在控制法庭，法律已经松弛许多，谁若灵活，可以大钻空子。富歇经常处于危机四伏的险境，他若不能穿过这样可紧可松的法网，也就不成其为富歇。他使足诡计，大走后门，使得自己不但不是立即被捕，而且还有时间做出回答，自我辩护，而在当时，时间便是一切。只要躲进暗处，就会被人忘记，只要在别人大喊大叫时悄不作声，就会被人忽视！西哀士在整个恐怖年代坐在国民公会里，绝不开口说话。后来人家问他，在这整个时期内他干了些什么，他做出的天才回答乃是："J'ai vecu②。依照西哀士的这道著名的药方，富歇现在就像有些动物那样装死，为了不致被人杀死。只要现在这短暂的过渡时期能救得一命，他就得救了。因为善观风向的富歇已经感到，国民公会的辉煌和力量只能再持续几个礼拜，几个月。

就这样，约瑟夫·富歇救得一命，这在那个年代可是很大的收获。当然，他只救了自己的一条命，并没有挽救他的名声，他的地位，因为人家不再选他为新一届国民公会的议员。他白白地做出了惊人的努力，浪费了巨大的热情和用尽心计。他胆大包天，无耻背叛，仅仅保住自己一命。他不再是人民代表，南特的约瑟夫·富歇，不再是奥拉托利会学校的教师，他仅仅是一个被人遗忘、受人轻视的人，没有官衔，没有财产，无足轻重，一个可怜的影子，只有黑暗庇护。

三年之间，在法兰西没有一个人再提起他的名字。

---

① 指罗伯斯庇尔。
② 法文：我一直活着。

四　督政府和执政府的部长

一七九九年至一八〇二年

　　曾经有人写过赞扬流亡的颂歌吗？流亡具有创造命运的威力，使人落难时精神振奋，能在孤独的残酷压力下把心灵深受震撼的力量重新积聚起来，加以整顿。艺术家只是抱怨流亡，说它是股破坏力量，显然影响人们青云直上，是毫无用处的间歇，是极端残忍的中断。但是大自然的节奏，需要这种强暴的间歇。因为只有认识了深渊幽谷，才算了解整个的生活，只有挫折才给人以充分进取的力量。创造性的天才尤其需要这种暂时强加的孤独，才能从绝望的深渊，从遭到摈弃的远方衡量他真正使命的视野和高度。人类最为意义深远的信息都来自流亡地，那些伟大宗教的创始人摩西、基督、穆罕默德、释迦牟尼，他们大家都必须先经历荒漠的沉寂，不和人们聚在一起，才能说出那句至理名言的话。弥尔顿的失明，贝多芬的失聪，陀思妥耶夫斯基的囚室，塞万提斯的监牢，路德在瓦尔德堡的囚禁，但丁的流亡，尼采的自我放逐在恩加丁的冰冻地区。这一切都违拗常人清醒的意志，是天才暗自发出的要求。但是即使在低下的、在更加世俗的政界，暂时置身局外，也会赋予政治家以新鲜的眼光，在政治势力的斗争中更好地统观全局，权衡利弊，因此在宦海浮沉之际，再也没有比暂时受阻更为幸运的事了。因为一个人倘若总是高高在上地向下观望，从帝王宝座的天际云层，从象牙宝塔和显赫权势的巍巍高处，向下俯视，只看见奴颜婢膝之辈的谄笑和他们危险的甘心效劳的媚态：谁若自己把尺度握在手里，就会忘记自己真正的分量。对于艺术家、统帅和当权者来说,最最有害的,莫过于不断成功,心想事成;只有遭到失败,艺术家才学到他和作品的真正关系;只有兵败失利,统帅才认识自己的错误;只有失宠失意,政治家才真正认清政治上的全局。不断增长财富使人萎靡,不断获得掌声使人麻木;只有停顿中断才能赋予疲弱的节奏以崭新的活力和强劲的弹性。只有不幸给人以洞察世界现实的深邃眼光和远见卓识。每次流放都是严酷的教训,但既是教训,也是学习,它使性格软弱的人重新意志坚定,使优柔寡断的人痛下决心,使性格坚强的人更加坚强。流亡对于真正的强者绝不意味着力量的削弱,而只是力量的增强。

约瑟夫·富歇的流亡延续了三年多的时间,他遭到放逐的那座偏僻荒凉的孤岛叫作:贫穷。昨天还是总督,是决定革命前途的人当中的一员,如今从权力的顶峰跌进深沉的黑暗,污秽的泥沼,再也不见踪影。当时惟一见到过他的人是巴拉斯,他给我们提供了一幅触目惊心的图画,描绘富歇和他相貌丑陋的妻子,带着两个瘦小病弱的红发孩子——两个奇丑无比的白化病患者,居住的那间寒碜的阁楼,那个紧挨在天宇底下的洞穴。五层楼上,在一个肮脏的、发霉的、被太阳烧烤着的房间里,躲着这个下台落难的政客。当年好几万人听见他说的话索索发抖,几年后,他又将作为奥特朗特公爵掌握着欧洲的命运,可是现在他不知道,明天拿什么钱去给孩子买牛奶,去支付数额小得可怜的房租,同时还需要保护自己卑微的生命,不受那些看不见的、无法计算的敌人,那些里昂的复仇者们的暗算。

谁也说不清楚,即使他最忠实最仔细的传记作者马德兰也无法给详尽的材料,说明约瑟夫·富歇在他落魄的年月里是靠什么苟延残喘的。他不再领取议员的薪水,他家的财产在圣多明各起义时已丧失殆尽,谁也不敢雇佣或者使用这位"里昂的刽子手",所有的朋友都已弃他而去,人人都避免和他接触。据说他干过最为稀奇古怪、不可告人的行当——的确,这可并非海外奇谈:日后的奥特朗特公爵当时曾经喂过猪,但是不久他就选择了一个更加龌龊的行当,那就是给巴拉斯当了一名密探。在新上台的当权派当中只有巴拉斯还一直接待这个落魄的人,对他表示奇特的同情心,还接待他,当然不是在部里的会客室接待他,而是在某个阴暗的角落,在那里,巴拉斯有时扔一份小小的肮脏的差使给这个不知疲倦的乞丐去办,军用物资的走私啦,一次视察啦,总有那么一笔小小的收益,可以让这个讨厌的家伙好赖维持两个礼拜。但是在进行这多方面的试验过程中,富歇显露出了他真正的天才。当时巴拉斯已经有各式各样的政治计划,他对他的同僚们充满怀疑,为此完全可以使用一个私人密探,一个地下通风报信、传递小报告的人;不属于官方的警察,而是一种私人侦探。富歇极其适合担任这个角色。他到处留神,多方打听,爬上后楼的楼梯,潜入别人屋里,拼命从所有的熟人嘴里骗出当天传开的闲言碎语,把这些舆论中肮脏的唾余废话悄悄地弄来告诉巴拉斯。巴拉斯变得野心越大,就越发贪婪地想发动一场政变,这就越发需要富歇。在现在统治法兰西的五人组成的督政府里,那两个正人君子,尤其是法国大革命中最正直的那个卡诺早已使他感到碍手碍脚。他一心只想摆脱他们。谁若策划政变,煽动暴乱,就特别需要有些东跑西颠的走卒,有些什么事都干的家伙,意大利人称之为恶棍(Bravos)和无赖(Bulos),他们一方面没有人格,可是另一方面虽说没有人格,却又可靠。在这点上谁也不比富歇更为合适。流亡成为他飞黄腾达的学校,而在这个学校里,他发挥了日后成为警务部部长的才能。

在人生的寒霜冰冻之中,在贫穷的暗无天日之中度过了漫漫长夜,富歇终于感觉到拂晓的清风。国内已经有了一个新的主人,一股新的势力正在崛起,富歇决定为这新的主子效劳。这股新的势力便是金钱。罗伯斯庇尔和他的同党刚躺在断头台坚硬的木板上,这万能的金钱就已复活,它又拥有万千个佞臣和奴仆。豪华马车套着刷洗干净配上簇新笼头的骏马,又在大街上疾驰,车里坐着令人陶醉的半裸美女,身穿贵重的薄绸轻纱宛如希腊女神,金色青年身穿白色紧身绸裤,黄色褐色红色的燕尾服,戴着戒指的手握着时髦的带金把的马鞭,他们也很乐于用这鞭子抽打当年的恐怖分子。香水店和珠宝店里生意兴隆,五六百家,上千家舞厅、咖啡馆突然涌现,他们盖起了别墅,购买了房屋,出入剧院,投机倒把,买空卖空,买进卖出,在王宫锦缎窗帘后面,人们豪赌一气输赢成千上万,金钱又现出真身,独断专横,恣意放肆,狂妄大胆。

但是在一七九一年至一七九五年期间,金钱呆在法兰西的什么地方呢?它一直存在,只不过隐而不露。就像在一九一九年德国和奥地利共产党人恐怖期间,有钱人突然纷纷装死,身穿破衣烂衫,怨天哭穷。因为在罗伯斯庇尔统治下,谁若允许自己稍涉奢侈,谁哪怕只是接近奢侈,就被视为"为富不仁"(借用富歇的说法),视为形迹可疑,谁若算是富人,心里就不自在。谢天谢地,现在赶上了大好时光(时逢乱世历来如此),可以发财致富。因为财产在重新转让,庄园纷纷出售,人们从中赚钱。流亡者的财产拿来拍卖,人们从中赚钱。犯人的财产没收充公,人们从中赚钱。纸币日益贬值,人们从中赚钱。通货膨胀的热病袭击全国,人们从中赚钱。只要手脚麻利,放肆大胆,政府里有人,干什么都能赚钱。但是有一个财源滚滚涌流,顺利通畅,什么也无法和它相比,这便是战争。早在一七九一年,战争初现端倪之时,就有少数个别人(恰好像在一九一四年一样)发现,在这吞噬众人、破坏价值的战争上面也能赚钱获利,但是当时罗伯斯庇尔和圣茹斯特这两个廉洁奉公的人残暴地扑了上去,咬住那些 accapareurs① 的脖子。谢天谢地,这两个卡图给干掉了,断头机搁在仓库里生了锈。在这之后,诈骗犯和部队供应商就感到黄金时代业已到来,现在可以心安理得地向部队提供劣质皮鞋,获得大笔钱财,预支款项和部队征用单把口袋塞得鼓鼓囊囊,当然,其前提是事先得到向部队提供货物的份额。因此这些暧昧的买卖,总需要有个恰当的中介人,一个信誉良好而又言听计从的人去打先锋,从内部打开棚门,把投机商们引到装满国家和战争提供的饲料的马槽跟前。

干这种肮脏的买卖,如今的约瑟夫·富歇可是个理想的人选。穷困落魄已经把他的共和主义良心冲得荡然无存,对金钱的仇恨也通过烟囱化为乌有,这个饿得半死的家伙可以廉价收买。另一方面,他又有最好的"关系",他不是(作为密探)在督政府主席巴拉斯的前厅里进出吗?于是一夜之间,这个一七九三年的激进共产主义者,变成了新兴的共和主义银

---

① 法文:囤积居奇者。

69

行家们的心腹,当年他一心想要叫人烤出"平等面包"来,如今却关照这些银行家的一切愿望和买卖,从中取得高额回扣。譬如投机商英格洛,共和国最最放肆大胆、毫无顾忌的暴发户(拿破仑对他恨之入骨)正好要受到控告,麻烦不小——他行骗过于肆无忌惮,在提供物质时,先把自己的腰包塞满。现在他遭遇到一场官司,很可能要失去大笔钱财,也许会丢掉脑袋。在这种情况下该怎么办?得去求一个和"上面"关系良好的人,拥有政治影响或者私人影响,能把这件讨厌的案子"摆平"。于是人们就找上了巴拉斯手下传递消息的富歇。富歇立即迈动双腿,去找那位全能的巴拉斯(富歇的信就印在巴拉斯的回忆录里)。果不其然,这件肮脏的事情就这样不声不响顺顺当当地平息了下来。为此英格洛就带着他参加对部队的物质供应,参加交易所的买卖,富歇"吃着吃着胃口就来了"。富歇在一七九七年发现,金钱的气味比一七九三年鲜血的气味要好闻得多,于是凭着他一方面和新兴的大金融家,另一方面和腐败的政府之间新建立的关系,建立了一支为舍雷尔①的大军提供物资供应的队伍,这位骁勇善战的将军率领的士兵将获得蹩脚的军靴,穿着单薄的大衣受冷挨冻,在意大利平原上被人击溃,但最重要的是,富歇-英格洛的合营公司,盈利丰厚,很可能巴拉斯自己也从中分得大量油水。激进雅各宾党人和超级共产主义者富歇在三年前还如此慷慨激昂地宣布对那种被人不齿、使人堕落的金属深恶痛绝,如今这种憎恶已经消失。对"为富不仁"的家伙发出的愤怒的吼声,什么"好的共和党人别无所需,只需要面包和铁,外加每天四十个埃居"的这种叫喊已被遗忘,现在终于轮到自己发财致富了。因为在流亡中,富歇认识到了金钱的威力,他便为它效劳,犹如为任何权力效劳一样。他落魄的时间太长,屈居人下受到的痛苦太多,在受人轻蔑、缺衣少食的污泥之中,过着令人心悸的落魄潦倒的生活,这些使他振奋起全部力量,要往上爬,爬到那个用金钱可以买到权力,而权力又能化

---

① 巴泰勒米·路易-约瑟夫·舍雷尔(1747—1804),法国将军和部长,先在奥地利军队服务,一七八〇年参加法军,在荷兰作战,一七九一年回法国,在伐尔米战役崭露头角,后为远征意大利的法军司令,一七九六年由拿破仑·波拿巴接替他。一七九七年任国防部长。

为金钱的世界。通向这座蕴藏最为丰富的矿山的第一条通道已经挖开,在这个从五层楼上的阁楼里通向公爵席位,从一无所有通向两千万法郎财产的奇妙无比的道路上,第一步已经迈出。富歇把革命原则这一讨厌的包袱从背上甩掉之后,他就变得灵活轻松,一夜之间他又有了用武之地。他的朋友巴拉斯不仅转运黑钱,还干一些肮脏的政治勾当。巴拉斯一心只想悄悄地把共和国出卖给路易十八,换取公爵的头衔和一笔巨款。他感到碍手碍脚的,只是那些具有共和主义思想的正派同僚,譬如卡诺,他们依然还信仰共和国,他们不愿理解理想的存在,只是为了借以发财。巴拉斯发动果月十八政变,去除了这几个他讨厌的监督。政变中富歇无疑通过暗中破坏,为他的合伙人帮了大忙,因为等他的保护人巴拉斯一变成五人委员会,即重新组成的督政府的权力无限的统治者,那怕见阳光的富歇立即冲了出来,邀功请赏。他要求巴拉斯给他工作,政界、军界都行,不论什么位置,不论什么使命,只要能让他塞满口袋,补偿一下那些穷困潦倒的岁月。巴拉斯需要这个人,无法拒绝这个帮他办过龌龊勾当的仆人。但是,"里昂的刽子手"富歇这个名字还散发出极为浓烈的血腥气,没法在反动势力欢庆蜜月的日子里在巴黎和他公开露面,从而牵连自己。于是富歇起先便被巴拉斯作为政府代表派到驻扎在意大利的军队中去,然后派到荷兰的巴达维亚共和国①去进行秘密谈判。富歇在暗地里进行阴谋活动,是把好手,这点巴拉斯已有所领教。不久他将对此有更加深刻的切身体验。

　　于是一七九八年富歇便成为法兰西共和国的公使,他又得以一展才华。就和从前他肩负血淋淋的使命一般,这次他负有外交使命也施展出同样冷静的干劲,特别在荷兰他闪电般迅速地获得成功。悲痛凄惨的经历使他苍老,狂风暴雨的时代使他成熟,在艰苦生涯的严酷熔炉里炼得灵活机敏,富歇旧日的活力伴以新增的谨慎,经受住了考验。不久上面那些新的主子发现,这是一个可以使用的人才,此人见风使舵,见利忘义,向上取悦,对下无情,在风涨潮高之际是个灵活能干的水手。既然政府这条航

---

① 法国人于一七九八至一八〇六年间在荷兰建立的共和国。

船颠簸得越来越凶险,在那把握不定的航线上时刻都有触礁沉没之虞,督政府便在一七九九年热月三日做出了一个出人意料的决议:那个在荷兰执行秘密使命的约瑟夫·富歇突然一夜之间被任命为法兰西共和国的警务部长。

约瑟夫·富歇当了部长!仿佛一声炮响,惊醒了巴黎。是不是恐怖又要开始,所以他们松开链子放出这头嗜血的恶狗,里昂的刽子手,圣体的亵渎者,教堂的掠夺者,无政府主义者巴贝夫的朋友?是不是他们——上帝保佑啊——现在也要把科洛·德布瓦和比约从圭亚那热病流行的岛上召回,又要把断头台设在共和国广场上?是不是到末了又要烤出"平等面包",又要引进博爱委员会来搜刮有钱人身上的钱财?拥有一千五百家舞厅,光芒四射的众多商店,油头粉面的金色青年,早已高枕无忧的巴黎这时大吃一惊,——富人和市民又像一七九二年那样浑身颤抖。只有雅各宾党人,这些最后的共和主义者踌躇满志。经受了可怕的迫害,现在他们当中的一员,那个最大胆无畏、最激进、最不屈不挠的人终于又上台掌权。现在反动势力终将受到扼制,共和国将把保王党人和谋叛分子清洗出去!但奇怪的是过了几天,两种人,激进派和保守派都暗自纳闷,这位警务部长的确叫约瑟夫·富歇吗?米拉波的一句明智的名言又一次得到验证(今天此话还适用于社会主义者),雅各宾党人当了部长就不再是雅各宾党人的部长了:因为,你瞧,从前滴着鲜血的嘴里,现在流出的却是浸着和解词句的油。秩序,稳定,安全,这些词藻一再见诸前恐怖分子的警方公告里,消灭无政府主义成了他的第一口号。新闻自由必须限制,没完没了的煽动言论必须制止,秩序,秩序,稳定和安全——无论是梅特涅,赛尔特尼茨基①,还是奥地利帝国的任何一个死硬反动分子都没有写出过比约瑟夫·富歇这位"里昂的刽子手"所起草的更为保守的法令。

市民们舒了口气,这个扫罗变成多么好的保罗啊!但是真正的共和主义者在他们的会议大厅里气得暴跳如雷。他们在这些年里学到的东西不多,他们还一直在发表怒气冲冲的演讲,长篇大论没完没了,他们引用

---

① 约瑟夫·赛尔特尼茨基(1778—1855),奥地利政治家。

普鲁塔克①的名言,威胁督政府,威胁部长们和宪法。他们的态度如此狂暴,仿佛丹东和马拉还活在人间,仿佛现在和当时一样,警钟齐鸣,会把几十万民众从各个郊区召来。不论怎么说吧,他们那令人厌烦的胡搅蛮缠最后使督政府忐忑不安,同僚们拥上前来询问这位新当选的警务部长,该怎么对付他们才好?这位坚定不移的部长答道:"关闭雅各宾俱乐部。"其他部长怀疑地直瞪着他,问他什么时候采取这大胆的措施。富歇从容不迫地答道:"明天。"果不其然,第二天晚上雅各宾俱乐部的前主席富歇便前往坐落在杜巴克大街的雅各宾俱乐部。这些年来革命的心脏始终在这个圈子里跳动,罗伯斯庇尔、马拉都在这同样的一些人面前发表演讲,富歇自己也在这些人面前发表过言词激烈的演讲,在罗伯斯庇尔倒台,在巴贝夫失败后,只有对革命风暴岁月的回忆还活在这马术学校的俱乐部里。

但是多愁善感与富歇无缘,只要愿意,他可以令人瞠目结舌地迅速忘却他的过去,这位出身奥拉托利会的前任数学教师一直不停地测量实际权力的平行四边形。他知道,共和主义的思想已经完蛋,最优秀的领袖,那些敢作敢为的男子汉已经埋入地下,所以这些俱乐部早已堕落成为进行社交、闲聊谈天的场合,一个向另一个学舌,重复别人的词句。一七九九年普鲁塔克的警句名言和爱国主义的豪言壮语都和纸币一起贬值。空泛的辞藻说得太多,钞票也印得太多,法兰西现在(有谁比监督公众舆论的警务部长更了解情况!)已经厌倦了律师、演说家和革新家们,厌倦了众多的法令和法律,它只求安定、秩序、环境和平与财政明朗。几年之后会出现战争,同样几年之后也会爆发革命,每次社会、集体狂欢之后,个人和家庭的不可阻遏的利己主义,又势必会崛起。

共和党人中的一员,早已过时的人当中的一个正在激昂慷慨地发表演讲,这时大门猛地打开,富歇身穿部长的制服,在宪兵陪同下走进门来。他向大厅冷冷地扫了一眼,打量一下惊讶不已跳将起来的俱乐部全体成员:多么可怜的一些对手啊!革命的敢作敢为的干将、才智卓绝的英才、

---

① 普鲁塔克(约46—119),古希腊哲学家、历史学家,撰写古希腊罗马名人的事迹。

革命的英雄豪杰和拼命三郎都早已凋零长逝，只有喋喋不休的废话篓子留了下来，只消一个坚定果断的手势便足以对付这些废话篓子。他毫不犹豫地登上讲台，六年来雅各宾党人第一次又听见了他那冰冷的、冷漠的声音。但是这个瘦骨嶙峋的人并不是像过去那样，号召大家去争取自由，仇恨暴君，而是冷静地、明白无误地宣布，关闭这俱乐部。这事来得过于突兀，以致谁也没有进行反抗。他们没有暴跳如雷，也没有像他们一再宣誓的那样，手执匕首刺向消灭自由的人，他们只是嗫嚅着嘀咕了几句，就轻手轻脚地退了回去，手忙脚乱地离开了大厅。富歇的估计一点没错：对付男子汉必须战斗，而对付废话篓子只消一挥手就能把他们打倒。

大厅里的人都赶走之后，富歇从容不迫地走向大门，把门锁上，把钥匙塞进口袋。这钥匙一转，实际上就意味着法国大革命寿终正寝。

一个部门的面貌如何，全看主管这个部门的人把它变成什么模样。当约瑟夫·富歇接管警务部时，他得到的是个极为低下的任务，相当于内务部的一个处。他的任务是监督和报告，像脚夫似的为内政、外交收集各种资料，然后督政府的老爷们就像国王似的利用这些资料制定政策。可是富歇掌权不到三个月，他的这批恩主们就惊恐万状地发现，他不仅监督下面，也监督上面，这位警务部长在检查其他部长，检查督政府，检查全体将军和全局大计。他的罗网笼罩一切官府衙门，所有的消息都汇集到他的手里。他在政治之外另搞一套政治，战争之外另打一场战争，他处处越过他的权限，到最后塔列朗不得不恼火地对警务部长的职位重新做出定义："警务部长就是这样一个人，他首先关心一切与他有关的事情，紧接着第二步就关心一切与他无关的事情。"

这个复杂的机器，这个涉及全国包罗万象的检查机器，建造得精妙绝伦。每天有千万条消息汇集到坐落在伏尔泰滨河大街的这幢房子里，因为几个月以后，这位大师已经使奸细、密探、线人分散到全国各地。但是千万不要把他的间谍设想成通常见到的那些粗笨的小市民侦探，在房东、管家那里，在酒店、妓院和教堂里偷听人们日常的闲聊。富歇的间谍也佩戴金质肩章，身穿外交官的礼服和柔软的镶花边的晚礼服。他们在圣日

约瑟夫·富歇

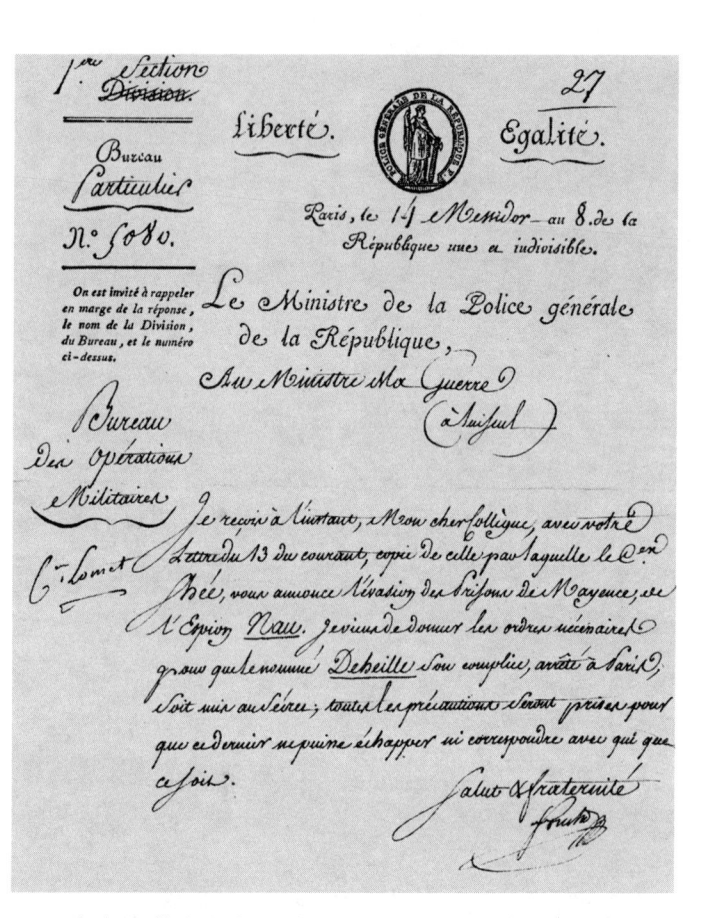

共和国警务部部长富歇签署的文件，获月 14 日

耳曼区①的沙龙里高谈阔论,另一方面又化装成爱国志士潜入雅各宾党人的秘密集会。在富歇雇佣的特务名单上有响当当的侯爵和公爵夫人的名字,他们出身法兰西名门望族,是啊,他可以自诩的是(奇妙的事实!)帝国最高贵的妇女——约瑟芬·波拿巴,日后的皇后,也在为他效劳。在他日后的主子和皇帝②的办公室里,那位秘书已被他收买,在英国的哈特韦尔宫③里,国王路易十八的御厨已经被他买通。每一次闲聊都向他汇报,每封信都被拆开。在部队里,在商人和议员身边,在酒店和集会上,这位警务部长都在无形之中窃听,所有这些上千条的消息,每天都送到他的办公桌上,其中一部分是正确、重要的消息,一部分只是闲聊式的告密,它们都经过审查、筛选、比较,直到成千上万个密码变成明确清晰的情报。因为情报就是一切,无论在战争时期,还是在和平时期,在政界还是在金融界,均是如此。一七九九年在法兰西,不再是推行恐怖,而是洞察一切才有力量。洞悉这些可悲的热月分子每个人的情况:他收了多少钱,他已被谁收买,花多少钱就能收买他,就能稳住他,就能让这个上司变成下属;洞悉每次谋叛的情况,有的是为了予以镇压,有的是为了加以支持,这样在政治上总是知道倒向正确的一边;事先获得有关战局与和谈的情报,以便在交易所里和知趣懂事的金融界人士合作,最后给自己捞得一笔财产。于是在富歇手里的这架消息机器就不断地造钱,而钱又作为润滑油让这台机器毫无声响地不断运转,从赌场、妓院、银行,数以百万计的秘密款项流到他的手里,在他手里转化为贿赂,而贿赂又带来情报。这样,警察的这台庞大而精巧的机器就永远也不停顿,永远也不发生故障。就他一个人在短短几个月内,凭着巨大无比的工作能力和心理学上的天才,从无到有创建了这台警察机器。

但是在富歇的这台无与伦比的机器当中,最为天才的一着乃是:这台机器只在一个人的手里,只在他的手里方才运转。这台机器不知在什么地方装了一枚螺丝,取出这枚螺丝,机器的飞速运转便立即停顿。

---

① 巴黎的高级居民区。
② 即拿破仑。
③ 路易十八当时住处。

富歇从一开头就未雨绸缪,以防自己失宠。他知道倘若他一旦被迫下台,只需用手一拨,就能使他设计的这台机器立即停止运转。这个善于弄权的人,创造他的作品,并非为了国家,并非为了督政府,也并非为了拿破仑,仅仅是为了他自己。不要以为他用化学方法在他的曲颈瓶里提炼出来的一切消息中的精华,他会忠于职责,向他的上级一一禀报。他毫无顾忌、自私自利地只把他愿意转达的消息转告他们,为什么把督政府里的这些笨蛋弄得更加聪明,为什么让他们看见他手里捏的是副什么牌?只有对他有用的消息,对他必然有利的消息,他才从他的实验室里取出来,其他所有的箭矢和毒剂他都仔细地保存在他私人的武器库里,为报私仇,也为了进行政治谋杀。富歇知道的事情始终比督政府里的人以为他知道的要多,这样他对于每个人都很危险同时又不可或缺。他知道巴拉斯在和保王党进行谈判,知道波拿巴有觊觎皇冠的企图,既知道雅各宾党人的活动,也知道反动派的勾当。但是他知道了这些秘密,从不立即揭露,而总是在他认为对他有利的时候才下手。他有时促进一下谋叛活动,有时阻止一下,有时人为地煽动一下谋叛,有时虚张声势地把它们揭露(同时警告参与者,让他们及时脱身),他总是扮演两面派、三面派甚至四面派。向各个方面进行欺骗,在所有的牌桌上都捣鬼,这已逐渐成为他的嗜好。当然这样做就必须投入全部力量和时间,对此,这位每天工作十个小时的富歇是不会吝惜的,他宁可从早到晚坐在办公室里亲自审阅所有的文件,处理每一件案子,也不愿让第二个人窥见里面的秘密。每一个要犯他都在房门紧闭的密室里亲自审讯,以便他,只有他一个人获悉关键性的细节,连他的下属都不得过问。渐渐地他作为一名未获任命的全国忏悔师把许多人的秘密都掌握在他的手里。他又一次用恐怖控制全国,就像当年在里昂那样,只不过这一次不再是向下坠落发出致命的咔嚓一响的笨重刑斧①,而是心灵的毒剂、恐惧和负罪感,感到有人窃听,觉得被人发现,利用这种毒剂他使成千上万的人喘不过气来。一七九二年发明的机器,用来摧垮任何对抗国家

---

① 即断头机。

的反抗行动的断头机和一七九九年约瑟夫·富歇以精神上的优越性制造的这部精致绝伦的警察机器相比,只是件粗蠢的工具。

富歇演奏起他自己制造的这件乐器来,全然是个炉火纯青的大师。他深悉权力的最高秘密,悄悄地享受它,节约地使用它。里昂的时代已经过去,那时神色冷峻的革命卫队上起刺刀阻止人们进入权力无限的总督的寓所,可是现在他的前厅里,挤满了圣日耳曼区的贵妇名媛,他乐于接待她们。他知道这些太太想要什么。一位太太请求他在流亡者的名单上划去她亲戚的名字,另一位想为一位表亲谋求一份美差,第三位请求压下一桩令人难堪的官司。富歇一视同仁,对所有的人都表现得和蔼可亲。既然还不知道,明天哪个党派掌舵当权,雅各宾党还是保王党,温和派还是波拿巴,又何必得罪某党某派?于是这个从前人人畏惧的恐怖分子如今扮演令人着迷的和事佬的角色。在他的演说和文告里,他虽然还强劲有力地公开谴责保王派和无政府主义者,可是私底下他却暗暗地警告他们或者收买他们。他避免大声喧哗的公开审判,冷酷无情的血腥判决。他满足于使用暴力的姿态,而无须动用暴力;满足于在国内拥有真正的隐蔽的实权,而不是巴拉斯和他的同僚们佩戴在羽毛帽上的空洞的权力标记。

于是不出几个月,这个恶魔富歇竟然变成了大众的宠儿。他总是平易近人,平静地在旁观望,甚至出手相助,帮你挣钱发财,牟取一官半职,对每个人都做出让步。只要你不过于干预政治或者阻挠他实行自己的计划,他可以客客气气地垂下严厉的目光不管不顾。在任何时候,任何地方,有哪一个部长,哪一个政治家会比他更讨人喜欢呢?用金钱买下人们的信念,用谄媚使他们改变观点,不是比动用大炮达到目的更好吗?把不安分的人叫到密室里去,把放在抽屉里判处他们死刑的判决书给他们看,而不是把判决当真执行,不是已经足够了吗?当然,如果什么地方真的发生暴乱,这只老练的无情的手也会毫不仁慈地猛然击去。但是谁若老实待着,不顶风作案,这个老恐怖主义者就对他施以更加古老的修士的宽容。他了解人类贪财,贪恋奢华,渴望犯点小小的罪恶,获得一些个人欢悦的弱点，——好吧，habeant①！千万不要胡来！大银行家们，迄今为止在共和国里一直为群犬追逐，现在可以安然走私，牟利赚钱，富歇向他们提供情报，他们则为此分给富歇红利。新闻舆论在马拉和德穆兰的领导下变成一头嗜血咬人的野狗，唉，如今驯顺地伏在富歇的腿旁摇尾乞怜，它也宁可得块甜面包而不是挨顿鞭子。时隔不久，享有特权的爱国志士的狂呼大叫变成吮唇咂嘴的一片宁静，富歇给每个人都扔过去一块骨头或者狠狠抽上几鞭把他们赶进犄角。他的同僚和各党各派全都明白，有富歇做朋友既愉快又有好处，倘若惹得他从绵软的小手里露出利爪，实在很不舒服。于是突然之间，这个最受轻视的人拥有了一大批朋友；因为他什么都了然于胸，可是他守口如瓶，使每个人都欠他人情。罗讷河畔被炸毁的城市尚未重建，可是里昂城的炮击事件已为人遗忘，富歇已经大得人心。

关于国内发生的一切事情，约瑟夫·富歇得到的是最新最可靠的消息，他有一个上千个脑袋上千只耳朵的警报系统，谁也不可能像他这样洞察事件的幽微曲折。他有一台记录政治上微小波动的记录仪，谁也不可能比这位神经冷静、精于算计的观察家对各个党派和各个人的实力或者弱点知道得更加清楚。

就这样只过了几个礼拜，几个月，约瑟夫·富歇就清楚看出：督政府已经完蛋。五位督政离心离德，每人都在背后算计别人，只等时机到来，把别人赶下台去。部队连连败北，财政一片混乱，全国动荡不宁——这样是难以为继的。富歇觉察到不久风向要变。密探们向他报告，巴拉斯在和路易十八进行秘密谈判，想把共和国出卖给波旁王朝换取一顶公爵的冠冕。他的同僚们又和奥尔良公爵眉来眼去，或者梦想恢复国民公会。但是他们大家全都知道，这样难以维持下去。因为国家已为频仍的内部起义所震撼，纸币贬值，变成一堆废纸，士兵们已无斗志。倘若没有一股新的力量把四分五裂的各股力量凝聚起来，共和国就要崩溃。

只有来个独裁者才能挽救颓势，所有的眼睛都在四下搜索，寻找合适

---

① 拉丁文：那就让他们享受吧。

人选。巴拉斯对富歇说:"我们需要一个头脑和一把佩刀。"暗自认为自己就是那个头脑,正在寻找那把真正的佩刀。但是那两位常胜将军奥什①和茹贝尔②生不逢时,还未飞黄腾达便已辞世,贝纳多特③的态度又过于带有雅各宾党人的色彩。大家都知道,只有一个人,可以把佩刀和头脑合而为一,那就是波拿巴,阿尔科莱④和里沃利⑤战役的英雄,此人又被他们出于恐惧,远远地支开,现在正在埃及的沙漠中茫无目的地来回用兵⑥,他们认为此人远在数千英里之外,对他不必有所指望。

在所有的部长当中,只有富歇当时已经知道,这位波拿巴将军并非远在几千海里之外,人家以为他还徜徉在金字塔的阴影底下,其实他不久将在法国登陆。他们把这个野心勃勃、深得人心、喜欢发号施令的家伙打发到远离巴黎几千海里的地方,当纳尔逊在阿布基尔⑦一举摧毁法国舰队时,这些人也许甚至于还暗自舒了口气,因为对于阴谋家和政客来说,死掉千把个人算得了什么,只要竞争对象已被翦除就行。他们现在高枕无忧,知道波拿巴牢牢地和部队拴在一起,小心提防着别召他回来。他们绝对不会想到,波拿巴会大胆到这种地步,竟自作主张把指挥大权交给另外一位将军,而自己却擅自回来打扰他们的安宁——他们什么可能性都估计到了,就对波拿巴本人未作估计。

富歇可知道得更多,而且有最可靠的消息来源。因为把一切泄露给他,每封信、每个措施都向他报告的他花钱收买的间谍当中,这个最最优秀、消息最为灵通、最为忠实可靠的不是别人,而是波拿巴自己的妻子,约瑟芬·博阿尔内。贿赂这个轻浮佻达的克里奥尔女人,这事本身并非了不起的成绩。因为她挥金如土,经常手头拮据陷入困境。尽管拿破仑慷

---

① 拉扎尔·奥什(1768—1797),法国将军。
② 巴泰勒米-卡特林·茹贝尔(1769—1799),法国将军。
③ 让·巴蒂斯特·朱尔,贝纳多特(1763—1844),原为拿破仑手下元帅,后为瑞典国王。
④ 意大利村庄,一七九六年十一月十五至十七日,拿破仑在此大败奥地利军队。
⑤ 意大利城市,一七九七年一月十四至十五日拿破仑在此大败奥地利军队。
⑥ 指拿破仑远征埃及。
⑦ 在埃及亚历山大港港口,一七九八年八月一日英国海军上将纳尔逊在此击溃拿破仑远征埃及的舰队。

慨地从国库里划出几十万法郎给她,但到了这个女人手里,这笔钱犹如杯水车薪。她每年要买三百顶帽子,七百件衣裳,无论是金钱,她的肉体,还是她的良好的名誉,她都不知珍惜,再说此时此刻她的心情也并不特别自在。我的上帝,那位身材矮小容易冲动的将军正在前线作战,一心想把她带到那无聊乏味的马默卢克人的国度去,这时约瑟芬却和一个英俊漂亮的查理上床睡觉,没准还跟另外几个人同床共枕,也许甚至于又和她的老相好巴拉斯重温旧梦。为此波拿巴的两个愚蠢成性、善搞阴谋的兄弟约瑟夫和吕西安对她非常生气,迫不及待地把这个消息报告了她那性格狂暴、像土耳其人一样妒忌成性的丈夫。所以她需要有人帮忙,去侦察这两个充当密探的大伯小叔,检查他们的来往信件。因此之故,再外加若干金币——富歇自己在回忆录中干脆直说,是一千金路易——这位未来的皇后,向富歇提供一切秘密,尤其是最为重要最为危险的秘密:波拿巴即将启程回国。

得到消息,富歇就够了。不言而喻这位警务部长不会想到去报告他的上级。首先他只是加深和这位僭取王位者的夫人之间的友谊,悄悄地利用这些消息,一如既往、胸有成竹地面对决战,他如今知道,决战已指日可待。

一七九九年十月十一日,督政府匆忙召见富歇。折镜电报机报道了一则匪夷所思的消息:波拿巴已从埃及回来,在弗雷居斯登陆,纯粹自作主张,根本不是奉召返回。该怎么办?把这个没有接到命令擅自离开军中的将军当作逃兵立即予以逮捕还是客客气气地予以接待?别人真正惊讶,富歇装得比他们更加惊讶,劝大家委曲求全。走着瞧!走着瞧!因为他自己还没有下定决心,究竟是拥护还是反对波拿巴,他先要让事态静静地发展。可是正当督政府的这五个无头苍蝇似的首脑正在热烈讨论,究竟应该对开小差的波拿巴表示赦免还是予以拘捕之时,人民的声音早已表态。阿维尼翁、里昂、巴黎都像欢迎凯旋英雄似的迎接他。沿途各个城市全都张灯结彩;有人从剧院的舞台上向欢呼的观众发布消息:波拿巴可不是作为一名下属,而是作为一个主人、一个大权在握的人返回。他刚回

拿破仑在埃及

到尚特雷纳大街（为了对波拿巴表示敬意，不久改名为胜利大街）他的寓所，他所有的朋友以及那些尽快想做他的朋友以便沾光的人们，便都挤上门来。将军、议员、部长，甚至连塔列朗也来向这一介武夫表示他驯顺的敬意，因此，时隔不久，警务部长也亲自前来。他驱车来到尚特雷纳大街，派人向波拿巴通报。但是波拿巴似乎觉得富歇先生是位极无所谓、无足轻重的来客，就让他像个讨厌的申诉者似的在前厅里足足等了一个钟头。富歇这个名字对波拿巴来说分量不重，他个人并不认识富歇，也许只记得，有个叫这名字的人在恐怖年代曾在里昂扮演过一个可悲的角色，也许他在他的朋友巴拉斯家的前厅里曾经遇到过一个小小的警察局的密探，衣衫褴褛，潦倒不堪。反正是个无关紧要的人物，一个渺小的惟利是图的家伙，现在捞到了政府的一个小小的部长的席位。这样一个人就让他在前厅里等着吧。果然，约瑟夫·富歇很有耐心地在将军的前厅里等了足足一个钟头，这位权倾一时的大人物，全巴黎都竞相觐见，坐在一个仆人出于怜悯推给他的一把椅子上等，倘若波拿巴策划日后进行谋叛的同党之一累阿尔①不是碰巧发现，富歇处于如此屈辱的境地，他没准还得等上两三个钟头呢。累阿尔看到这后果严重的失误，大吃一惊，急忙跑进将军的房间，神情激动地向波拿巴解释，偏偏让富歇如此屈辱地久等，可是犯了天大的错误。此人只要用手一摁，就可以让整个密谋炸成灰烬。波拿巴立即跑出去，谦恭有礼、态度恳切地请富歇进屋，向他道歉，和他单独晤谈了两个小时。

这两个人是第一次面对面地站在一起，他们仔细地互相打量，互相端详，看对方是否适合自己个人的目的，杰出之辈一眼就看出对方的优势。富歇从这位实权人物的无与伦比的干劲儿立即认识到，这是一个执掌大权的不可征服的天才，而波拿巴以他那尖锐犀利的猛兽般的目光立刻看出富歇是一个可以使用、可做多种用途的帮手，他能迅速领悟一切，并且果断地使之变为事实。波拿巴日后在圣赫勒拿岛上说，当时没有一个人

---

① 皮埃尔·弗朗索瓦·德·累阿尔（1757—1834），法国革命家，丹东之友，助拿破仑上台，百日期间负责警务工作。一八一六年遭流放，一八一八年获赦。

像富歇这样在两小时之久的初次谈话里，便这样简单扼要、脉络清楚地向他描述法国和督政府的整个形势。坦率真诚平易绝非富歇的美德，而他居然立即向这位觊觎王位者告以真实情况，表明他也下定决心，供波拿巴驱使。从一开始，他俩的角色便已分配停当，主人和仆人，世界塑造者和现实政治家：现在他们联袂上演的戏可以开场了。

富歇在和波拿巴第一次见面时立即心甘情愿地表示愿意效忠，的确非同寻常。不过，他并没有完完全全把自己交付波拿巴支配。他为人极端谨慎，并没有公开参加旨在颠覆督政府，使波拿巴成为独一无二的统治者的谋叛，他严格而忠实地遵守他人生的基本原则：在胜负未定的情况下，绝不完全彻底地做出决定。只不过有件罕见的事情发生了——在此后几周里，这位平素听觉灵敏、目光犀利的法兰西警务部长，身染一种难堪的疾病：那就是他突然变得又聋又瞎。人们全都在窃窃私语，谣传即将发生政变，而他却一无所闻，许多信件塞到他手里，他也一无所见。他平时准确无误非常可靠的消息似乎全都失灵。督政府的五位成员中有两位已经参加谋叛，第三位也有一半被争取过来，而警务部长却居然对即将爆发的军事政变毫不知情——或者不如说，他假装一无所知。他每天交给督政府的报告里，没有一行字提及波拿巴将军和那挥舞佩刀急于发难的集团。当然他也没有向另一边，向波拿巴提供任何情报，写过片言只语。他只是以沉默出卖了督政府，并以沉默帮助了波拿巴。他等着，等着，静观其变。在这种无比紧张的瞬间，在胜负揭晓前两分钟，他那两栖动物的特性才感到得其所哉。两派全都怕他，与此同时，感到天平的准星在他手里来回摆动，这对于一个狂热的阴谋家来说永远是一切欢乐之最，一切美妙绝伦的游戏中的极品，其紧张的程度绝非绿呢赌台上的赌博或者情场上的角逐所能同日而语。在这里有关世界命运的赌博即将分晓！在这种时刻知道可以加速或者阻止事件的进行，知道此中内情却又自我控制，不论双手如何发痒，急于参与，却又迫使自己不做任何行动，只是怀着心理学家般跃跃欲试，充满快感，简直可说是犯罪的好奇心理冷眼旁观——就是这种快感鼓舞这个冷静的头脑，就是这种快感刺激了这股浑浊稀薄，几乎像冷水似的血液,就是这种心理学上变态的精神贪欲的快感可以使这个性格冷静没有神经的汉子约瑟夫·富歇为之陶醉。在举足轻重的一枪射出之前的这种无比紧张的瞬间,始终只有一种残忍的、玩世不恭的欢快情绪振奋他那平素怏怏不乐的严肃性格。因为精神上的贪欲只可能在欢乐情绪之中,在一种或开朗或阴沉的戏谑乐趣之中得以化解,别无他法。所以富歇正好在别人危机四伏之际开开玩笑,就像拉斯柯尼科夫①面对的那个预审法官,恰好在罪犯一阵寒噤、背脊发冷之时,他却无比俏皮,像恶魔似的大开玩笑。恰好在这种时刻,富歇喜欢故弄玄虚,所以这一次恰好在最危险的关头他安排了一出精彩的喜剧,舞台在某种意义上正好设在火药桶上。在发动政变前几天(他当然知道具体日期),他举行了一次小型晚宴,波拿巴、累阿尔和其他谋叛分子全都被邀参加这个私人宴会,他们大家在桌旁落座时,突然发现他们全体统统在场,这就是说,督政府的警务部长把阴谋反对督政府的叛乱集团一个不落悉数请到家里,这是什么意思?波拿巴和他的党羽面面相觑,忐忑不安,门口是否已经站好了宪兵,要把发动起义的谋叛分子一网打尽?也许有一两个人会想到世界史上彼得大帝招待"射击手们"②的那次鸿门宴,席间,刽子手端上来的尾食竟是这些人的脑袋,但是在富歇家里,这类残忍的事情丝毫也未发生——相反,使谋叛者们全都深感意外的是,最后还有一位客人走了进来(这可真是恶魔想出来的玩笑!),恰好是他们谋叛的矛头所向的那位督政府的主席戈耶③,他们亲耳听见了一段令人吃惊的对话。主席问警务部长最近发生什么事情,富歇懒洋洋地抬起眼皮,也不明确地瞧哪一个人,答道:"唉,还不是老一套,总是一个劲儿地说要发生叛乱。但是我已经知道,该怎么对付。倘若真有叛乱,我们不久在革命广场上就会有所证明。"④

---

① 陀思妥耶夫斯基《罪与罚》中主人公的名字。
② 射击手为俄国沙皇伊凡雷帝从自由民中选出来,后享有诸多特权。一六九八年暴乱后,被彼得大帝残酷地镇压。
③ 路易·戈耶(1746—1830),法国革命家,一七九三年任司法部部长,一七九九年五月十八日任督政府成员,一八〇二年至一八一〇年任法国驻阿姆斯特丹公使。著有回忆录。
④ 影射在革命广场上将有人死于断头机下。

对于断头机的这句轻描淡写的暗示就像一把冰冷的刀子在这些大吃一惊的谋叛分子的背上划过，他们不明白，他是在跟他们开玩笑还是在跟戈耶开玩笑，他是愚弄他们还是愚弄督政府的主席。他们不清楚，富歇自己也不清楚。因为他总是只享受人世间的一点：酷爱模棱两可，喜欢阴阳两面的游戏所具有的火辣辣的刺激和令人兴奋的危险。

开了这个欢快的玩笑之后，这位警务部长直到政变爆发时为止，又陷入他那古怪的冷漠状态，既聋又瞎。与此同时，参议院的半数已被收买，军队已被争取。奇哉怪也——众所周知，约瑟夫·富歇平素一贯早起，第一个到部里上班，恰好在雾月十八日拿破仑发动政变的这一天，他在清晨睡了一个令人羡慕的又香又沉的回笼觉。他恨不得足足睡它一整天，可是督政府的两个信使把他从床上叫醒，报告这位惊讶得出奇的部长在参议院发生的怪事，部队的集结和业已公开的政变。约瑟夫·富歇揉揉眼睛，故作姿态，假装对事情的发展深感意外（尽管他前一天晚上和波拿巴商谈很久），可惜现在已经无法再睡或者装睡。警务部长只好穿戴起来，赶到督政府去。在那里，主席戈耶态度生硬地接待他，不让他继续演出"深感意外"的喜剧。"您有责任，"戈耶向他申斥，"向我们报告这场谋叛，您的警察无疑对此会有所风闻。"富歇态度平静地把这些粗暴的言辞照单全收，向他请示有何命令，仿佛他是最忠实的仆人。但是戈耶断然拒绝：督政府若有命令，将会传达给那些值得信任的人。富歇心里暗笑，这个傻瓜还不知道，他的督政府早已没有什么可发号施令的了，他们五个人当中两个已经背叛，第三个已被收买！不过何必去教训傻瓜！他冷冷地鞠了一躬，回到他的岗位上去。

当然富歇还知道得并不确切，他的岗位究竟在哪里，要么在旧政府要么在新政府当警务部长，全看哪个政府获胜：今后二十四小时将要决定督政府和拿破仑之间的胜负。第一天对波拿巴来说是个良好的开端，参议院为结结实实的许诺所打动，更有效的是抹了金钱的润滑剂，于是满足了波拿巴的一切愿望，任命他为军队的司令，把下院即五百人院的会议移到圣克卢宫去进行，那里没有工人队伍，没有公众舆论，没有"民众"，只有一座秀丽的公园,用两连人便可把公园围得密不透风。话虽如此,这一局还没有完全获胜,因为在这五百人中还有好几十个讨厌的小子,他们不肯受贿也不怕人吓唬,甚至说不定还有人,谁知道呢?他们想用匕首或者手枪来反抗僭夺王位者,捍卫共和国。这时就应该稳住神经,千万不要一方面为同情心所诱惑,另一方面被宣誓效忠这样的小事所牵扯,而是保持镇静,静观其变,小心谨慎,直到胜负已定。

富歇果然保持镇定。波拿巴一马当先,刚刚率领骑兵开赴圣克卢宫,他的地位显赫的共同起事的谋叛分子,如塔列朗、西哀士和其他十几个人,则分乘几辆马车紧紧相随,这时巴黎边界各个哨卡奉警务部长之命突然把所有的栏木全部放倒。除了警务部长的信差之外,谁也不得进出城门。这就是说,除了这个坚毅果断的人之外,八十万巴黎市民谁也不得知道,政变是否成功。每隔半小时便有一个信使向他报告政变的进程,他还一直未做决定。倘若波拿巴得手,那么不言而喻,今天晚上富歇便成为他的部长和忠仆。倘若失利,富歇便依然效忠于督政府,乐于冷静地准备逮捕这个"叛逆者"。他得到的消息听上去前景相当美好,因为正当富歇绝妙地表现出自我控制的能力时,比他更为伟大的波拿巴却全然失控:雾月十八这一天使波拿巴得以独霸全欧。具有讽刺意味的是,这天也许是这位伟人个人生活中最虚弱的一天。面对大炮,波拿巴坚定沉着。倘若要他用言语来赢得人心,他总是心情慌乱,多年来,他习惯于发号施令,已经不会以情动人。他能够高擎大旗一马当先,冲在他的掷弹兵的前面,把千军万马击成齑粉。但是,站在讲台上吓唬几个共和主义的辩护士这位钢铁战士却未能办到。人们往往这样描绘这个场面:这位所向无敌的统帅被议员们倾盆大雨般的抗议声弄得方寸大乱,结结巴巴地说了些幼稚空泛的套话,例如:"征战之神与我同在……"词不达意,狼狈不堪,他的朋友不得不赶紧把他从讲台上接下来。只有他士兵的刺刀拯救了这位阿尔科莱和里沃利战役的英雄,使他不致在几个喧闹鼓噪的律师面前遭到可耻的失败。等他重新高踞马上,成为主人和独裁者,命令他的士兵冲进大厅,驱赶议员,佩刀在握时,力量才重新涌入他深受震撼的心神。

晚上七点一切都已定局,波拿巴成为执政和法兰西独一无二的统治者。倘若他被打败或者投票时未得多数，富歇会立刻下令在巴黎各地的墙上贴上一份措辞慷慨激昂的公告，"一次卑鄙的叛乱活动已被揭露"如是云云。可是既然波拿巴获胜，富歇便把胜利一把夺了过去。第二天，巴黎不是通过波拿巴，而是通过警务部长富歇获悉，共和国寿终正寝，拿破仑独裁统治就此开始："警务部长知照全国同胞，"文告做出欺骗性的描述，"议会聚集在圣克卢宫，商讨共和国的利益，波拿巴将军出席了五百人院，旨在揭露革命①的阴谋诡计，险些被一个凶手杀害，但是共和国的精神拯救了将军，但愿全体共和主义者都能感到欣慰……因为你们的愿望如今已都实现……弱者也能感到欣慰，你们是和强者在一起……只有那些制造暴乱，扰乱舆论，破坏秩序的人需要害怕，我们已经采取一切措施，来镇压他们。"

富歇又一次极为成功地见风使舵，他是这样放肆大胆，这样毫不掩饰地在大青白日倒向胜利者，以致各方面的人都渐渐开始认识富歇。几周之后巴黎一家郊区剧院上演一出欢快的喜剧《圣克卢的风信计》，大家一看全都明白，全都喝彩，这出戏里把富歇见风使舵，可又小心谨慎的态度以滑稽、讽刺的方式加以模仿，逗乐已极，只有他的姓名稍加改动。富歇作为书报检察官当然有可能把这样一种对他人身进行的讽刺戏剧予以禁止，可是幸亏他有足够的聪明没有做出这种事情。他毫不掩饰他的性格，或者不如说，他毫不掩盖他并无性格；相反，他甚至广为宣传他朝秦暮楚，捉摸不定，因为这会赋予他特别的光辉。让别人去笑话他吧，只要大家服从他、害怕他就行。

波拿巴是当时的胜利者，富歇是暗中帮忙的助手和投诚者——真正的受害者则是巴拉斯，督政府的首脑。这一天巴拉斯身受的忘恩负义的教训简直可说具有世界历史意义。这两个人联手把他干掉，用一笔高达一百万的小费把他像个讨厌的乞丐似的打发走路。他们两人在两年前都是他的手下，应该对他感恩不尽，是他把他们从贫贱中一手提拔起来的。

---

① 原文如此，应为：反革命。

拿破仑在雾月十八日

拿破仑在雾月十八日

巴拉斯心地善良,生性轻佻,是个贪图享乐的"bonhomme"①,喜欢给每个人分一杯羹,他的的确确是把这个身材矮小、皮肤黝黑、被人撵走、几乎等于遭到放逐的炮兵军官拿破仑·波拿巴从大街上拣了回来,在他那件打了补丁、还没付账的军大衣上缀上将军的绶带;他让拿破仑一夜之间越过众人,当上巴黎的城防司令,把自己的情妇拱手相让,又在他的口袋里塞满金钱,为他争得意大利大军的最高指挥权,从而为他架起通向不朽的桥梁。同样巴拉斯也把富歇从五层楼上肮脏的阁楼里拉了出来,从断头机下救了他的脑袋,在众人全都弃他而去的时候,巴拉斯作为惟一的朋友,救他于饥寒交迫之中,最后同样使他扶摇直上,又给他所有的口袋装满黄金。巴拉斯对这两个人都有救命之恩,他把他们救出污泥,而在两年后两人却勾结起来,把他扔到同样的污泥之中。的确,世界历史绝不是道德法典,但是比雾月十八日拿破仑和富歇对待巴拉斯的态度更为露骨刺眼的事例,在世界史里还不曾有过,这是彻头彻尾的忘恩负义。但是拿破仑对他的保护人忘恩负义至少还可以以他的天才作辩护。他过人的长处给他特殊的权利,因为天才的道路指向天际群星,必要时可以越过众人前进,可以无视渺小的转瞬即逝的现象,为了实现更深刻的意义,完成历史赋予的无影无形的使命。相反富歇的行为是那种绝对不讲道德的人经常表现出来的忘恩负义之举,这种人一个劲儿地只想到自己和自己的利益。只要愿意,富歇可以以快得令人瞠目结舌的方式把他全部的往事忘得一干二净,他此后的青云直上,将为他的这种特殊的绝技提供越来越令人吃惊的证明。两周之后,富歇派人去见那位使他免上严酷的断头台、免遭流放的恩人巴拉斯,给他一道正式命令予以放逐,让人取走巴拉斯所有的文件,其中想必有他自己的乞求信函和特务报告。

巴拉斯,受到致命的侮辱,气得咬牙切齿;今天读他的回忆录,看他提到波拿巴和富歇的姓名,还能听见他咬牙切齿的声音。只有一点使他聊以自慰,那就是波拿巴把富歇接受下来。他像先知似的预感到,其中一人会在另一人身上为他报仇。他们不会成为永久的朋友。

---

① 法文:好好先生。

当然,起先,在他们合作的最初几个月,警务部长公民为执政公民效劳,还竭尽忠诚,人们当时在官方文件里还一直采用"公民"字样,成为共和国的第一公民使波拿巴的野心得到了满足。在那几年,波拿巴面临极端宏伟的任务,任何人都无力完成,而他却在各个方面充分显示了他那富有青春活力的天才;波拿巴的形象从来没有比在建立新秩序的那个时期表现得更宏伟,更有独创性和更具人性。把革命转化为法典,保持其成绩,弱化其激情,以胜利结束战争,然后通过一份强劲的诚实的和约赋予胜利以真正的意义——这就是这位新的英雄所献身的崇高的思想。这位英雄智慧超群,洞察一切,具有远见卓识,同时又激情满怀,每天工作十小时,坚韧勤勉,干劲十足。并不是传记中不断颂扬的那些只把骑兵出击作为业绩,只把攻城略地视为成功的年代,并不是奥斯特利茨①、埃劳②和巴利亚多利德战役③就意味着拿破仑·波拿巴的丰功伟绩,而是使法国中兴的年代,他把历经动乱被党派之争弄得四分五裂的法国重新组建成富有生命力的国家,使彻底贬值的纸币为真正的货币所取代,新制定的拿破仑法典把权利和道德铸成坚强如铁而又富有人性的形式,此时这个崇高的治国之士的天才,在行政管理的各个领域以同样完美的才具治愈国家的创伤,消弭欧洲的战祸。就是这些年代而不是用兵频仍的年代,才是拿破仑真正富有创造性的年代。他手下的部长们从来也没有比在这个阶段在他身边工作得更加诚实,更加干练,更加忠诚。即便是富歇,他也是拿破仑彻头彻尾的一个仆人,和拿破仑完全一致,坚信宁可通过谈判和让步而不是通过强暴的惩罚和死刑来结束内战。在短短几个月里,富歇在国内建立了完全的安定,既清除了恐怖分子又清除了保王分子的最后巢穴,使大街上不再发生拦路抢劫事件,他那事无巨细无不认真处理的办事能力,心甘情愿地用来实现波拿巴宏伟的治国计划。宏伟而有益的工作历来把人们联系在一起;仆人找到了真正的主人,主人也找到了得力的

---

① 一八〇五年十二月拿破仑在此大败奥、俄、普三国联军。
② 一八〇七年二月拿破仑在此大败普鲁士军队。
③ 一八〇八年拿破仑在此大败西班牙军队。

仆人。

说也奇怪,波拿巴开始不信任富歇,竟可以确切地推断到哪一天,哪个时候,尽管在那事件众多、头绪纷纭的年代,这个插曲一直藏而未露。只有巴尔扎克用那双心理学家兀鹫似的目光发现了它。他的目光久经锻炼,能从毫不起眼的事情里攫取本质。在"petit detail①里看出继续发挥作用的冲动(当然立即予以艺术性的添枝加叶),这小小的一场戏发生在将决定奥地利和法兰西之间胜负的意大利战役期间。一八〇〇年一月二十日巴黎的部长们和地位显赫的参议员们坐在一起,气氛颇为奇特。一名信使从马伦哥②战场带着恶劣的消息赶到,报告波拿巴已经遭到惨败,法军正全线溃退。与会者全都暗自想到同一件事:不可能继续拥戴败军之将为第一执政,大家立即考虑寻找继任。每个人的态度究竟明确到何等地步,这点从未公布。但是无疑已悄声谈论过颠覆的准备工作,拿破仑的兄弟觉察到了这点。走得最远的大概是卡诺,他极为迅速地想重新恢复公安委员会,而富歇至少依照他的性格,大概并没有忠贞不贰地支持那位据说已经兵败的执政,而只是小心翼翼地保持沉默,以便在必要时表态支持旧主人,或者支持新主人。可是第二天,第二个信使赶到,带来的消息正好相反,马伦哥大捷:在最后关头,德赛将军③凭着波拿巴天才的军事直觉,赶来增援,整个战局转败为胜。于是过了几天波拿巴这位第一执政便班师而还,比出征意大利时强大了上百倍,对自己的实力信心满怀。他无疑立刻听说,他所有的部长们和亲信们刚一听到他败北的消息立刻想把他抛弃。第一个赎罪的牺牲品是走得太远的卡诺,他为此失去部长的职位。其余的人依然保持原职,富歇也是如此:他谨慎已极,无法证明他的不忠,当然也同样无法证明他的忠心。他虽然并未受到牵连,但是也并未经受考验。这就表明,他依然和过去一样:在幸运时可靠,在不幸时

---

① 法文:细枝末节。
② 意大利地名,一八〇〇年六月十四日拿破仑在此大败奥地利军队。
③ 路易·查理·德赛(1768—1800),法国将军,在马伦哥战役中身先士卒,建立奇功,不幸阵亡。

不可靠。波拿巴没有把他撤职,没有责备他,没有惩罚他。但是从这天起,不再信任他。

这个小小的插曲,在历史上几乎完全湮没无闻,也显示了心理学的效果。它异常清晰地提醒人们,一个单纯建立在佩刀和胜仗之上的政府只要一打败仗便立即倒台。每一个统治者倘若缺乏来自血统和祖先的自然合法身份,必须及时建立一个新的合法身份。波拿巴本人,意识到自己的力量,满怀着天才人物在青云直上之际所拥有的那种百折不挠的乐观主义,可能对这样一种轻声的警告并不在意,但是他的兄弟对此却并未忘怀。因为——许多历史描述往往忽视这点:拿破仑并非独自一人来到法国,而是身边围了一群饥肠辘辘、贪求权势的家属。一开头,他们家的开路先锋,他们的 Napoléone① 为了给妹妹们买几套衣服,倘若娶一个有钱的工厂主的女儿为妻,他的母亲和他的四个没有一官半职的兄弟可能也心满意足了。可是现在他出人意料地大权在握,他们大家就急忙伸出手来狠狠抓住,让他使全家都能鸡犬升天;他们也要求同享荣华富贵,想使整个法兰西,以后使全世界都成为波拿巴家族不可转让的世袭财产。他们污秽卑下,不知餍足,毫无顾忌地大肆掠夺,毫无天才的闪光可以为之辩解,强烈地催逼着他们的兄弟,采取一切措施,把他依赖民众拥戴获取的权力转变成独立、持久的权力,转变成世袭的王国。他们要求他为了他们大家建立统治,成为国王或者皇帝;他们要他和约瑟芬离婚,然后娶一位巴登的公主为妻——还没有人敢奢望他娶上沙皇的妹妹或者哈布斯堡王室的一位千金呢!他们不断地施展阴谋诡计,逼得拿破仑日益疏远他旧日的伙伴,背离他旧日的理想,逼得他从共和转向反动,从自由转向专制。

第一执政的夫人约瑟芬就独自一人孤立无援地面对这样一个不断暗中使坏、贪得无厌、令人憎恶的家族。她知道波拿巴离独裁越近,便离她越远,因为国王或者皇帝建立王朝,首要的和惟一的要求乃是要有王位继承人,从而保证统治的持续不绝。可她无法满足这一要求。在波拿巴的

----

① 拿破仑的意大利文拼写法。

拿破仑的第一任妻子约瑟芬

拿破仑

谋士当中,只有少数几个站在她这一边(因为她囊中羞涩,始终负债累累),这时最忠于她的乃是富歇。富歇已经满怀疑虑地观察了很久,由于意想不到的成功不断传来,拿破仑的野心也发展到意想不到的地步,他把每一个正直的具有共和主义思想的人全都作为无政府主义者和恐怖分子加以摒斥,想对他们进行迫害。富歇以他犀利尖锐、疑虑重重的目光看到,用维克多·雨果的话来说:"Déja Napoléon perçait sous Bonaparte."① 在将军身后显出了皇帝的身影,在公民身份的掩护下凶险地显出了恺撒式统治者的真身。富歇自己由于投票处死国王,就和共和国共荣共枯,紧密相连,他只希望共和国和共和制的国家形式永世长存。因此君主制的一切他都害怕,因此他暗地里或公开地站在约瑟芬的一边。

这个家族不能原谅他这一点。他们怀着科西嘉式的仇恨,窥探他的每一步,只要这扰乱他们买卖的讨厌家伙稍一颠踬,就立即把他扔进沟里。

他们焦躁不耐地等了很久。突然出现了绊倒富歇的机会。一八〇〇年十二月二十四日,波拿巴驱车前往歌剧院,出席海顿的清唱剧《创世记》在巴黎的首次公演。在狭窄的圣尼凯斯街,波拿巴的马车刚刚驰过,便发生了可怕的爆炸,弹片、炸药和枪弹齐飞。随着这声爆炸,一批房屋被炸为瓦砾:这是一次行刺,是开动了臭名昭著的地狱机器②。据说,车夫喝醉了酒,把车驾得飞快,才使第一执政幸免于难,但是四十个人倒在巷内,缺肢断臂,血流如注,马车掀了起来,像头中弹的野兽,被气浪抛得老高。为了向热情洋溢的观众显示他的冷静沉着,波拿巴继续乘车前往歌剧院,他脸色苍白,宛如大理石,表情冷漠僵硬地倾听着海顿老爹柔美的旋律,强装镇定,感谢观众潮水般的阵阵欢呼,而他身边的约瑟芬,却神经痉挛,无法抑止她的眼泪。

然而不久,等他从歌剧院回来,他的部长们和国务顾问们在杜伊勒里

---

① 法文:拿破仑已经在波拿巴的身下钻了出来。
② 即老式的定时炸弹。

宫就会感觉到他的这种冷静其实是在公众面前故作镇静。他的愤怒主要冲着富歇发泄。他像个疯子似的向着那个脸色苍白一动不动的警务部长大发雷霆：作为警务部长，他早该查到这个阴谋的线索，但是他的罪恶滔天的宽容态度，保护了他的朋友，他昔日的同谋，那些雅各宾党人。富歇平静地发表反对意见：迄今为止尚未证明，这次行刺是由雅各宾党人策划的。他个人坚信，在这件事上，是保王派的谋反分子和英国人的金钱在起主要作用。他反驳时的心平气和更加激怒了第一执政："是雅各宾党人干的，这些恐怖分子，这些无赖不断地造反，他们联合起来反对历届政府。就是这批恶棍，为了谋杀我，毫无顾忌地屠杀成千上万条生命。但是我要把他们绳之以法，让远近各处的人都看到。"富歇敢于再次表示他的怀疑。性格暴烈的科西嘉人几乎整个人都扑到这位部长身上，以至于约瑟芬不得不进行干预，抓住她丈夫的手臂让他息怒。但是波拿巴一下子挣脱，江河奔流似的把雅各宾党人干的所有谋杀行径和犯罪行为全都怪在富歇头上，还有巴黎的十二月事件，南特的共和主义者婚礼，凡尔赛对囚犯的大屠杀——明确地向这位里昂的刽子手暗示，他也清楚记得此人自己的往事。但是波拿巴吼叫得越是厉害，富歇便越是沉默不语。指责像倾盆大雨般打来，拿破仑的兄弟们和廷臣们以嘲讽的目光端详着这位终于暴露出弱点的警务部长，可是这位部长的铁石面具一样的脸上，一块肌肉也不抽动。他像石头一样冷静地反驳对他的一切怀疑，像石头一样冷静地离开杜伊勒里宫。

富歇的倒台似乎已不可避免，因为约瑟芬为富歇说的任何好话，拿破仑都一概不听。"难道他自己不就是他们的领袖之一？我难道不知道，他在里昂城里和卢瓦尔河边干了什么？只有里昂和卢瓦尔河向我解释了富歇的态度。"他怒气冲冲地吼道。人们已经开始猜测新任警务部长的名字，宫廷宵小已经开始对这位失宠的部长表示冷淡，约瑟夫·富歇看上去似乎（以前已多次如此）已经彻底完蛋。

以后几天形势并未好转，波拿巴不肯改变观点，坚持是雅各宾党人策划了这次行刺。他要求采取措施，严惩不贷。富歇向拿破仑和其他人暗

在狭窄的圣尼凯斯街，波拿巴的马车刚刚驰过，便发生了可怕的爆炸

示,他在追踪其他线索,于是他就遭人嘲笑,备受轻视。所有的笨蛋都嘲笑和揶揄这位傻里傻气的警务部长,这样显而易见的事情竟不愿予以揭露。他所有的敌人见他这样顽固地坚持错误,都扬扬得意,富歇对谁也不搭理,他并不争论,他保持沉默。在这十四天里他沉默不语,甚至当拿破仑命令他制定一份包括一百三十名激进分子和往日的雅各宾党人的名单,决定把这些人遣送到圭亚那去,也就是置于"干燥的断头机"下去时,他依然默不作声,毫不反驳地表示服从。富歇眼睛眨也不眨,就签署了一道法令,开庭审讯最后的"山岳派人",他的朋友巴贝夫的门徒们,托彼诺和阿累纳,他们两人别无其他罪行,只是公开宣称,拿破仑在意大利窃取了几百万,想以此买得独裁统治。富歇一反自己的信念,眼睁睁地看着一批人被流放,另一批人被处以死刑,他像一个神父有义务保持对别人忏悔中的秘密,一声不吭,紧闭双唇,眼看着一个个无辜的人被人判刑。因为富歇早已查到线索。正当别人嘲笑他,波拿巴自己也每天责备他那冷嘲热讽愚蠢之极的顽固态度时,汇集在富歇的密室里的证明材料最终可以证明:事实上是朱安党人,是保王党,策划了这次行刺。他在国务会议上,在杜伊勒里宫的前厅里,对种种指责表面上摆出满不在乎的冷漠态度,而在他的密室里他可是和最为优秀的密探们狂热地工作着。重赏之下,法兰西所有的间谍、特务全都动员起来,全城都召来充当证人,运送"地狱机器",已被炸成百块的那匹牡马已被验明,它从前的主人已被确定,购买这匹马的那几个人已被详加描绘,凭着那本编造得无与伦比的 *biographie chouannique*①(一本为富歇制作的汇编,里面记载了一切流亡分子和保王党人,一切朱安党人的详尽资料),刺客的姓名也确认下来——富歇还始终保持沉默。他还始终富有英雄气概地任人嘲笑,任他的敌人扬扬得意,最后几条线索越来越快地编织成一张无法撕破的罗网;只要再等几天,那只毒蜘蛛就会捕入网内! 因为富歇的荣誉心受到刺激,自尊心受到伤害,他不想在一次小小的、或者中型的战役中战胜波拿巴和一切指责他消息不灵的人们,他也要打一场马伦哥战役,取得一次完全彻底、把敌人

---

① 法文:《朱安传略》。

击成齑粉的大捷。

两周之后,富歇突然出击。阴谋已经全盘揭露,所有的线索全都公开。完全像富歇所预料的,朱安党人中人们畏之如虎的卡杜达尔①是这次阴谋活动的首领,宣誓效忠王室的保王党人为英国人的金钱所收买,是他的帮手。这个消息犹如一声霹雳打在他敌人的头上。因为他们发现,有一百三十人白白地被冤枉处死,他们对这个无法看透的人嘲笑得过于放肆。这位料事如神的警务部长在公众面前比以往任何时候都更加强大,更受尊敬,更加可怕。波拿巴怀着既愤怒又赞赏的心情俯视这个计算精微毫厘不差的部下。他又一次凭着他的冷静沉着的计算,料事正确无误。拿破仑不得不勉勉强强地承认:"富歇比另外许多人判断得正确。他说得有理,必须睁大眼睛注意那些返回家园的流亡分子,注意朱安党人和该党的一切成员。"然而富歇通过这一事件,只赢得了波拿巴的敬重,而没有赢得他的爱。因为专制独裁者从来不会对一个指出他的缺点、说他办事不公的人表示感谢的。普鲁塔克讲述一个士兵在战斗中救了身陷困厄的国王的命,一位智者劝他立即逃走,他非但不逃,反而等待国王表示感谢,结果丢了脑袋。普鲁塔克的这个故事是不朽的。国王们不喜欢那些看见过他们软弱的人,专制独裁者讨厌那些显得比他们聪明的谋士,哪怕这些人只聪明了一次。

在警察事务这样狭小的圈子里,富歇是取得了最大限度的胜利。可是这个胜利和波拿巴在督政府最后两年打的胜仗相比又是多么渺小!这位独裁者在连战告捷之后,又添加了最辉煌的胜利——和英国最终签订和约,和罗马教廷签了协定——凭着他旺盛的精力,善于筹划,出奇制胜,世界上最强大的这两个强国,不再是法国的敌人。全国风平浪静,财政上了轨道,党派之争终结,矛盾对立缓解,财富又开始积累,工业又重新发

---

① 乔治·卡杜达尔(1771—1804),参加一七九三年保王党人在旺代的起义,自一七九五年起便是朱安党人(在布列塔尼的保王党起义者)的首领。朱安党人与拿破仑和解后,他逃往伦敦,任谋叛者的首领,组织一八〇三年刺杀拿破仑的活动,未遂,与其他十一名共谋犯一同被处死。

乔治·卡杜达尔

展,文学艺术繁荣,一个奥古斯都①的时代已经来临。奥古斯都可以自称恺撒的时刻已经不再遥远。富歇深知波拿巴的每根神经和每个思想,他清楚地觉察到,这个科西嘉人的野心要向何处发展:他不再满足于在共和国里扮演第一号人物的角色,而是要一辈子,永生永世把这个被他拯救的国家攫为他自己和他家族的财产。这位共和国的执政,自然从来也没有把这种非共和主义的野心公开表露出来,但是私底下,他向他的心腹暗示,参议院应该通过一个特别的行动,通过一个"témoignage éclatant"②表达对他的感激。从他内心深处,他渴望出现一个马可·安东尼③,一个忠实可靠的仆人,替他去要求皇帝的皇冠。足智多谋、灵活柔顺的富歇,现在满可以从此永远获得他的感谢。

但是富歇拒绝扮演这个角色——或者不如说,他并不公开拒绝,而是暗中拒绝。表面上装出乐于助人的样子,他设法破坏波拿巴达到这些目的。他站在这几兄弟、这个集团的对立面,站在约瑟芬一边,约瑟芬担惊受怕,忧心忡忡地看着她丈夫迈出这通向君主国的最后一步,浑身战栗,因为她知道,过不多久,她将不再是他的妻子。富歇警告她不要公开反抗,他对约瑟芬说:"您的态度必须平静,您去阻拦您的丈夫是毫无用处的,您的担忧使他厌烦,我的忠告只会被他视为冒犯。"他于是设法,宁可依照他的方式,暗地里破坏波拿巴野心勃勃的愿望。波拿巴假装谦虚,一直没有把话明说,而另一方面参议院又想提出一个"明显的证明",于是富歇便和一些人向参议员们悄声耳语,说这位伟人作为一个忠实的共和主义者别无所求,只希望人家把他的第一执政的任期延长为十年。参议员们坚信他们这样做会使波拿巴感到荣幸和高兴,便庄严地做出了这样一个决议。可是波拿巴看透了这场阴谋,也认出了幕后的捣鬼者。当人家给他带来这个他并不希冀的用来打发乞丐的礼物时,他怒不可遏。他冷冷地说了几句,就把使者打发回去。当一个人太阳穴上已经感到皇

---

① 即恺撒的侄儿屋大维(前63—公元14),公元前四十四年恺撒遇刺,公元前三十八年他便自称恺撒皇帝,公元前二十七年加奥古斯都称号。
② 法文:明显的证明。
③ 恺撒的心腹。

帝的金冠在冰人的时候,寒碜的十年任期只像一枚空核桃,只配被人轻蔑地一脚踩碎。

波拿巴终于抛弃了谦虚的假面,清楚明了地表明了他的愿望:担任终身执政! 每个局内人都看出,在这句话薄薄的外衣下,已经闪耀着未来皇冠的光芒。当时波拿巴已经如此强大,民众便以好几百万的多数把他的愿望变成法律,并且选他担任终身统治者(像他们和他自己所说的那样)。共和国寿终正寝,君主国已经开始。

约瑟夫·富歇在波拿巴实现他那决定性的愿望时,给这位缺乏耐心的攫取王冠者设置这么多的障碍,这点,波拿巴的兄弟和妹妹组成的小集团是不会忘记的,这个科西嘉的家族集团是不会原谅他的。于是他们急不可待地催逼波拿巴:既然波拿巴已经牢牢地骑在马上,干吗现在还保留这个讨厌的扶他上马的人? 既然全国表示一致赞同波拿巴担任终身执政,矛盾对立均已顺利解决,不和争执均已得到消除,干吗还要保留这样一个热心过头的守卫? 此人既守卫着国家也同样监视着他们自己阴暗的诡计! 所以让他滚蛋! 把他撵走,把这个老搞阴谋,老找麻烦的家伙撤职! 他们一刻不停、焦躁不耐、坚韧执着地说服他们这个还犹豫不决的兄弟。

波拿巴基本上赞同他们的意见,他也觉得,这个家伙知道得太多,而且还一直想知道得更多,这道灰色的影子悄悄地跟在他的亮光后面,非常讨厌,可是这个部长功勋卓著,在国内极受尊敬,偏偏要把他撤职,这可要有借口才行。再说,此人和他一起上台掌权,所以最好不要把他变成公开的敌人。所有的秘密他都插手,科西嘉小集团的一切不太干净的隐私,他又全都熟悉,叫人毛骨悚然,因此不可粗暴地侮辱他。于是想出了一条巧妙的和缓的对策,使得富歇的撤职在公众面前不像是失宠被黜,也就是说,不是撤掉约瑟夫·富歇这位部长,而是宣布,他把警务部管理得尽善尽美,超群出众,以至于监督市民的机关——警务部已经完全多余,所以不是把部长撤职,而是撤销警务部,撤销他主管的部门,从而也就毫不引人注目地解决了他。

为了使这敏感的人不致受到扫地出门的沉重打击,对他的撤职做出精心安排。让他在参议院里获得一个席位,以补偿他失去的职位。在波拿巴宣布擢升这位免职部长的信里,这样写道:"公民富歇,在艰难困厄的情况下出任警务部长,以其天才和干劲,及对政府的忠诚,不孚众望。政府现在给予他参议院里的席位,深知倘若日后形势又需要有位警务部长,政府不会另找值得信任的人选。"波拿巴发现,这位旧日的共产主义者已经和他的宿敌——金钱——彻底言归于好,便给他架起一座通向退休的绝妙的金桥。这位部长在结算时把二百四十万法郎作为警务部结余的现金资财交给波拿巴,波拿巴干脆就把其中一半,也就是一百二十万法郎赠送给他。此外这位视金钱如粪土的人,在十年前还疯狂辱骂这"污秽不堪,使人腐化的金属",如今已幡然悔悟,他在参议员的头衔之外,还获得一份参议员的采邑,在艾克斯的一个小小的侯爵领地,位于马赛和土伦之间,估计价值一千万法郎。波拿巴了解富歇,知道这个阴谋家有一双极不安分、嗜赌成瘾的手。既然无法捆住他的这双手,不如用黄金压得它们沉甸甸地动弹不得,因此在历史的长河中,很少有一位部长撤职比约瑟夫·富歇的下台安排得更风光、更慎重。

五　皇帝的大臣

一八〇四年至一八一一年

一八〇二年,约瑟夫·富歇,或者不如说,——约瑟夫·富歇参议员先生阁下,根据第一执政表现得温和委婉然而颇为强烈的愿望,回去变成平头百姓,十年前他就是从平头百姓起家的。这令人难以置信的十年,杀人不计其数,命运变化多端,世界发生巨变,生命历经危险——但是约瑟夫·富歇善于利用这样的时代。这次他可不像在一七九四年,逃到一个没有生火、穷酸寒碜的阁楼上去,而是在切卢蒂大街买了一幢装饰得非常讲究的漂亮房子,大概以前属于一个"卑鄙的贵族",或者"无耻的阔佬"。在费里埃,罗思柴尔德①家族日后定居之处,富歇布置了一个豪华的消夏别墅。他在普罗旺斯的采邑,在艾克斯的参议员花园,源源不断地给他送来进项。除此之外,他还精通那高雅的炼金术,能把一切都变成黄金。他在交易所里的被保护人让他分享他们的买卖。他非常有力地扩展自己的地产——再过几年,第一份共产党宣言的作者变成法兰西第二号最有钱的公民,国内最大的地主,里昂的老虎变成了一只乖巧的土拨鼠,一个聪明的节俭的资本家和牟取高额利息的艺术家。这位政界暴发户的奇妙财富丝毫也没改变他那顽固的习以为常的艰苦朴素。约瑟夫·富歇拥有一千五百万法郎的家私,可是个人生活和他栖身阁楼、每天辛辛苦苦地挣得十五个苏时毫无二致;他不抽烟,不喝酒,不赌博,也不为女人或者虚荣心

---

① 当时欧洲著名的银行家。

花钱。完全和一个老实巴交的乡下贵族一样,他带着孩子们——原有的两个死于贫困,他又另外生了三个——平静安详地在草地上散步,偶尔举行小型晚会,听他妻子的朋友们演奏音乐,读读书,乐于和人聊天,谈些高雅的话题。可是在这个表面冷静、骨瘦如柴的市民心底难以窥测的深处,埋藏着他对政治这场赌博,对世界赌博的紧张和危险所怀的妖魔似的乐趣。他的邻居对这一切一无所见,只看到一个诚实的田庄管理者,出类拔萃的一家之主,体贴入微的丈夫。没有在他部里和他打过交道的人想象不到在他开朗的沉默寡言后面,会蕴积起越来越躁动不宁的激情,想要重新出头露面,干预政治。

因为权力拥有墨杜萨的目光!谁要是看到它的脸,就无法把目光移开,就会中它的魔法,被它迷住。谁要是尝到过统治人指挥人的令人心醉的美好滋味,就永远也不肯舍弃。请翻遍世界史,去寻找自愿放弃权力的例子:除了苏拉①和卡尔五世②之外,在成千上万的历史人物当中,找不到一打人,曾心满意足、头脑清醒地放弃过这种玩弄千百万人命运,几乎可说是罪恶的强烈欲念。正如赌徒难以戒赌,酒鬼难以戒酒,偷猎者无法不打猎,约瑟夫·富歇也离不开政治。平静折磨着他,当他欢快地、假装漠不关心地模仿辛辛纳图斯③扶犁耕作时,他的手指发痒,神经颤抖,又想抓起政治的牌来。尽管已经离职,他还自愿地继续警察的工作。为了练笔,为了不致完全被人遗忘,他每周给第一执政送去秘密情报。这使这位爱搞阴谋的人得到消遣,使他有事可做,而又不受约束,但这并不能真正使他感到满足。他似乎置身局外,实际上乃是急切等待着,有朝一日又能掌握实权,控制众人,左右世界命运,大权在握!

波拿巴从许多迹象看出富歇迫不及待地急于出山,但是他故意视而不见。此人极端聪明特别肯干,令人发怵,只要能把他支开,就让他埋没

---

① 尤齐乌斯·科尔内利乌斯·苏拉(前138—前78),古罗马政治家,在屡建战功战胜敌人之后,于公元前七十九年引退。
② 卡尔五世(1519—1556),神圣罗马帝国皇帝,一五三〇年加冕为皇帝。当时新旧两教斗争激烈,一五五五年取得宗教斗争和平,一五五六年逊位。
③ 古罗马政治家,生活于公元前五世纪,被后世视为古罗马美德的模范。

下去。自从人们发现,这个专搞地下工作的人身上有一股桀骜不驯的力量,若不是迫不得已,极端需要,谁也不用富歇。第一执政对他恩宠有加,派他去做各种事情,对他提供的绝妙情报表示感谢,不时邀请他参加枢密会议,尤其让他获利挣钱,发财致富,以便让他安分守己。但是只要可能,有一条波拿巴坚决拒绝,那就是重新任用富歇,重建警务部。只要波拿巴坚强有力,不犯错误,他并不需要这种令人担心、过分聪明的仆人。对富歇来说,幸运的是波拿巴犯了错误,尤其犯了具有世界历史意义的、不可原谅的错误:他不再满足于仅仅充当波拿巴,除了对自己充满信心,除了他那亘古未有的胜利之外,他还渴求合法地位的黯淡光辉,显赫称号的富丽堂皇。这位凭着自己的力量,凭着他那独一无二强劲有力的个性,天不怕地不怕的英雄,竟然害怕往日的阴影,害怕被撵走的波旁王朝的荏弱无力的光圈。于是他受塔列朗的误导,破坏国际法,让宪兵在中立地区逮捕当甘公爵,把他枪杀——富歇为这件事说了一句名言:"这不仅是个罪行,这是个错误。"

这一枪杀事件使得波拿巴陷身于恐惧惊慌、愤怒仇恨的包围之中,不久他就觉得有必要再度置身于千眼怪物阿尔古斯①的掩护之下,受到警察的保护。

再说,还有一点尤其重要,一八〇四年,第一执政波拿巴再一次需要一个机敏灵活毫无顾忌的助手,帮他青云直上,达到巅峰。他又需要一个扶他上马的人。两年前他还觉得当上终身执政是他勃勃雄心的最高实现,如今在这个驾着成功的翅膀腾空而起的人看来,这已嫌不足。他不愿再做公民当中的第一公民,而是凌驾于臣仆之上的主子和君王。他有强烈的欲望想用皇冠的金箍来冰激他那炙热的额头。谁若想当恺撒,就需要一个安东尼,尽管富歇长期扮演的是勃鲁托斯②的角色(以前甚至扮演过卡提利那③),现在经过两年政治上的斋戒禁食,饿得饥肠辘辘,心甘情

---

① 古希腊神话中的怪物。
② 刺杀恺撒的凶手。
③ 尤齐乌斯·赛尔基乌斯·卡提利那(前108—前62),古罗马贵族,曾试图以暴力夺取政权,事败逃亡,又组一军,被打死。

愿从业已变成一片沼泽的参议院里去给波拿巴捞出这顶皇冠来。大把金钱和封官许愿充当钓钩上的肥肉,于是全世界便目睹了一出罕见的好戏。雅各宾俱乐部昔日的主席,如今的参议员阁下,在参议院的走廊里,形迹可疑地和人握手示意,悄声耳语,又逼又哄,直到一些乐于效劳的阿谀奉承之辈提出提案,建议创建一种机制,保证政府执政的期限延续到元首百年之后,从而永远摧毁叛乱者的希望。剥去这句话的浮华外衣,就会发现,其核心乃是让终身执政波拿巴变为世袭皇帝拿破仑。参议院提出的那份像狗一样卑躬屈膝的请愿书大概出自富歇的手笔(这支笔既可用油写字也可用血写字)。该请愿书要求波拿巴"完成他的事业使之不朽"。南特的约瑟夫·富歇,前任国民公会议员,前雅各宾俱乐部主席,里昂的刽子手,反对暴君者,从前曾是一切共和主义者当中最富有共和主义精神的人,只有很少几个人如今比他更加努力地为最终埋葬共和国挖掘过坟墓。

褒奖接踵而至。从前富歇公民被执政波拿巴公民任命为部长,经过两年黄金般可贵的放逐,参议员富歇大人阁下在一八〇四年被拿破仑皇帝陛下再次任命为大臣。约瑟夫·富歇第五次宣誓效忠——第一次还是向国王的政府宣誓效忠,第二次效忠于共和国,第三次效忠于督政府,第四次效忠于执政府。但是富歇这时才四十五岁:他还有多少时间用来重新宣誓,还有多少时间可以重新效忠重新背叛啊!他养精蓄锐之后又全力冲进他旧日心爱的风浪频仍的生涯,宣誓忠于新登基的皇帝,可是又只倾心于他自己极不安分的激情。于是有足足十年之久,拿破仑和富歇这两个人物形象,双双并立在世界历史的舞台上——或者不如说,并立在幕后的舞台上,尽管双方显然互相排斥,却为命运拴在一起。拿破仑不喜欢富歇,富歇也不喜欢拿破仑——他们彼此暗自厌恶,又互相利用,仅仅由于正负两极互相吸引而连在一起。富歇清楚地知道拿破仑超群出众极为危险的魔力,他知道,几十年内这个世界不可能再重新创造一个这样卓尔不群的天才,一个十分值得为之效劳的天才。而拿破仑也觉得从来没有被任何人这样闪电般飞快地理解过,此人具有非凡的政治才具,目光冷凝雪亮,犹如毫发毕呈的明镜和侦察秘密的暗探,勤奋苦干可以派一切用场,既可做至善,又可做极恶,要他做十全十美的仆人只缺少无条件的献身精神,缺少忠诚。

因为富歇永远不会去做仆人,永远不做任何人的仆人,尤其不做奴才。他从来也不会为了别人的事业,完完全全地放弃自己精神上的独立性和固有的见解。相反,旧日的共和主义者,如今一变成了新贵,他们越是屈服于这位皇帝的慑人的光环,越是从谋士顾问堕落成谄媚奉承、溜须拍马之流,富歇就越发挺直脊背。当然,对于这位刚愎自用、变得越来越像恺撒的皇帝,不能公开顶撞,不能明显地表示相反的意见,因为在杜伊勒里宫中那种开诚布公的伙伴关系,那种公民对公民,推心置腹地直抒己见已被取消。这位拿破仑皇帝,让他旧日的战友,甚至让他自己的兄弟都只能以"陛下"来称呼他(他们想必暗中笑得不知如何是好!)。除了他的妻子之外,谁也不得称他为"你"。他不愿再让大臣们为他出谋划策。从前部长公民富歇,胸前皱饰不整,敞着衣领,迈着松垮的脚步,进来参见执政公民波拿巴;现在不再如此,约瑟夫·富歇大臣前往觐见拿破仑皇帝时,那绣着金线的衣领僵硬地高高地围着脖子,身着富丽奢华的宫廷制服,脚上穿着黑色高统丝袜,皮鞋光可鉴人,胸前挂满勋章,手里拿着帽子,这位富歇"大人",必须首先在他从前的同谋和伙伴面前毕恭毕敬地鞠躬敬礼,然后才能称他为"陛下"。富歇进来时必须鞠躬,辞去时也必须鞠躬,必须毫无异议地接受语气粗暴的命令,而不是进行亲密无间的交谈。波拿巴意志坚强,性急暴躁,他的意见不容反驳。

至少不容公开反驳。富歇深知拿破仑,在意见分歧时,绝不会想把自己的意见强加给他。他听任拿破仑发号施令随意指挥,就像帝政时期其他阿谀奉承之辈、奴颜婢膝的大臣一样。只是有一个小小的区别:这些命令他并不全部服从。倘若下达给他的逮捕令他自己并不赞同,他就悄悄地让那些受到威胁的人事先得到警告,或者,倘若他非惩罚他们不可,他就到处扬言,这完全是奉皇帝的旨意行事,并非出于他个人的意愿。相反,皇帝表示的好心善意,他总是当作他个人的恩典施与别人。拿破仑越是表现得盛气凌人——事实上从一开始他那渴望统治的脾气,随着权力的扩大,变得越来越肆无忌惮,越来越独断专行,简直令人惊讶。富歇的态度便越发和蔼可亲。就这样，没有说一句话反对皇帝，只是眨眨眼睛，微微一笑，沉默不语，他就独自一人组成了一个可以看见却永远无法抓住的反对派，反对这新的君权神授制度。他早已不再冒着风险亲自把真实情况告诉皇帝。他知道，对于皇帝和国王是不兴直言相告的，即使这些君王从前曾叫波拿巴。他只是有时悄悄地把真情实话当作走私货物塞进他的当天例行报告之中，不怀好意地呈给陛下御览。他不说"我认为"、"我想"，以免为他的个人意见和独立思考受到训斥。他在报告中写着"据说"或者"有位公使说"。他用这种方法总要在每天供应的辣味新闻夹心酥饼中也塞进几粒关于皇家的胡椒。拿破仑不得不嘴唇煞白地读到有关他妹妹的一切秽闻，一切丑事的"恶毒的谣言"，以及关于他自己的种种恶毒言论，尖锐辛辣的评论，富歇的一只巧手故意把公报点缀得到处都是这些东西。这个不好对付的仆人自己一句话也不说，时不时地向他那心情恶劣的主人提供不受欢迎的真实情况，在皇帝阅读报告时，彬彬有礼，无动于衷地站在一旁，眼看着这个严厉的君王艰难地把这些实情咽了下去。富歇就这样向波拿巴中尉进行了小小的报复，这位波拿巴中尉给自己披上了皇帝的外套之后，就只希望看见他旧日的顾问、谋士弯腰曲背战战兢兢地站在他的面前。

人们看到，这两个人之间关系并不友好。富歇并不是令拿破仑愉快的仆人，拿破仑也不是令富歇愉快的主子。拿破仑审阅呈上来的警务报告时没有一次是漫不经心、充满信任的，他以鹰隼般犀利的目光审视每一行文字，查到最微小的差错，最细小的失误，然后就大发雷霆，像责骂学童似的痛斥他的大臣，完全控制不住他那科西嘉人毫无顾忌的脾气。房门边偷听、锁眼里偷看的人，和内阁会议的同僚们的报告完全一致，都说恰好是富歇反驳时表现出来的那种截然相反的冷静沉着使皇帝恼火。但是即使没有他们的证明（因为那时候所有的回忆录都必须仔细审查），人们也可以看出端倪。因为即使在书信里也听见那严厉的、尖锐的、命令式的嗓子在吼叫："我发现，警察并未对新闻检查予以必要的重视。"皇帝教训这一行经验丰富的老资格的大师，或者对他予以申斥："人们会以为，警务部里无人能读书识字，那里没人管事。"或者："我劝您，谨守您自己的活动范围，不要干预外交事务。"我们从上百个报告获知，拿破仑甚至当着别人的面，当着副官和国务会议成员的面，把富歇毫不留情地数落一顿。倘若拿破仑恼起火来，口不择言，甚至会毫不迟疑地提到里昂，富歇那恐怖主义的时代，称他为弑君贼子，骂他是个叛徒。可是富歇这个寒冷如冰的观察者，经过十年，熟悉这种怒气发作的多种变化，他知道，这些怒火控制不住，会在这个热血男儿的血液里闪现，他也知道，拿破仑有时候故意演戏似的完全有意识地大发脾气。富歇既不为真正的狂风暴雨也不为戏剧性的雷霆电闪吓唬住，不像那位奥地利的大臣科本茨①，当皇帝把一个珍贵的瓷器扔到他脚下时，竟吓得浑身哆嗦。富歇既不让自己为皇帝装出来的怒火弄得手足无措，也不为他真正的愤怒弄得昏头昏脑。他冒着倾盆大雨一样的怒骂，心平气和地站着，一张脸毫无血色，犹如面具，石灰一样灰白，眼睛眨也不眨，没有一根神经暴露他内心的激动——也许只有在他离开房间时，他那薄薄的嘴唇微微一弯，才泛起一丝嘲讽的或者恶意的微笑。甚至当皇帝冲他大吼："您是个叛徒，我应该下令把您枪毙。"他也毫不发抖，只是以就事论事的口气回答，连嗓音也毫不改变："我并不同意这个意见，陛下。"他成百次地被皇帝用撤职、流放和夺权相威胁，可是他每次都平静地离开房间，心里完全有数，皇帝第二天又会召见他。他每次都准确无误，因为尽管拿破仑对他怀疑，冲他发怒，并且暗怀仇恨，可是十年之久，直到最后时刻始终没有完全摆脱富歇。

　　富歇对拿破仑的控制力，同时代人都百思不得其解，然而这并非魔力或者催眠。这种力量是经过勤奋、机敏和系统观察逐步赢得的，逐步计算出来的。富歇知道很多事情，甚至知道得过多。富歇不是由于皇帝心直口快，而是违背皇帝意志，知道了皇上所有的秘密。他详尽地收集情报，出奇的消息灵通，控制了全国，也控制了他的主子。通过皇帝自己的妻子约瑟芬，富歇了解到他床笫之间最隐秘的细节；通过巴拉斯，富歇了解到

---

① 约翰·路特维希·约瑟夫·科本茨（1753—1809），奥地利外交家，曾任驻俄大使、外交部长等职。

他飞黄腾达的曲折过程中的每一步;通过他和财界人士的个人联系,他检查皇帝的私人财产状况。波拿巴家族上百个秽事丑闻,他兄弟们的赌博案件,波利娜①的梅萨丽娜②式的冒险经历,无一躲过他的眼睛。即便是他主子伉俪生活中的露水情缘,也瞒不过他。倘若拿破仑在夜里十一点,披了一件陌生的大衣,几乎蒙头盖脸地从杜伊勒里宫一道秘密的侧门溜出去与情妇幽会,第二天一早富歇就知道,马车驰往何处,皇帝在那幢房子里待了多久,几点回宫。他甚至有一次报告皇帝,这位蒙受恩宠的佳丽,竟和一个下三烂的戏子一起欺骗了他,欺骗了拿破仑,使得这位世界统治者羞愧难当。从皇帝办公室里发出的每一份重要文件,都有一份抄件经过一位已被收买的秘书之手,传到富歇那里。高级和低级的奴仆之中,有些人由于可靠地传达一切宫廷谈话,从警务部的秘密金库里每月领取津贴。不分白天黑夜,无论餐桌旁还是卧床上,拿破仑都受到他那过分卖力的仆人的监视。皇帝不可能在他面前保留任何秘密,不论愿意还是不愿意,都被迫和他推心置腹。对所有的人和所有的事都了如指掌,这使富歇对人们拥有独一无二的控制力,巴尔扎克对此非常赞赏。

富歇仔细地监督皇帝的一切事务、计划、思想和言语,他同样仔细地努力隐瞒他自己的计划和思想。他既不把他真正的意图和工作告诉皇帝,也从不向其他任何人披露。从他庞大的消息材料堆里,他只交出他乐于交出的部分,其他消息全都锁在警务大臣办公桌的抽屉里。富歇不容任何人窥看这最后一个城堡的内情。是啊,他把他惟一的嗜好变成一个美妙无比的欲念,让自己变得猜不透,摸不准,看不透。这个职位,谁也弄不清楚。因此拿破仑派了几个特务去监视富歇,结果徒劳无功,富歇耍了他们一通,或者甚至还利用他们,把不光彩的报告反过来传递给那位受骗上当的主人。几年下来这个间谍反间谍的游戏越演越烈,越来越用于计谋,越来越充满仇恨,他们的态度简直是公然的不真诚——不,真的,在这两个男人之间的关系是不清楚不透明的,这两个人一个过于想当主子,另

---

① 拿破仑的第二个妹妹,生性淫荡,秽闻不绝。
② 古罗马皇后,著名的淫妇。

一个过于不愿当仆人。拿破仑越是强大有力,他就越发觉得富歇讨厌,而富歇越是强大有力,他就越发觉得拿破仑可恨。

在这种精神差异造成的个人敌意后面,渐渐地凝聚着这个时代整个急剧增长的紧张情绪。因为在法国境内一年又一年越来越明显地显示出两种互相对立的意志:全国都希望和平终于来临,而拿破仑则没完没了地想要战争。一八〇〇年的波拿巴,革命的继承人和建立秩序者,和他的国家、他的人民、他的部长们还融为一体,可是一八〇四年的拿破仑,这新的十年的皇帝,早已不再想他的国家,不再想他的人民,而只想欧洲,只想全世界,只想永垂不朽。自从他出色地完成了肩负的任务之后,过分高估了自己的力量,又给自己增加了新的更加艰难的任务。这位化混乱为秩序的人,又使劲儿地把自己的事业、自己的秩序扯回到混乱之中。这并不是说,他的理智,他的像钻石一样清澈、像钻石一样锋利的理智已经混乱,全然不是如此。拿破仑尽管着魔,他那数学一样仔细、精确的智力直到最后的时刻,当这垂死的人用哆嗦的手写下他作品中最杰出的作品——他的遗嘱时,始终无比清醒。但是他的这个理智早已失去了尘世间的尺度,在这样出色地完成了难以想象的事情之后,又怎么可能不是这样呢!在这世界大赌局中,一反赌博的一切规则,匪夷所思地大赢特赢之后,心灵已习惯于下这样漫无节制的赌注,怎么不会产生这样的欲望以更加难以想象的事情来超越难以想象的事情:拿破仑即使在进行最疯狂的冒险行径时,也和亚历山大大帝①、卡尔十二世②或者科尔特斯③一样没有精神错乱。他只不过和那几位一样,在取得闻所未闻的胜利时,对于现实生活中什么可行、什么不可行,失去了分寸。恰好是这种理智清明之际的疯狂,精神的壮丽辉煌的自然戏剧,像晴空中刮过的密斯托拉风一样壮观,造就出那些事迹,既是一个独夫对几十万人犯下的罪行,同时又是丰富人类历

---

① 亚历山大大帝(前356—前323),马其顿皇帝,曾从希腊率大军四处征讨,节节胜利,后进军印度,战死沙场。
② 卡尔十二世(1682—1718),瑞典国王,曾向俄国用兵直抵莫斯科近郊,一七一八年进攻挪威。
③ 埃尔南·科尔特斯(1485—1547),墨西哥的征服者,西班牙贵族,一五一九年自古巴出航前去征服墨西哥,一五二一年占领墨西哥。

波利娜·波拿巴,拿破仑的妹妹

史的传奇。亚历山大大帝从希腊出兵一直挺进到印度,至今还像是个童话——科尔代斯的出航,卡尔十二世从斯德哥尔摩进军直达波尔塔瓦,拿破仑从西班牙一直拖到莫斯科去的人数多达六十万之众的骆驼队,这既是勇气同时也是疯气的伟大业绩,在我们新时代的历史里,就像希腊神话里普罗米修斯和泰坦巨人反抗众神进行的斗争:是亵渎神灵又是英雄业绩,反正是尘世间一切可以做到的事情中最为亵渎神明的事情。拿破仑头上刚戴上皇冠,立即就马不停蹄地追求这最终的极限。他的成功越大,目标也越高;胜利越大,胆子也越壮;屡次战胜命运,就越发大胆地向命运挑战。因此最自然不过的事情乃是他身边其他的人,只要还没有被捷报的声声号角所麻醉,只要还没有因节节胜利而盲目,像塔列朗和富歇那样既绝顶聪明又深思熟虑的人物,都开始心惊胆战起来,他们想到的是当代,是现实,是法兰西——而拿破仑只想到子子孙孙,想到化为传奇,想到名垂青史。

这理性和激情的矛盾,逻辑性格和妖魔性格之间的对立,在历史上出现,亘古长存。这个矛盾对立在新世纪开始不久,在法兰西的这些人物之间出现。战争使拿破仑变成伟人,使他从无开始,扶摇直上,把他拥上宝座。因此最自然不过的事情莫过于他一而再地希望打仗,希望和更加强大的、更强劲有力的对手较量。光是从数字上来看,他的赌注就提高到匪夷所思的程度。一八〇〇年马伦哥战役时,他以三万之众获得胜利,五年之后,他已经率领三十万人马上阵,再过五年,他已经从血液流尽、倦于征战的国内搜罗一百万能征善战的人员。人们都可以扳着手指头让他军队里的最低下的辎重兵、最愚蠢的农夫明白,这样一种战争狂和胜利狂(是司汤达发明的这个字)最后必然会导向灾难。在莫斯科战役前五年,富歇有一次在和梅特涅谈话时曾经预言:"倘若他打败了你们,那就只剩下俄国和中国了。"只有一个人不理解这一点,或者故意用手蒙着眼睛,那就是:拿破仑。谁若经历过奥斯特利茨之战的那个瞬间,又经历过马伦哥和埃劳之战的时刻,永远是压缩在两小时之中的世界史,他就永远不会觉得在宫廷舞会上接见身穿礼服的宫廷佞臣,坐在装饰得富丽堂皇的歌剧院里,听那些无聊的议员谈话,会使他感到刺激或觉得满足。——不,他早已感到,只有率领大军快速进军,横扫外国国土,摧毁敌军,懒洋洋地摆动手指,把国王们像棋子似的从他们的位子上挪开,又把其他人放在他们的座位上,只有当荣军院变成一座旌旗招展的密林,新建的国库装满从全欧掠夺来的珍宝时,他才感到自己的神经颤抖。他只是想着有多少团,多少军。他早已把法兰西,把全国全世界只看作赌注,只看成无限制地属于他的财产:La France c'est moi.①但是他的臣子当中有几个人内心坚持认为,法兰西首先属于它自己;它的人民,它的市民,不该拼死拼活,就为了把这个科西嘉家族都变成国王,把整个欧洲都变成波拿巴家族不可分割的财产。他们越来越恼怒地看到,年复一年,征兵的名单钉在各城的城门上,把年满十八九岁的青年从各家各户抓出来,让他们无谓地命丧葡萄牙的边境,波兰和俄国的冰雪荒原,或者仅仅为了一种已无法理解的意义。于是在他和那些目光清晰的人们之间产生了越来越激烈的矛盾。他始终只是仰望他头上的星辰,而他们则看到自己国家的疲惫和焦躁。既然他盛气凌人,独断专行,已不再让他亲近的臣子犯颜进谏,这些人便开始暗自思忖,如何才能使这只疯狂旋转的轮子停止转动,如何才能防止它不可避免地跌进无底深渊。因为理性和激情彻底决裂公开交恶,在拿破仑和他最聪明的仆人之间爆发斗争的瞬间必然就会来到。

最后甚至连富歇和塔列朗,原本是拿破仑的谋士当中彼此仇恨最深形同水火的两个对手,由于秘密反抗拿破仑漫无节制的战争嗜好,终于也联合起来。拿破仑的这两个才能最为出众的大臣,当代心理学上最有趣的这两个人,彼此素无好感——很可能是因为他们在许多方面彼此都很相似。他们两个都是性格冷静、头脑清醒的现实主义者,玩世不恭之徒,马基雅弗利的毫无顾忌的门徒。他们两个都受过教会这所学校的培养,并且在大革命这座火热的高等学校里受过冶炼,事关金钱和荣誉他们两个都同样良心泯灭,头脑冷静,他们两个以同样的寡廉鲜耻,同样的不忠不义,服务于共和国、督政府、执政府、帝国和国王,这两个性格反复无常

---

① 法文,朕即法兰西。

的演员，在同一个世界历史舞台上不断地彼此相遇——化装成革命者、参议员、部长、国王的仆人，因为他们属于相同的精神种类，扮演着相同的外交角色，他们以竞争对手之间的冷静了解和满腔怨愤互相仇恨。

他们两个都属于同样的不道德的典型；但是倘若他们的相似之处来源于性格，那么他们之间的差异则来源于出身。塔列朗作为佩里戈尔公爵，奥顿大主教，是个天生世袭的古老贵族，早已作为一个法兰西行省的精神主宰穿上了紫色的主教长袍，而那身材瘦小衣衫褴褛的商人之子约瑟夫·富歇还作为一个受人轻视的小小的神学院的教师为了每个月挣得几个苏，给修道院的十几个学生教授数学和拉丁文。前者已经是法兰西共和国驻伦敦的代办和三级会议著名的代言人，而后者还在各个俱乐部里百般阿谀奉承卖力钻营，才能捞到一个席位。塔列朗是居高临下地去投身革命，他像大老爷似的走下马车，迈下几步台阶，走向第三等级，受到人们以满怀敬意的欢呼向他表示的欢迎，而富歇则是使出阴谋诡计费了大劲，才爬进第三等级。由于他们的出身不同，他们相仿的基本特点便具有特殊的色彩。塔列朗派头很大，他以一位大人物漫不经心、冷漠倨傲的态度处理事务，而富歇则是一个拼命向上爬的官员，他办起事来勤勉巴结诡计多端。在他们彼此相似的地方，同时也是他们彼此的不同之处。说到他们两个爱钱，那么塔列朗是以贵族的派头爱钱，有钱是为了挥霍，无论在赌桌上，还是和女人交往都让大把黄金滚滚流去，而富歇这个商人的儿子，则把金钱攒起来牟取利息，精打细算省吃俭用。对于塔列朗来说，权力只是得到享受的手段，它给他带来最好、最体面的机会，去尽情享受世上一切感官的欢愉、各种奢侈品、女人、艺术和精美宴席。而富歇即使身为百万富翁，也依然自奉节俭，是个苦行僧似的吝啬鬼。这两个人都永远也不能完全摆脱他们的社会出身：即使在最疯狂的恐怖时日，佩里戈尔公爵塔列朗也永远成不了一个真正的平民中的一员和共和主义者，而约瑟夫·富歇即使作为新出笼的奥特朗特公爵，尽管身着金光闪耀的制服，也成不了真正的贵族。

两人当中，更光彩夺目，更富有魅力也可能更为重要的，乃是塔列朗。他受古老文化艺术的教养，受十八世纪精神的陶冶，头脑灵活，热爱外交游戏,把它视为人生诸多紧张游戏中的一种,但是他憎恶工作。他很不乐意亲笔写信,这个真正纵欲无度之徒,挖空心思的享乐者,恨不得把全部苦力活都推给别人,然后以他纤细瘦小、戴满戒指的手懒洋洋地摘取别人工作的果实。他凭着直觉,以闪电般的眼光,便足以纵观最为错综复杂的形势。他像天生的心理学家一样训练有素,就像拿破仑说的,他看透所有人的思想,不加劝告,就使每个人坚定信念,知道自己内心深处究竟想做什么。大胆地转变方向,迅速地制订方案,在一切危险关头灵活地随机应变,这是他的成绩所在;研究细枝末节,汗流满面地勤奋工作,他都嗤之以鼻。由于喜欢简明扼要地表达思想,以最为凝练的形式做出决断,造就了他满口炫目的连珠妙语、精彩警句的才能。他不写冗长的报告,而是推敲再三,用一句话,描述一个情景,一个人。富歇则完全缺乏这种迅速统观世界的能力,他像蜜蜂似的用不计其数的渺小人物,忙碌不堪地来回匆忙把千百次的仔细观察收集起来,加以综合,互相联系,得出认真仔细无可反驳的结论。他的方法是加以分析,而塔列朗的方法则是预见未来;他的天才是刻苦勤奋,而塔列朗的天才则是思维敏捷:没有一个艺术家能够塑造出比这两个人更加对立的形象,历史把生性懒散、才气横溢的即兴演员塔列朗和长着千眼、清醒机警、精于算计的富歇置于拿破仑的身边。这个十全十美的天才把他们两人的才具,远见卓识和观察仔细、激情和勤奋、对世界的认识和对世界的预见全都结合于一身。

但是再也没有比同一种类的不同品种相互之间的仇恨更为无情的了,因此出于最内在的本能,由于深知对方的底细,塔列朗和富歇彼此憎恶。从第一天起,这个大贵族老爷就觉得这个不知疲倦、只干小事、截获报告、传递消息、冷静窥探的家伙富歇令人反感,而富歇则憎恶塔列朗的那种轻率、任性、恣意挥霍、傲视众人、自命高贵、游手好闲、娘娘腔的懒散态度。所以他们两人谈起对方都是口吐恶言,尖刻异常。塔列朗微笑着说:"富歇之所以如此轻视别人,是因为他对自己了解得过于深刻。"当塔列朗被任命为副首相时,富歇又嘲笑道:"Il ne lui manquait que ce vice-la."①他们只

---

① 法文,他别的什么也不缺,只缺少这个"Vice"。"Vice"表示副首相的"副",也意味着"罪恶"。

要可能,就为对方设置障碍,只要能伤害对方,就绝不错过机会。这两个人,一个灵巧,一个勤奋,两个人的品质互相补充,使他们成为拿破仑的两位重要大臣。他们彼此之间这样仇恨,对拿破仑来说是正中下怀,由于这种仇恨,他们互相监视胜过一百个巴结的忠于职守的密探。塔列朗每次贪污受贿,每种新的放荡行为和玩忽职守,富歇都热心地向拿破仑报告,而富歇每次暗地里的勾当,每次新的阴谋诡计,塔列朗也急忙禀告拿破仑,就这样拿破仑感到这奇怪的一对,同时为他效劳,又监视他。作为高人一头的心理学家,拿破仑充分利用这两位大臣之间的竞争对抗,既督促他们,同时又控制他们。

几年来,富歇和塔列朗这两位竞争者之间的顽固仇恨,使整个巴黎都乐不可支。人们像欣赏莫里哀剧中场景似的观看这个喜剧以不计其数的变形在御前上演,人们兴高采烈地看着,皇上的这两个仆人一再互相攻击,用尖刻的风趣话刺来刺去,而他们的主人,像奥林匹斯天神那样优越,观赏着这场有利于他的争吵。但是,正当他自己和其他人都期待着他们演出猫狗打闹的喜剧时,这两个狡猾的演员突然转换角色,开始严肃地联袂演出。他们对主人的共同憎恶第一次超过他们之间的相互竞争。这是一八〇八年,拿破仑又一次出兵打仗,这是他历次战争中最无用、最无谓的一次,征讨西班牙之役。一八〇五年他战胜了奥地利和俄国,一八〇七年摧毁了普鲁士,使德意志和意大利境内各国俯首帖耳,丝毫也不存在和西班牙交恶的契机。但是他那愚蠢的哥哥约瑟夫(几年后,拿破仑承认"自己为一些蠢货做出了牺牲")也想有顶王冠戴戴,恰巧当时没有王冠可供使用,便决定悍然破坏国际公法,干脆把西班牙的王冠夺来;于是又响起隆隆鼓声,各路人马又长途行军,辛苦攫来的金钱又从国库里源源流出。拿破仑又一次陶醉于战争胜利的危险欲念之中。这种难以抑制的战争狂热渐渐地使最迟钝的人也觉得过于疯狂,无论是富歇还是塔列朗都反对这场刚刚凭空挑起的战争,法兰西在这场战争中还将再流七年鲜血,既然皇帝对这两位大臣的意见一概不听,他们两个便不知不觉地凑在一起。他们知道,他们的书信,他们的忠告,都被皇帝揉成一团,扔在角落里,政治家们早已抵御不了元帅们、将军们、身佩战刀的老爷们,尤其抵御不了那个科西嘉家族,他们每个人都想迅速地用锦衣华裳把他们贫贱的出身掩盖起来。于是他们两人设法在公众面前抗议,既然他们已被剥夺发言权,便决定上演一出政治哑剧,一场真正的好戏:也就是故意装出互相结盟。

是谁把这场戏的戏剧效果安排得这样精彩绝伦,是塔列朗还是富歇,这点无人知道。戏就这样开演了。正当拿破仑在西班牙作战,巴黎是庆祝会不断盛宴不停——连年征战,人们已经习以为常,就像冬天下雪,夏天雷雨,一八○八年十二月的一个晚上(拿破仑当时正在巴利亚多利德他宿营的一间肮脏的民房里书写下达全军的命令),在圣弗洛朗坦大街首相的府邸里千百支蜡烛灯火通明,柔和的音乐轻声演奏。塔列朗喜欢的艳丽美女、光彩夺目的社交界、显赫的国务枢密顾问、外国使节相聚一堂。人们谈天说地婆娑起舞,寻欢作乐。蓦然间各个角落都发出低声唧咕,窃窃私语,跳舞停了下来,客人们惊讶地聚在一起:大家最最想象不到会在这里出现的人,竟走了进来,那瘦削的卡西乌斯①——富歇。谁都知道,塔列朗对他深恶痛绝,极为轻视,他还从来没有迈进过这个家门。可是瞧,这位外交大臣瘸着腿②极端殷勤地向警务大臣迎了过去,把他当作一位亲密的客人和朋友温柔地问候,亲切友好地挽着他的胳臂。塔列朗明显而又公开地对他热情接待,带他穿过整个大厅,然后双双走进一间侧室,在沙发榻上入座,低声交谈起来——使一切在场的客人都无比好奇。第二天早上整个巴黎都知道这件耸人听闻的消息。到处谈论的,都是这两人突如其来的、如此引人注目的言归于好,每个人都明白了它的含义。倘若猫和狗如此热心地结盟,那只可能针对厨师:富歇和塔列朗之间的友谊,就意味着大臣们公开反对他们的主子,反对拿破仑。所有的特务立即出动打听这次密谋究竟目的何在。各公使馆里,羽毛笔挥个不停,立即写出报告,梅特涅发出加急邮件报告维也纳,"这个结合符合一个极端疲乏的民族的愿望";但是拿破仑的几个兄弟和妹妹也发出警报,派出紧急信

---

① 罗马高官,和勃鲁托斯一同谋叛,反对恺撒。
② 塔列朗是个瘸子。

塔列朗

塔列朗与富歇

使,把这惊人的消息传给皇帝。

消息通过紧急信使飞速传到西班牙,拿破仑仿佛挨了一鞭,更加快速地返回巴黎。拿破仑一收到信,连他的心腹也不准进他的房间。他咬紧嘴唇,咬得嘴唇出了血,立刻下令起驾回朝:塔列朗和富歇互相接近,对他来说比打一场败仗更加可怕。他回国的速度简直近乎疯狂:十七日从巴利亚多利德出发,十八日到达布尔戈斯,十九日到达巴约纳,沿途马不停蹄,只是急急忙忙地把赶得疲惫不堪的马匹换下,二十二日,他像一阵旋风似的冲进杜伊勒里宫,二十三日,便以同样富有戏剧性的一场戏来回答塔列朗的绝顶聪明的喜剧。全体廷臣身着金饰辉煌的礼服,大臣们和将军们都安排在场充当群众演员:得让大家公开看见,即便是极为微小的违抗皇帝意志的行为,皇帝也会以铁拳把它击成齑粉。他在前一天就已把富歇叫来,关着房门,劈头盖脸地训了一顿。富歇听惯了这种训斥,一动不动地听着,用灵活巧妙的话语进行申辩,及时拐弯。皇帝认为,对于这个奴气十足的家伙,只要轻轻踢上一脚也就足矣;而塔列朗,正因为他更为强大,更有势力,得公开为此付出代价。这个场面经常被人描述,历史上很难找到更富戏剧性的场面。皇帝起先只是以笼统的词句很不高兴谈到他出征在外,有个别人背后捣鬼,接着,为塔列朗冷漠的无所谓的态度所激怒,就猛不丁地转身冲着塔列朗。塔列朗这时漠不关心地以懒洋洋的姿态用胳臂支着壁炉的炉台,靠着大理石的壁炉站着。原先精心设计在满朝文武面前演戏似的给他一次教训,突然变成真的勃然大怒。皇帝冲着这位比他年长、比他经验丰富的大臣破口大骂,他骂塔列朗是小贼,是背叛誓言背信弃义之徒,是个为了金钱连自己的老子都会出卖的见利忘义之辈,他指责塔列朗谋杀了当甘公爵①,挑起了西班牙战争,没有一个洗衣妇在敞开的门廊里辱骂自己的邻居,会像拿破仑辱骂佩里戈尔公爵、革命的老前辈、法兰西的头号外交家塔列朗那样肆无忌惮。

听众全都怔住了,每个人都觉得很不自在,大家都感到,皇帝此刻形

---

① 即路易-安托万-亨利·德·波旁(1772—1804),拿破仑认为他是保王党谋叛的后台之一,下令把他劫持,由军事法庭把他处死。

象不佳。只有塔列朗脸上毫无表情。他对攻击一向漠然置之,显得刀枪不入,极端迟钝。据说,有一次他在阅读一份攻击他的敕文时竟酣然入睡。他过于高傲,根本不把皇帝的这些辱骂当作侮辱。在这场暴风雨过去之后,他瘸着腿,走过光滑的镶木地板,走出门去,当仆人在前厅里给他披上大衣时,他只是漠不关心地说了一句比雷霆万钧的拳头猛击更为致命的刻薄话:"真可惜,一个这样伟大的人物竟如此没有教养。"

当天晚上,塔列朗被剥夺了内阁大臣的职位,所有心怀猜忌的人在以后几天都好奇地打开《箴言报》,希望在国务新闻栏里看到富歇撤职的消息。但是他们大错特错了。富歇没有丢官。他在向前挺进时,总是躲在一位更强大的人物身后,让此人做他的避雷针。人们都记得,在里昂和他一起充当刽子手的科洛,被流放到热病流行的岛屿去了,而富歇留了下来;他在反督政府斗争中的伙伴巴贝夫遭到枪毙,而富歇留了下来;他的保护人巴拉斯不得不逃亡国外,而富歇却留了下来。政府更迭,国体变换,意见转变,人事变动,在世纪转换时期迅急的旋风暴雨之中,一切全都崩塌,全都消失,只有一个人在职务急变、思想转换之际,始终位置不变,这就是约瑟夫·富歇。

富歇依然位居要津,不仅如此,正因为拿破仑的谋臣中最聪明、最灵活、最独立的一位被勒令去职,由一位唯唯诺诺的庸才所取代,恰好是这点大大加强了富歇的势力。但是更重要的是——除了这个竞争者塔列朗之外,那位讨厌的主子也有一段时间空出了位子。因为这时是一八〇九年,拿破仑和往年一样,又要进行一场新的战争,这次是出兵奥地利。

拿破仑不在巴黎,不问国事,这是富歇最开心的事情。拿破仑离得越远越好,离的时间越长,他越心情舒畅——到奥地利、西班牙、波兰去都行,他恨不得拿破仑又去埃及,因为拿破仑发出的强光过于猛烈,使身边所有的人都黯然失色,他高人一等,才气过人,处处比人优越,使别人全都丧失意志。倘若他远在几百公里之外,指挥战役,运筹帷幄,富歇留在家里,还能偶尔亲自扮演一下主子的角色,主宰一下命运,用不着在这只强硬果断的手里扮演傀儡的角色。

富歇终于有了一次机会,终于第一次有了这样的一次机会!一八〇九年对拿破仑来说是命运攸关的一年。尽管表面上成就极为显赫,他的军事形势却从来也没有像这时这样的危殆。在战败的普鲁士,在并未完全降伏的德意志,几万法国人驻扎在为数不多的军营里,几乎毫无防御能力,却看守着几十万人之众。这些人只等召唤便会拿起武器。只要奥地利再打一场像阿斯珀恩战役①那样的胜仗,那么从易北河到罗讷河就会爆发一场起义,整个民族的奋起反抗。在意大利情况也并不美妙,教皇受到了虐待,激怒了整个意大利,就像普鲁士受到屈辱,激怒了整个德意志一样。而这时法兰西本身已疲惫不堪,皇帝的军事威力分布在全欧洲,从埃勃罗河②直到维斯瓦河③。倘若现在能再给予一次新的打击,没准能把这受到强烈震撼的钢铁巨人一举摔倒。拿破仑的死敌英国人就在策划这次打击。他们决定趁皇帝的军队分散在阿斯珀恩、罗马和里斯本之际,直捣法兰西的心脏,首先夺取敦刻尔克的港口地区,占领安特卫普,迫使比利时人起义。他们这样估计,拿破仑正率领能征善战的军队,率领他的元帅和大炮远在国外,法兰西全国就毫无抵抗力地敞开在他们面前。

但是富歇还在岗位上。同一个富歇于一七九三年在国民公会期间学会如何在几周之内,征集几万名新兵。此后他的精力并未衰退,但只能在暗中发挥作用,只能用来搞点小小的秘密活动、阴谋诡计。如今他满怀激情地投身于这项任务,以便向全国、向全世界显示,约瑟夫·富歇并不仅仅是拿破仑手里的一个玩偶,必要时也同样可以果断坚决、目标明确地行动,就和皇帝本人一样。奇妙的机会简直是从天而降!——现在终于可以明确无误地证明,全部军事和道义的命运并不仅仅只维系在这一个人身上。他放肆大胆颇有挑衅性地在他的文告里强调,拿破仑并非不可或缺:"让我们向全欧证明,尽管拿破仑的天才赋予法兰西以它的光辉,但是为了击退敌人,并不需要他亲自出马。"他在给各市市长的信里这样写道,并且用行动证明这几句大胆无畏颇为自负的话语。因为他在八月三

---

① 一八〇九年五月二十二日拿破仑在阿斯珀恩为奥地利军队打败。
② 在西班牙境内。
③ 在波兰境内。

十一日刚获悉英国人在瓦尔赫伦岛登陆的消息,便立即以警务大臣和内务大臣(这个职务是他临时担任的)的名义要求征召国民自卫军,这些人从革命时期以来,便安安分分地待在各自的村里当裁缝、锁匠、鞋匠和农夫。其他大臣大吃一惊。什么,竟然未经皇上批准,擅自采取这样一个涉及范围极为宽广的措施?国防大臣尤其气愤,一个文职人员,一个无权过问的人,竟然插手他那神圣的职务,跑来说三道四,便使出全力进行反抗:他竭力主张必须先到美泉宫①去求得发布动员令的恩准。必须静等皇帝的命令,不可使全国骚动不宁。但是皇帝和往常一样远在国外,驿车来回行程得十四天之久,一时难以请示取得回答。富歇不怕扰乱全国,拿破仑不是也这样干的吗?他从内心深处希望骚动,希望暴乱,于是他便果断地把责任全都承担下来。鼓手击鼓,命令下达,以皇帝的名义在受到威胁的省份里,号召每个男子立即从军捍卫祖国,以皇帝的名义,而皇帝对所有这些措施一无所知。第二个大胆行为是:富歇任命贝纳多特②为这个临时组成的北方军的总司令,恰好是将领中拿破仑最最痛恨的一个。虽然贝纳多特是他哥哥的连襟,但拿破仑处分过他,并把他加以流放。富歇违抗皇帝的旨意,不顾众大臣和他所有敌人的反对,把贝纳多特从流放地召回:皇帝是否赞同他的措施,他完全不放在心上,重要的只是成功,成功将一反众议证明他的正确。

在关键时刻这样大胆无畏,使富歇真正显出伟大。这个神经质的人,工作勤奋,一直焦躁不安地渴望获得伟大的任务,而他得到的却始终只是一些琐碎小事,他不费吹灰之力地全都解决了。他那过剩的精力自然只能在恶意的、大多是无谓的阴谋诡计中寻找宣泄和排放。可是当此人——就像当年在里昂以及后来拿破仑倒台之际在巴黎——真正面临一个具有世界历史意义并且和他力量相当的任务时,他完成任务出类拔萃。弗利辛恩城曾被拿破仑在自己信件里称作不可攻克的城市,却像富歇更加正确地预言的那样,在几天后,落入了英国人的手中。但是由富歇擅自

---

① 当时拿破仑正在维也纳驻跸美泉宫,奥地利皇室的夏宫。
② 让·巴蒂斯特·贝纳多特(1764—1844),法国元帅。一七九八年与德西蕾·克拉里结婚,成为拿破仑的哥哥约瑟夫·波拿巴的连襟。一八一八年起即王位,成为瑞典国王。

做主新建的大军这时却赢得了时间,加强了安特卫普的防务,于是英国人这次侵犯就以一次完全彻底的失败告终,代价十分昂贵。自从拿破仑掌权之后,这是第一次有一位大臣敢于在国内亲自打出旗帜,扬起船帆,确定自己的航向。富歇就以这种独立自主的行动,在命运攸关的时刻拯救了法兰西。从这一天起,富歇拥有了新的官衔,新的自信。

与此同时,首相和国防大臣的控告信,接二连三的投诉纷纷传到美泉宫,控告这位文职大臣胆大妄为地擅自干了些什么事情。他招募国民自卫军,宣布全国处于战争状态!他们大家都希望拿破仑会惩罚这种倨傲行为,撤去富歇的职务。但是令人惊讶的是,皇帝还不知道富歇的这些措施如何辉煌地经受了考验,就一反众议,认为富歇果断行事,迅速出手,完全正确。首相受到严厉的训斥:"您拥有全权,在非常时期却不予使用,我很生气。您照理一得到警报就应该立即征召两万、四万或者五万国民卫队。"他在给国防大臣的信里有这样一句话:"我看见,只有富歇先生确已竭尽所能,他感觉到无所事事的状况非常危险,而且有失荣誉,消极等待极不合适。"于是那些胆小怕事、谨小慎微的同僚们不仅输在富歇手里,也因拿破仑的赞赏而吓得惊慌失措。尽管有塔列朗和首相作梗,但富歇现在在法兰西位及群臣,就他一个人显示出,他不仅会服从听命,也会发号施令。

人们一再在富歇身上看到,在危险关头,他会行动得非常出色。倘若把他置于最危险的境地,他会勇敢出手,干净利索地一举克服。倘若给他一个乱麻般的死结,他也能把它解开。但是尽管他善于妙不可言地采取行动——但是与之并列的姐妹艺术,他可惜一窍不通,那就是一切政治艺术中的尖端艺术:懂得及时撒手。他不论插手什么事情,都不会把手又抽出来。倘若他解开了那个死结,一种妖魔式的爱玩的欲念又促使他故意把绳子又重新弄成乱麻一团。这次也是如此。多亏他行动迅速,机灵地聚集人马,出兵袭击,敌人阴险无比的侧翼一一被击溃。英国人兵员物质损失惨重,威信更是大为损伤,只好把军队又载上船只,返回家乡。现在可以安安心心地鸣金收兵,向招募来的国民自卫军表示感谢,颁发给他们一些荣誉团勋章,然后把他们打发回家。但是富歇的野心这次刚尝到滋味。扮演皇帝的角色,把三省子弟动员起来,下达命令,发出号召,发表演讲,给低能的同僚们点儿颜色看看,实在妙不可言。而现在这美妙的时刻就要结束?刚刚心情欢快地感到自己的能力干劲与时俱增,而现在就要结束?不,富歇可不想结束。宁可继续演出打仗和捍卫的游戏,即使不得不先捏造个敌人出来。只要能继续击鼓,激动全国,制造动荡,人心惶惶。于是他便再次下令动员,据说英国人打算在马赛登陆。尽管国内和海边远近各处不见一个敌人,整个皮埃蒙特、普罗旺斯,甚至巴黎的国民自卫军却全都召集起来,令大家普遍感到惊讶,只是由于富歇怀有强烈的欲望,一种长期未能实现的组织和动员的欲望,这个长期受到抑制、无法施展才能的人,由于世界统治者不在国内,终于得以充分发泄一番。

但是这些军队用来和谁作战呢?全国上下越来越惊讶地反问自己。英国人没有露面。即使是他同僚当中最有好意的人也渐渐怀疑起来:这个深藏不露的人这样疯狂的动员究竟想干什么?他们不明白富歇只是想施展自己的干劲,让一种秘密的游戏之欲得到满足。既然远近各处都看不见敌人刺刀的刀尖,也看不到不停征兵、日益强大的军队想反击的敌人,他们就不由自主地认为富歇另有展翅高飞的计划。一批人认为,他在策划一次起义;另一批人认为,倘若皇帝再打一次阿斯珀恩战役式的败仗,或者另一个弗里德里希·斯塔普斯①行刺得手,富歇就会立即宣布恢复旧日的共和国。于是信件一封接一封地传到美泉宫的总司令部,报告:富歇已经发疯或已经变成谋叛分子。最后,拿破仑尽管对富歇抱有好感,也起了疑心。他看到,富歇已经蹿得太高,必须把他再摁下去。于是信件里的风向猛转。皇帝对富歇大加训斥,称他为"一个和风车搏斗的堂吉诃德"。以往日严峻的口吻写道:"我收到的一切消息都向我报告,有人在皮埃蒙特、朗格多克、普罗旺斯,在太子领地征召国民自卫军。真是见鬼,如果没有必要召这些人想干什么,

---

① 一八〇九年,十七岁的牧师之子弗里德里希·斯塔普斯试图在美泉宫向拿破仑行刺未遂,十月十七日被处死。

而且没有我的命令是不许征兵的啊!"于是富歇只好心情沉重地放弃他扮演主子的戏剧,交出内政部——扫把!扫把!回到角落里去吧!①——又缩回角落,继续扮演警务大臣的角色,侍候那位光荣班师、对他来说过早回归故里的主人。

不论怎么说,尽管富歇有些越俎代庖,他却是在其余的大臣面对祖国遭到极大危机惊慌失措之际,惟一及时采取正确措施的人,因此拿破仑已经给予这么多人的荣誉,不能迟迟不给富歇。既然这时从洒满鲜血的法兰西土地上已经培植出一批新生的贵族,既然一切将军、大臣、帮凶走卒都得到了贵族称号,那么也轮到这个旧日的贵族之敌富歇自己变成贵族了。

伯爵的头衔从前早已悄悄地安在他的头上了,但是这个老雅各宾党人,在这名号称谓的轻飘飘的阶梯上还得升得更高。一八○九年八月十五日,在奥地利皇帝陛下的皇宫里,在美泉宫富丽堂皇的宫殿里,昔日来自科西嘉的小少尉,为从前的共产主义者和还俗的神学院教师友好地在一张驴皮上盖上印玺,凭着这张羊皮纸,约瑟夫·富歇从此——令人肃然起敬!——可以自称为奥特朗特公爵。他虽说并未在奥特朗特作过战,也从未亲眼看见过意大利南部的这个地方,但是恰巧是这样一个神气活现、听起来颇有异国情调的贵族称号最最适合于把一个过去的铁杆共和主义者伪装起来。因为,当人家铿锵有力地念出这个名字的时候,就会忘记,在这个公爵后面,隐藏着里昂的刽子手,那个制造平等面包、没收别人财产的老富歇,为了让他真正感到自己是个骑士,还颁发给他一个公爵的象征物:一个崭新的纹章。

但是说来奇怪,究竟是拿破仑自己有意做出这危险的表示其性格特点的暗示,还是那位官方任命的纹章学家私下开了一个小小的心理玩笑?反正是这样,奥特朗特公爵的纹章中间是一根金柱子——对于这位嗜金

---

① 这是歌德的歌谣《魔法师的学徒》中的诗句。意为:魔法已完,一切恢复正常。魔法师的学徒趁师父外出,念动咒语使得扫把服从他的意志,站立起来出去挑水,扫把弄来大量的水使得屋里浸水为患。魔法师学徒发现扫把不再听命,惊恐万分,师父回来,扫把又只好回到屋子的角落里去。魔法已完,它依然是个扫把。

如命的人来说倒是非常合适。金柱上盘绕着一条蛇——大概也同样是对这位新公爵耍弄权术的灵活机敏作的一个小小的暗示。拿破仑大概有一些聪明的纹章学家为他效劳,因为对于约瑟夫·富歇来说,再也想不出一个比这能说明他性格的纹章了。

六　反对皇帝的斗争

一八一〇年

伟大的榜样永远能使整整一代人堕落或者上进。一个时代若出现像拿破仑·波拿巴这样的一个人，那么他身边所有的人都面临抉择，若不是在他面前自愧不如低三下四，慑于他的伟大，从此销声匿迹，便是依照他的榜样尽情发挥自己的力量，达到放纵恣肆的地步。拿破仑身边的人只能变成他的奴隶，或者他的对手。这样高人一头的伟人天长日久是容不得平庸之辈的。

拿破仑使有些人失去平衡，富歇便是其中之一。他不知餍足，妖魔似的迫使自己不断自我超越，这个危险的榜样使富歇寝食难安。他也想像他的主子一样，不断扩展力量趋于极限，他也不愿安安分分地耐心等待，舒舒服服地自满自足。因此，当拿破仑又作为胜利者从美泉宫凯旋，重新掌握大权时，富歇真是大失所望。在那几个月里，他可以随心所欲为所欲为，征集军队，发布文告，越过那些胆小怕事的同僚，采取大胆的措施，终于一度成为全国的主人，决定世界命运的大赌台旁的赌徒，这是多么美妙！现在，约瑟夫·富歇又只好当他的警务大臣，监视那些不满现实之徒，尽在报上胡言乱语之辈，根据特务的报告每天拼凑无聊的公报，关心无足轻重的琐事，譬如塔列朗和哪个女人私通，是谁造成昨天交易所股息狂跌。不行，自从插手过世界大事，掌握过国家的大计方针之后，这个不安分地渴望发生重大事件的人觉得这一切都只是琐碎小事，不屑一顾的文牍差使。谁若下过这样大的赌注进行赌博，就永远也不会满足于这样的琐碎小事。宁可再一次让人看看,即使在拿破仑身边也依然还有建立功勋的余地——这个念头他再也驱赶不开。

但是拿破仑击溃了俄国、德意志、奥地利、西班牙和意大利,欧洲最古老的王朝的皇帝把长公主①许配给他为妻,他推翻了教皇和罗马千年之久的统治,从巴黎出发建立了一个包括全欧的世界帝国,他的丰功伟绩与日齐辉,在他身边还有什么作为?富歇野心勃勃,他神经质地、狂热地、妒忌心切地四下窥望,寻找一项任务,果然,在世界霸权的大厦上还缺乏最后一个,最高的雉堞,那就是和英国媾和,做到这点全部工程才算大功告成。约瑟夫·富歇想要不让拿破仑过问,违背拿破仑的意志,独力完成这最后一个有关全欧的业绩。

英国——在一八○九年和在一七九五年完全一样——始终是法国的死敌,最凶险的对头。在阿克②的城门前面,在里斯本的堡垒前面,在世界的各个角落,拿破仑的意志都碰到盎格鲁-撒克逊人的神经冷漠、深思熟虑、有条不紊的力量;正当他占领欧洲大陆之际,英国人把世界的另外一半——大海——从他手里夺去。他抓不到他们,他们也抓不住他,二十年来,双方都一再努力,想要消灭对方。在这场毫无意义的斗争中彼此都大伤元气,现在都有一些疲倦,虽然并不承认。在法兰西,安特卫普和汉堡的银行自从英国人截断了它们的生意之后都纷纷破产。而在泰晤士河上轮船满载着卖不出去的货物,挤在一起。英国和法国的股息全都日益下跌,在两个国家里,银行老板这些理智人士都促进相互谅解,非常缓慢地开始悄悄进行谈判。但是对于拿破仑来说,让他那低能的哥哥约瑟夫得到西班牙的王冠,让他妹妹卡罗琳得到那不勒斯似乎更为重要。于是他中断了辛辛苦苦通过荷兰开始进行的和平谈判,用他的铁拳强迫他的盟友封锁英国的船只,把英国人的货物倒进大海,屡次向俄国发出威胁性的信件,要求他们参加大陆封锁。激情又一次扼杀理性。倘若主和派不在最后关头鼓起勇气,采取行动,战争似乎有持续下去、永无止境的

---

① 奥地利皇帝把女儿玛丽亚·路易丝公主嫁给拿破仑。
② 又译阿卡,地中海港口城市(今属以色列),一七九九年拿破仑远征埃及时,曾陈兵阿克城下,围城达二月久,未能攻克。

危险。

和英国进行的这些中途夭折的谈判,富歇也曾插手。他给皇帝和荷兰国王找了个中间人,一个法国银行家,此人又找了一个荷兰银行家,这个荷兰银行家又找了个英国银行家;通过这久经考验的金桥(每次战争期间和任何时代均是如此),政府之间试图通过秘密谈判取得相互谅解。可是这时,皇帝粗暴地下令,结束谈判。这可不合富歇的心意,为什么不继续谈判?进行谈判,讨价还价,许愿允诺,愚弄欺骗,这是他最心爱的嗜好。于是他制订了一个胆大包天的计划。他决定自作主张,继续谈判,当然表面上是奉皇帝的旨意行事,这就是说,无论是自己的代理人还是英国的官府都得深信不疑,皇帝通过他们在努力谋求和平,而实际上只是奥特朗特公爵在背后牵线。这是疯狂之举,是放肆地盗用皇帝的名义和他自己部长的职权,是世界史上没有先例的放肆行径。但是这样的秘密,这种真假难辨扑朔迷离的游戏,不是迷惑一个人,而是同时迷惑三四个人,这正好是天生的、死不悔改的阴谋家富歇真正的嗜好。仿佛一个学童,躲在老师背后做鬼脸,富歇也喜欢背着皇帝自作主张,就像那个大胆的顽童,他也甘愿冒着挨揍或者挨罚的风险,就仅仅为了快活起见放肆一番,进行欺骗。人们看到,他曾几百次地以这种政治上的放荡行径获取乐趣——但是从未干过一件比盗用皇帝旗号而实际上却违背皇帝意愿和英国外交部进行英法和约的谈判更胆大妄为、更一意孤行、更加危险的事了。

这个活动准备得巧夺天工。为了这个目的,富歇把一位暧昧、几次险些入狱的银行家乌夫拉尔召来。此人声名狼藉,拿破仑讨厌这个坏家伙,可是曾和此人在交易所共事的富歇却并不在乎,他知道此人底细,心里踏实,因为他曾多次把此人救出困境,可以把他牢牢控制在手里。他派这个乌夫拉尔去见荷兰银行家勒拉布谢尔,一位举足轻重的人物,勒拉布谢尔信以为真,找到自己的岳父——伦敦的银行家巴林,巴林又让他女婿和英国内阁建立联系。于是这事便像发了疯的陀螺似的旋转起来:不言而喻,乌夫拉尔相信富歇是奉皇帝之命在行事,把富歇的消息当作官方消息传给荷兰政府。这份保证又足以使英国人认真对待谈判。于是英国认为是在和拿破仑谈判,而谈判的只是富歇。富歇当然仔细地不把这秘密谈判的进展禀告皇帝。他要先消除困难,等一切就绪,然后才突然作为 Deus ex machina① 出现在皇帝和法国人民面前,骄傲地说:"这是和英国的和约!大家所希望、所渴求的东西,你们的外交官没有一个能够办到,而我奥特朗特公爵,当作额外的任务,独自一人把它办到了。"

可是遗憾极了!一件小小的愚蠢的偶然事件,破坏了这奇妙的激动人心的一盘棋。拿破仑和他年轻的夫人玛丽亚·路易丝前往荷兰去访问他的弟弟路易②。喧闹豪华的欢迎使拿破仑忘记了政治。但是有一天,在一次偶然的谈话中,他的弟弟路易国王打听和英国的相互谅解取得什么进展,不言而喻,他和其他所有的人一样,都以为那些和英国人的秘密谈判是在皇帝同意的情况下进行的。拿破仑听了一怔,他像闪电似的回忆起,恰好在安特卫普遇见过那个令人憎恶的乌夫拉尔,这儿出了什么事?英国和荷兰之间的交往究竟意味着什么?但是他不让人看出他的惊讶,只是随口说了一句,请他弟弟方便中把这位荷兰银行家的来往信件送来给他一阅。信件立即送到。在从荷兰回巴黎的途中,拿破仑有机会阅读了这些信件,的确是一次谈判,而他对此一无所知。他火冒三丈,立刻觉察到这位奥特朗特公爵偷猎野兽的踪迹,此人又一次在别人的土地上偷猎,但是拿破仑碰到这个诡计多端的人自己也变得足智多谋起来。他首先收起自己的怀疑,一肚子愠怒,却装得温和有礼,为了不去惊动这个灵活善变的人,不让他溜走。他只把心事告诉他的宪兵司令罗维戈公爵萨瓦里③,命令他迅速逮捕银行家乌夫拉尔,不要引人注意,夺得他的全部文件。

六月二日,在下达这道谕旨之后三小时,拿破仑于圣克卢宫召见众大臣,口气粗暴开门见山地质问奥特朗特公爵,他对银行家乌夫拉尔的某些旅行知道多少,究竟是否是他亲自把乌夫拉尔派到阿姆斯特丹去的。富

---

① 拉丁文,从天而降的神明。
② 路易·波拿巴当时为拿破仑册封的荷兰国王。
③ 勒内·萨瓦里(1774—1833),拿破仑手下将军,一八一〇年至一八一四年间任警务大臣,拿破仑封他为罗维戈公爵。

124

歇深感意外,但还远远没有预感到他已坠入陷阱,通常人家抓住他的把柄,他就奋力挣脱。大革命时期他和肖梅特一起,督政府时期和巴贝夫在一起,他都试图脱身,干脆把同伙甩掉。富歇解释道,唉,乌夫拉尔,这是一个非常冒失的家伙,什么事都喜欢插手,不过这件事无关紧要,不过是场游戏,一场儿戏而已。但是拿破仑是铁腕人物,一旦抓住,不会轻易松手。"这里策划的并不是无足轻重的儿戏。"拿破仑冲他吼道,"这是闻所未闻的越权行为。胆敢背着君主和敌人谈判,而谈判的条件君主一无所知,估计也永远不会获得批准。这样的渎职行为,即便是最软弱的政府也不会容忍。乌夫拉尔必须立即逮捕。"这下富歇就浑身不自在起来。偏偏还要逮捕乌夫拉尔!此人可会说出内情!于是富歇便努力用各种借口,打消皇帝采取这项措施的念头。但是皇帝知道,此刻他自己的卫队早已把这个银行家关进监狱,只是带着嘲弄的神气倾听这个显露原形的大臣说话。他现在已经认出了这个大胆阴谋的真正主谋,在乌夫拉尔处被没收的文件很快就会揭露富歇的全部把戏。

这时从聚集已久的疑云中终于打出了霹雳。第二天,正好是星期天,拿破仑在望完弥撒之后(尽管他在几年前还逮捕过教皇,可是作为信奉天主教的皇帝陛下[①]的女婿,他现在又变成一个虔诚的信徒)把所有的大臣和显贵召集起来进行早晨的觐见。只有一个缺席:奥特朗特公爵。尽管他是大臣,却未蒙召见。皇帝让他的阁员们围桌就座,突然冷不丁地提出问题:"一个大臣,滥用职权,背着国君与外国建立联系,在自己设想的基础上与之进行谈判,从而暴露了全国的政策,你们对于这样一个大臣有何想法?这样一种渎职行径,根据我们的法典,该受什么处罚?"皇帝提出这样一个严厉的问题之后,在这个圈子里环顾四周,毫无疑问,正期待着他所有的谋士和走卒会急急忙忙地建议予以流放或者采取其他令人蒙受羞辱的措施。可是,瞧!大臣们虽然立即猜出这支箭的矛头所向,却都保持令人难堪的沉默。归根到底,他们都认为富歇坚决谋求和平,做得有理。作为真正的地道的仆人,他们看到富歇和这独裁专制的君主大胆地

---

① 指奥地利皇帝。奥地利是信奉天主教的国家。

开个玩笑,都非常高兴。塔列朗(已不再是大臣,但仍是显贵,被召来参与这件大事)心里暗暗发笑,他回忆起他自己在两年前经历的屈辱。看见拿破仑和富歇现在各自陷入窘境,他乐不可支,这两个人他一个也不喜欢。国务大臣康巴塞雷斯①终于打破沉默,开口打打圆场:"这无疑是个失误,应该受到严惩,除非此人是由于尽忠职守,过于热心,误犯了这一过失。""尽忠职守过于热心!"拿破仑愤怒地叫道——这个回答他听不进去,因为他不要人家为之辩解,只要严惩以儆效尤,只要对任何擅自行动明显地予以惩罚。他情绪激动地叙述了整个事件的过程,要求在座的臣子向他建议一人接替富歇。

可是情形依旧,没有一个大臣急于在这样棘手的事件中发表意见——他们大家对富歇的恐惧仅次于害怕拿破仑。最后像历次困难的场合那样,是塔列朗用一句巧妙的俏皮话给大家解了围。他扭头向着他的邻座低声说道:"富歇先生毫无疑问犯了一个错误,不过倘若要我给他找个继任,那么这位继任不是别人,而是富歇先生自己。"拿破仑对于他的大臣们深感不满,然而是他自己把他们变成自动的机器人和丧失勇气的马默卢克人的。他宣布散会,把国务大臣叫进他的办公室。"的确,不值得费劲去问这些先生们。您瞧,我能指望从他们那里得到什么有用的建议呢。您总不会认为我自己还没理出头绪,当真想要征求他们意见吧。我已做出选择,让罗维戈公爵担任警务大臣。"不容此人表示是否愿意接受这样不愉快的继任的角色,当天晚上皇帝就以一道生硬的命令向他表示欢迎:"您是警务大臣了,请宣誓就职,立即开始工作!"

富歇遭到免职立即成为街谈巷议,全部舆论一下子都倾向富歇。通过革命扶摇直上的拿破仑,漫无限制地推行独裁统治,这对于习惯于自由的一代法国人来说是无法忍受的。富歇恰好反对这种独裁统治,没有什么事情曾像此事使这位两面三刀的大臣获得过这么多的同情。谁也想不

---

① 雅克·雷吉斯·德·康巴塞雷斯(1753—1824),拿破仑手下国务大臣,一八〇八年被封为帕尔马公爵。

通,就算是违抗了这个战争狂的意志,去寻求与英国媾和,这也算是该受惩罚的罪行吗?各派势力,保王党人,共和党人和雅各宾党人,同样各国使节都因拿破仑最后一位敢于直言的大臣的倒台,一致喟叹和平思想显而易见遭到了失败。甚至在拿破仑自己的宫中,在他的寝宫里,这位皇帝也竟然发现,他的第二位夫人玛丽亚·路易丝就和当年他的第一位夫人约瑟芬一样,也是约瑟夫·富歇的辩护人。这位皇后的父皇奥地利皇帝曾向玛丽亚·路易丝指出,富歇是她身边惟一值得信赖的人,可现在他竟遭到免职,对此她非常震惊。在皇帝处失宠,却在公众面前提高威望,再也没有比这更清楚地表明当时法国真正的情绪了。新任的警务大臣萨瓦里用颇具特性的词句总结了富歇免职所引起的爆炸性的效果,"我相信,爆发一场黑死病的消息也不可能比任命我为警务大臣引起更大的惊恐。"的确,约瑟夫·富歇在这十年里是和皇帝一同强大起来的。

这个消息产生的反响想必也一直传到拿破仑那里,谁也不知道究竟是通过什么途径传过去的,因为他刚一拳把富歇打下交椅,便急忙扶他一把。和一八〇二年第一次免职一样,这次免职也是事后镀金,伪装成另有任用。奥特朗特公爵失去了警务大臣的职位,却获得国务枢密官的荣誉称号,而且被任命为法兰西帝国驻罗马大使。皇帝的情绪在恐惧和愤怒之间、责备和感谢之间、愤慨和宽恕之间摇摆不定,再也没有比仅仅用作私人信札的送别信更能表现这种情绪的了。"奥特朗特公爵先生,我知道,您为我效劳良多,我相信您对我心怀忠诚,相信您为我热忱工作。尽管如此,我不可能让您继续担任大臣。否则我将难以服众。警务大臣的职位要求完全绝对的信任,自从您在一件重要的事情上把我的安宁和国家的安宁拿去冒险之后,这种信任已不复存在。这件事情即使动机尚可赞扬,也不能得到原谅。您对警务大臣的职责所持的奇特观点和国家的利益不相协调。即使我不怀疑您的依恋和忠诚,也不得不经常把您置于监视之下,这事令人厌烦,无法这样苛求于我。监视之所以必要是由于您擅自进行许多事情,而不知道这些事情是否符合我的意愿,我的企图……我不能希望您改变您的行动方式,因为多年来,我明显地对您这种做法反感,却并没有使您的行为有所改变。您自以为目的纯净,不愿理解良好动机也会酿成灾祸。我对您的天才和忠诚的信任,并未动摇,我希望不久会找到机会来证明这点,并且利用您的天才和忠诚为我效劳。"这封信像一把秘密的钥匙披露了拿破仑内心深处和富歇的关系。诸位不妨把这篇小小的杰作再读一遍,就会感觉到,每句话里都交织着意志与反意志,赞许与憎恶,恐惧和暗自尊重。这位专制君主要的是一个奴才,恼火的是找到了一个有独立人格的人。他想摆脱此人,又怕此人成为敌人,他既为失去富歇感到遗憾,又因摆脱了这个危险的家伙而感到高兴。

但是随着拿破仑的自信心急剧增长,他的这位大臣的自信心也相应地大为增长,民众普遍的同情使得约瑟夫·富歇的腰杆挺得更直。不,奥特朗特公爵不会让人家这样随随便便地赶走了事,得叫拿破仑看看,要是撵走了约瑟夫·富歇,警务部会是什么模样。得叫他的继任知道,谁若胆敢把他取而代之,那是掉进了一个马蜂窝,而不是坐上了一把大臣的交椅。他以十年之久制造了这把调得如此优美的乐器,不是为了一个像萨瓦里这样蠢笨的大胡子,一个玩弄权术的新手,一个半吊子笨手笨脚地在上面胡乱摆弄,把前任日日夜夜冥思苦索创造出来的东西拿来当作自己的成绩。不,不能使他的离职变得像他们两个想象的那样方便。他们两个,拿破仑和萨瓦里都得知道,约瑟夫·富歇不像别人那样,只会弯腰鞠躬,他也会龇牙发狠。

富歇下定决心,绝不低下脑袋离去。他可不要变味发臭的和平,不要逆来顺受的投降。他当然不会愚蠢到公开反抗。这可不是他的风格。他只想开个小小的玩笑,一个小小的、风趣的、欢快的玩笑,全巴黎会为此乐不可支。得让萨瓦里知道,在奥特朗特公爵的地盘里,可是设了些出色的陷阱的。必须一再提醒诸位,约瑟夫·富歇有着古怪的妖魔似的性格特点,恰好在他极端愤怒的时候,会激起狂烈的欲念想开个恶毒的玩笑。他的勇气如果提高,不会变得英勇刚烈而是变得古怪凶险,疯劲十足。倘若有人冒犯他,他绝不挥拳相向,而永远是恰好在火气最旺的时候装疯卖傻,当然,是把别人当作傻瓜。这个城府很深、深藏不露的人身上全部激烈的本能,碰到这样的机会,就全都翻腾、喷射出来。这种愤怒之中假装快乐的瞬间,同时也最好地暴露了

玛丽亚·路易丝,拿破仑的第二任夫人

他性格中深沉暴烈、带有妖魔鬼怪气的瞬间。因此他跟他的继任开了个辛辣的小玩笑！想出这个玩笑并不困难,尤其碰巧是和一个浑然不觉的蠢货打交道。奥特朗特公爵穿上大礼服,摆出特别客气的神气迎接他的继任到部就任。果然,罗维戈公爵萨瓦里一进门,富歇便劈头盖脸地向他说了一大堆殷勤热情的话语。他不仅祝贺萨瓦里非常荣耀地获得皇帝的遴选,还特别感谢罗维戈公爵卸去了他肩头的重负,他担任这个职位已经过于长久,使他疲惫不堪。唉,他现在是如此的高兴,如此的满意,在这无比繁重的工作之余,可以稍稍休息一下,因为这个警务部实在是个无比繁重的工作,是啊,是个吃力不讨好的工作——公爵不久就会有所体会,特别因为他对此还未习惯。不管怎么说,他,富歇,很乐意帮助公爵,把这个略嫌紊乱的部迅速加以整顿——他对免职之事毫无思想准备。当然这需要花些时日,不过,倘若罗维戈公爵同意,那么他,富歇,很乐意把这点小小的麻烦承担下来,与此同时,他的夫人,奥特朗特公爵夫人可以从容做好迁居事宜。善良的萨瓦里,罗维戈公爵,没有感到富歇口蜜腹剑。他只是感到又高兴又惊讶。众人认为此人恶毒狡猾,他却表现出来这么多的殷勤好意。是啊,罗维戈公爵甚至客客气气地向奥特朗特公爵异乎寻常的好意相助表示感谢。当然,奥特朗特公爵只要认为需要,愿意在部里待多久,就可以待多久。罗维戈公爵鞠了一躬,深受感动地和这位心地善良却被人误解的富歇握了握手。当房门在他受骗的继任身后关上的瞬间,人们没能看到并且画下约瑟夫·富歇的脸,这可真是遗憾。笨蛋,你真的以为我要帮你整理文件,把我十年来辛辛苦苦收集到的最重要的秘密井井有条地装在文件夹里,放在你那两只笨手前面,一目了然便于查阅？我的这台巧妙设想出来的机器,运转灵活,无声无息,齿轮扣齿轮,轮子连轮子,无影无形地从全国各地吸进消息,予以加工,叫我给你把这台机器加油,拭擦干净？笨蛋,你且得瞠目结舌、大吃一惊呢!

富歇立即开始疯狂地工作。他请了一个知心朋友来帮忙。通向密室的房门仔细地插上门闩,一切重要的秘密文件匆匆忙忙地从档案里抽出来,一切日后还可以用作武器的文件,那些可作控告证件和泄露内情的文件,约瑟夫·富歇都留下来供私人使用,其余文件都毫无顾忌地付之一炬。萨瓦里先生何需知道,在高雅的圣日耳曼区、在军中、在宫里谁在充当特务？这只会使他的工作过于轻松,所以把这些名单扔进火里吧！只有那些毫无价值的线人和告密者,管家和婊子的名单可以让他得到,从他们那里他反正得不到任何重要消息。一个个纸匣飞快地出清,标有国外保王分子、秘密通信员姓名的重要目录全都消失,人为地到处制造混乱,档案柜遭到破坏,档案编码故意弄错,密码改变,同时,未来大臣最重要的部下全都吸收来充当特务专做秘密工作,以便他们继续向从前的主人、真正的主人进行汇报。富歇把那庞大的警察机器里的螺丝一个个拧松,卸下,使得各个齿轮无法相扣,到他浑然不觉的继承人手里,机器的转动全然停顿。就像俄国人在拿破仑进入莫斯科之前把他们的这座圣城纵火烧毁,使他在那儿找不到舒适的宿营地,富歇也把他自己心爱的毕生作品亲自破坏彻底摧毁。壁炉不停地燃烧了四天四夜,这魔鬼的工作也持续了四天四夜。帝国的秘密化为无法把握的轻烟从烟囱里飞舞出去,或者搬到费里埃的柜子里去,而周围的人却对此毫无觉察。

然后富歇在那浑然不觉的继任面前再特别客气特别殷勤地鞠上一躬:您请坐！握握手,再狡猾地接受一下对方的谢意。照理奥特朗特公爵现在应该乘坐快速驿车赶到罗马去当大使,可是他宁可先到费里埃他的府邸去,在那里,他焦躁不安、心痒难熬地等待他那受骗的继任一旦发现约瑟夫·富歇给他开的小玩笑后,发出的第一声怒吼。

这出小戏构思美妙无比,演出精彩绝伦,演到最后都大胆惊人,是不是这样？可惜,约瑟夫·富歇在这出神入化的故弄玄虚之际,犯了一个小小的思维上的错误。他心想给这位毫无经验、新近上任的公爵,这位婴儿般幼稚天真的大臣开个小小的玩笑,可是他忘了,指定此人去当大臣的那位主子可是不容人家跟他开玩笑的。拿破仑本来就以怀疑的目光注视着富歇的一举一动,新旧交接竟然拖了这么长的时间,而且富歇无限制地拖着迟迟不去罗马。拿破仑看了,心中不悦。此外对富歇的帮手乌夫拉尔进行的调查取得了意外的结果,原来富歇先前早就通过一个中间人向英国内阁传递过消息。迄今为止还没有一个和拿破仑开玩笑的人得到过好下场。突然,在六月十七日,一道措辞犀利的手谕像猛抽一鞭飞向费里埃:"奥特朗特公爵先生,为了试探韦尔斯利侯爵,您曾给一位法冈先生一份报告,我请您把这份报告给我送来。法冈先生给您带来了韦尔斯利侯爵对这份报告的回信,我从不知道有这封回信。"这凌厉冷峻的喇叭声可以把死人惊醒。但是富歇正陶醉于自负与狂妄之中,并不急于回答,而这时杜伊勒里宫中已是火上浇油,萨瓦里发现了警务部已遭到洗劫,气急败坏地向皇帝禀告。于是第二份、第三份手谕便立即飞去,命令立即交出"整个大臣的公文包"。内阁秘书亲自带去手谕,奉旨立即从奥特朗特公爵手里拿回他违法取走的文件。玩笑结束,战斗开始。

玩笑结束了,真的,富歇现在得看清这点。但是他仿佛魔鬼附体,当真和拿破仑这个全世界最强有力的人进行较量。他断然不顾实情向来使说:他感到无限遗憾,但是他没有这些信件。他已把所有的信件全都烧毁,当然,富歇这话谁也不信,拿破仑尤其不信。他第二次派人警告富歇,口气更严峻,态度更急迫。大家都知道他缺乏耐性,但是现在轻率变成倔强,倔强变成放肆,放肆变成挑衅。因为富歇一再重复:他一份文件也没有了。并且简直以一种敲诈勒索的方式说明皇帝的私人文件被毁的理由。他以嘲讽的口气说,他曾荣幸地获得陛下这样的信任,倘若御兄御弟当中有人惹陛下不快,陛下便会委托他让他们明白自己的本分。既然陛下的御兄弟都向他有所申诉,他就认为不保存这样的信件是他的职责。陛下的几位御妹也经常招致物议,受到污蔑,皇上自己曾把那些谣言都告诉过他,并委托他调查是御妹们的哪些蠢事成为制造这些谣言的原因。不仅如此,富歇向皇帝暗示,他知之甚多,不要像对待奴才那样地对待他。使者理解这是敲诈威胁,费了大劲儿才以一种勉强可以忍受的方式把这样嚣张的回答禀告他的主人。这下皇帝可气炸了。他怒火中烧,暴跳如雷,马撒公爵[①]不得不劝他息怒,为了平息这件恼人事件,马撒公爵自告奋勇,亲自去警告这个桀骜不驯的家伙,叫他交出这些违法私藏的文件。

[①] 即克洛德·安布鲁瓦兹·雷尼耶(1736—1814),公安委员会委员,支持拿破仑发动雾月十八日政变。一八一二年起任司法部长,拿破仑登基后被封为马撒公爵,一八一二年任国务大臣,路易十八回国后,失去一切职务。

通过新任的警务大臣罗维戈公爵发出第二次警告。但是富歇对一切来信都以同样客气而坚决的口气回答:可惜,可惜,可惜,为了慎重起见他已把这些文件烧毁。在法兰西第一次有人公开违抗皇帝。

这太过分了。拿破仑十年来低估了富歇,富歇也低估了拿破仑,他以为泄露一些秘密,就可以吓唬住拿破仑。沙皇亚历山大、奥地利皇帝、萨克森国王纷纷向拿破仑献上自己的女儿。在他面前,德意志和意大利所有的国王都像学童似的浑身哆嗦,全欧的军队碰见他都无法抵抗,而富歇竟敢当着众大臣的面抗拒他的意志。这个脸色惨白的木乃伊,这个身上的公爵礼服还没穿破的骨瘦如柴的阴谋家竟敢违抗他的意志?拒不服从?不行,他是拿破仑,不能让人家这样跟他开玩笑!他立刻召见他私人警察的头子迪布瓦,当着迪布瓦的面大发雷霆,破口大骂"这个混蛋透顶、卑鄙无耻的富歇"。他愤怒地走来走去,步履坚定,靴声震耳,然后突然叫道:"可是他别指望,能像对付上帝、对付国民公会和督政府那样地对付我,他卑鄙无耻地背叛了它们,出卖了它们。我的眼睛比巴拉斯犀利,他跟我玩可没那么容易。不过我劝他小心点。我知道他手里有我的手谕和指令,我坚持要他把它们还给我。他若拒绝,您就立即把他交给十名宪兵,把他关进监狱。我凭着上帝起誓,我会让他看到,我会多么迅速地把一个人干掉。"

现在事情可发出焦糊味来。它甚至开始呛富歇的鼻子了。迪布瓦来的时候,奥特朗特公爵,当年的警务部长富歇只好听任他过去的下属查封他所有的信件,这个办事审慎的人,若不是事先早就把真正重要的信件放开,这件事很可能会变得非常危险。不过,反正他开始渐渐意识到他是用脑袋在撞墙壁,他现在飞快地急急忙忙地写出一封封书信,一封寄给皇帝,其余的寄给各位大臣,抱怨人们对他这个最诚实、最真挚、最有品德最为忠诚的大臣表示怀疑。有一封信里特别逗乐的是这句迷人的句子:"Il n'est pas dans mon caractère de changer."①(的确,白纸黑字,这几个字是性格像变色龙的富歇亲笔所写)就像十五年前,和罗伯斯庇尔对抗时,他

---

① 法文:变化多端并非我的性格。

132

希望迅速和解，阻止这场灾难。于是他乘上马车，驰向巴黎，要向皇帝亲自解释，或者干脆进行道歉。

然而已经为时太晚。他胡闹的时间已经太长，玩笑开的时间太久，现在已经不可能再和解，不可能再调停，谁若公开向拿破仑挑衅，必须公开受到贬抑。拿破仑给他送去一封短简，措辞强硬犹如虬结的肌肉，口气锋利犹如犀利的匕首，这样的信件拿破仑还从来没有给别的大臣写过。这封信非常简短，就像猛地踢他一脚："奥特朗特公爵，我不希望您继续为我效劳，请您在二十四小时内动身回到您的庄园里去。"再也只字不提任命他为驻罗马大使一事，赤裸裸的、粗暴的免职，并且再加上流放。与此同时，新上任的警务大臣奉命监督这道敕令立即执行。

气氛过于紧张，游戏过于大胆，现在发生了意想不到的事情：富歇完完全全地崩溃了，他像个梦游人，浑然不觉地爬上了屋顶，忽然一声断喝把他惊醒，对自己疯狂的处境吓得直跌下来。同一个人，当年站在断头机前两步还头脑清醒，镇静自若，如今在拿破仑的一击之下，可怜巴巴地倒了下去。

一八一〇年的六月三日，是约瑟夫·富歇的滑铁卢之役。他的神经全然崩溃，他奔到警务大臣处乞求一张出国护照，然后马不停蹄地驰向意大利，只在每个驿站换马。到了那里又东奔西突，犹如一只疯狂的老鼠在火热的炉灶之上，从一地窜到另一地，时而在帕尔马，时而在佛罗伦萨，时而在比萨，时而在里窝那，而不是像预定的，前往他的庄园。但是他实在惊恐万状，只想逃到拿破仑够不着的地方，只想逃到这只可怕的手不能抓住的地方！即便是在意大利，他也觉得不够安全，这还始终是在欧洲啊，而整个欧洲都隶属于这个可怕的人。于是他在里窝那租了一艘船，想漂洋过海，前往美国那安全的国家，那自由的国家。但是风浪晕船，对英国巡洋舰的恐惧又把他赶了回来，于是这个疯子又乘坐马车迂回曲折地从一个港口拐向另一个港口，从一个城市转到另一个城市，向拿破仑的妹妹们、公侯们、朋友们乞求帮助，倏而消失，又重新出现，使那些寻找他的线索、又一再失去线索的警察们讨厌已极。简而言之，他的行动完全像个狂人,吓得神经错乱,这个丧魂落魄的人第一次提供了一个神经完全崩溃的病理范例。拿破仑从来没有只一挥手一出拳,就把一个对手完全击成齑粉,而在这里打击他最大胆最冷静的仆人却是如此。他躲躲藏藏,然后露面,这狂热的来回奔跑持续了好几天,好几个礼拜,谁也猜不出(便是他杰出的传记作者马德兰也不知道,大概连他自己也不清楚)他在这时想干什么,想到哪儿去。似乎他只在不停奔驰的马车里才感到安全,不致受到想象中的拿破仑的报复。拿破仑无疑早已不再把他这个犟头倔脑的仆人放在心上,并不当真要置他于死地。拿破仑只想贯彻他的意志,取回他的文件,这个目的已经达到,因为正当那狂人、那个变得歇斯底里的人在意大利各地把驿马驱死之际,他的妻子在巴黎的行动要理智得多。她代丈夫投降了。毫无疑问,奥特朗特公爵夫人为了拯救丈夫,已在当时把她丈夫狡猾地扣下的文件又秘密地交还给了拿破仑。因为富歇以勒索的方式指出的那些绝密文件,以后从来没有一份公开出现。无论是巴拉斯——皇帝从他那里买回了那些文件——还是其他知道拿破仑飞黄腾达底细的讨厌的家伙们,还是富歇,他们所拥有的文件,只要有关拿破仑的,全都消失得无影无踪。或者是拿破仑自己或者以后是拿破仑第三,把一切不利于拿破仑公众形象的文件全都彻底消灭。

最后富歇终于获得恩准,回到他在艾克斯的庄园,狂风暴雨已经停歇,闪电只震撼了神经,并未触及骨髓。九月二十五日,这个到处遭到驱赶的人回到了他的庄园,"脸色苍白,疲惫不堪,思想混乱,语无伦次,暴露出他完全神经错乱"。但是这给他留下了足够的时间去恢复他的神经,因为谁若反抗一次拿破仑,就将长时间不得参与一切公开事务。这个野心勃勃的家伙必须为他开的严重的小玩笑付出代价;波涛又把他打入水底。三年之久,富歇没有荣誉,没有职务,他的第三次流亡生涯开始了。

七　并非自愿的插曲

一八一○年至一八一五年

　　约瑟夫·富歇的第三次流亡生涯开始了。这位卸任的内务大臣奥特朗特公爵生活在艾克斯的豪华府邸里,犹如享有主权的一方诸侯。他现在五十二岁,充分经历了政治生涯中的艰辛和欢乐、成功和厄运,命运的浪潮中潮涨潮落的永恒变换。他领略过强权者的恩宠,也感受过落魄时的绝望,他曾经穷困潦倒,甚至为每天的面包担忧,如今富甲一方,受人喜爱,又被人憎恶;受人崇敬,又遭人唾弃——现在他身为公爵,参议员,内务大臣,警务大臣,国务枢密顾问,家资数百万的富翁,除了服从自己的意志而不属于任何人,终于可以在黄金的岸边休息。他乘坐漆着纹章的豪华马车缓缓地兜风,拜访一些贵族名门,接受本省发出的大声赞美和巴黎传来的悄声同情,他再也不必去干那令人恼火的苦差使:每天和愚蠢的官员、专制的主人穷打交道。倘若看见他那心满意足的神气信以为真,那么奥特朗特公爵真是感觉到了无官一身轻的舒适。但是他那(平素非常值得怀疑的)回忆录①里有一处(无疑是真实的)让人看出,这种志得意满的神气纯粹是装出来的假象:

---

① 我在这篇研究文章里几乎从未引用这部一八二四年在巴黎发表的奥特朗特公爵的回忆录,因为它无疑是别人拼凑起来的,当然部分地方也有一些真实的材料。这位永恒的两面派在准备这部回忆录时究竟自己插手多少,这至今还是学术界徒劳无功的研究课题。在相当大的程度上,亨利希·海涅谈到这个著名的虚伪的家伙富歇时说过的一句俏皮话至今还都适用:"他虚伪到这种地步,以致死去之后还发表虚假的回忆录。"——原注

"根深蒂固的想知道一切的习惯扭缠着我,流放生涯极端舒适然而单调乏味,在百无聊赖之际,我更加摆脱不了这种习惯。"根据他的自白,他的"退隐生涯的魅力",并不在于普罗旺斯柔媚的风景,而是整理来自大城市的报告和情报。"依靠可靠的朋友和忠诚的信使,我安排了秘密的通信,若干来自巴黎的互相补充的定期报告支撑了这一秘密通信。一句话,我在艾克斯有我自己的私人警察。"不许这个不安分的人执行的公务,现在他就拿来作为消遣;不许他再踏进内阁各部,他就渴望着,至少通过别人的眼睛从锁孔来张望一下,通过别人的耳朵来偷听会议的情形,尤其是探听一下是否最终会有机会,让他再次毛遂自荐,再次挤到时代历史的赌台旁边。

但是这位奥特朗特公爵,他还得在一旁等待许久,因为拿破仑不需要他。拿破仑的势力正如日中天,他打败了欧洲,成了奥地利皇帝的女婿,他最大的愿望也得以实现:成了一位罗马王①的父亲。德意志、意大利各国的君王②都奴颜婢膝地在他面前摇尾乞怜,对他恩准把大大小小的王冠继续戴在他们头上而感激不尽。最后一个敌人,也是惟一的敌人英国已经动摇,岌岌可危。拿破仑已经如此强大,他完全可以微笑着放弃像约瑟夫·富歇这样灵活巧妙、这样不可信赖的帮手。现在公爵先生拥有如此丰富的时间去安安静静、从容不迫地进行思考,他大概会认识到自己倨傲无礼,竟然去和世上最强有力的人进行较量。皇帝甚至连向他表示仇恨的面子也不给他。——命运使拿破仑青云直上,高踞天庭,根本不再注意从前待在他的皮大衣里,后来他使劲一摔就摔了出去的那只爱咬人的小虫子。他既没注意到富歇的拼命纠缠,也没注意到此人不在眼前。富歇对他来说已不复存在。富歇最后又得以回到他在费里埃的府邸里去。再也没有比这个事实更清楚地向这位倒台的人表明,拿破仑现在是多么的不重视他,不害怕他。费里埃离巴黎只有两小时的路程,皇帝自然不允许他更加靠近自己。巴黎和杜伊勒里宫对于这个敢于反抗拿破仑的人来

---

① 拿破仑求子心切,如今凤愿得偿,他的第二位皇后玛丽亚·路易丝为他生下了儿子,这位嗣君被封为罗马王。
② 德意志和意大利当时均未统一,由大小不等的许多小国组成。

说是大门紧闭的。

在这无所作为的两年里,约瑟夫·富歇仅仅只有一次奉召进宫。拿破仑准备向俄国开战,这一次既然别人全都谏阻,富歇也不妨发表一下自己的意见。倘若可以信他的话,他激烈地提出警告,甚至递交了那份在他的回忆录里可以找到的备忘录(倘若事后他没有对此进行篡改);但是拿破仑早就只愿意听到别人证实他的意见,只渴望人们盲目赞同他的主张。谁若劝他不要打仗,就似乎是怀疑他的伟大。于是富歇又被冷冷地送回他的府邸,继续他那无所事事的流放生涯,与此同时,皇帝则率领六十万人马,去建立他一生中最大胆最疯狂的业绩,挥师冲向莫斯科。

约瑟夫·富歇令人惊奇、丰富多彩的一生有一种奇特的节奏。在步步高升时,他处处成功;一旦摔倒,命运就和他作梗。现在,他失宠遭贬,愁眉苦脸,情绪恶劣,住在偏僻的府邸里,置身事件中心之外,不得不闲居无事,整日等待。此时他失望已极,急需精神上的援助、忠诚的交谈、温柔的安慰,恰好这时他失去了二十年来惟一在他充满艰难险阻的人生道路上充满爱心、坚忍不拔地陪伴他支持他的人,他的妻子。在他第一次流亡时,他最大的两个孩子在屋顶的阁楼里死去,他爱他们超过一切;在这第三次流亡期间,他的终身伴侣弃他而去。这个损失击中了这个似乎毫无感情的人的心灵深处。因为这个捉摸不透的人尽管对各党各派各种思想都从不忠诚,态度变化无常,却对他那容貌丑陋的妻子无比温存,忠贞不贰,他是个极为体贴的丈夫,关怀备至的父亲;在枯燥乏味的办公室官僚的面具后面,是一个神经激奋、诡计多端的精神赌徒;同样在危险的不可靠的人物背后,隐藏着一个忠实可信、有市民气的、法国外省的丈夫。一个孤独的人,他只有在最狭小的家庭圈子里才感到安全和舒适。这个狡猾的权术家,只是悄悄地以一种隐蔽的爱情,把他身上深埋着的隐秘的善心和正直奉献给他的生活伴侣。这个女人只是为他而活着,从来不在宫廷庆典、各种宴会和招待会上露面,从不参与他那些危险的赌博。她完全隐藏在他私人生活的无人可以抵达的地底,对政治生涯的仓促慌乱、动荡善变起到保持平衡减轻压力的作用;这根支柱恰好在他最需要帮助的时候倒塌,人们第一次感到这个像石头一样冷漠的人受到真正的震撼,人们第一次从他的信件里听到一种非常温暖、非常真实、非常具有人性的声调。这时他的继任罗维戈公爵干了一件傻事。一个半疯半傻的家伙发动了一次可笑的暴乱,罗维戈公爵竟然乖乖地束手就擒,遭到巴黎全城的耻笑。这事发生后,朋友们催促富歇争取重新执掌警务部,他却拒绝以任何方式重返政界:"我的心对于这些人性的傻事全都紧闭,权力已不再激起我的兴趣,安静在目前情况下不仅对我最为合适,而且也最为必要。公共事务只让我感到混乱喧嚣,危机丛生。"这个聪明人似乎第一次接受痛苦的教训,变得真正聪明起来。这些年野心勃发一直无谓地追名逐利之后,渐入老境的富歇,眼看着和他二十年祸福与共的伴侣在他身边死去,深切感到渴望安静,渴望内心得到休息。他心里对阴谋诡计的一切欲念似乎永远熄灭,攫取权力的意志终于、终于在这个焦躁不宁、急切贪婪的精灵身上完全破灭。

可悲的嘲讽!正当这个平时极不安分的富歇生平第一次也是绝无仅有的一次只求安宁、不要职位之时,他的对手拿破仑却硬把职位强加给他。

拿破仑又一次要富歇为他效力,但并不是出于爱,出于好感,出于信任,而是由于怀疑,由于突然感到不安全。皇帝第一次作为败军之将回到家里。不是率领大军高踞骏马之上,身边旌旗招展,策骑穿过凯旋门进入巴黎,而是黉夜逃回,把皮大衣一直拉到下巴,免得让人认出。他曾经缔造的无比精锐的大军冻死在俄国的大雪之中。他那常胜不败的光圈消逝,朋友们也随之纷纷逃离。帝王们昨天还低三下四地向他弯腰鞠躬,如今面对着这位兵败的皇帝突然难堪地意识到自己的尊严。一个世界站立起来举起刀枪,反抗他们严酷的主人。哥萨克骑兵从俄国飞驰而来,旧日的对手贝纳多特作为敌人从瑞典挺进,他自己的岳父弗兰茨皇帝在波希米亚枕戈待发。备受掠夺和奴役的普鲁士昂然奋起,激情如炽,渴望复仇——无数次轻率发动的战争种下的仇恨的种子,如今从遭到焚烧、备受蹂躏的欧洲土地上发芽,这年秋天将在莱比锡①附近的田地里成熟。这独一无二的统治世界的意志历十年之久建造起来的这座巨大无朋的大厦现在摇摇欲坠;波拿巴家的兄弟被人驱逐,纷纷逃离西班牙、威斯特法伦、荷兰和意大利。现在对拿破仑来说,必须孤注一掷。他以令人惊叹、洞察一切的眼光,以增长十倍的干劲,准备一切,进行最后的决战。凡是还能背上背包或者骑上战马的人,都从法兰西征召入伍,把久经考验的队伍从西班牙、意大利,从各地抽回,来弥补被俄国的隆冬以冰冷的利齿嚼得粉碎的法兰西健儿。成千上万的人在工厂里夜以继日地制造佩刀和大炮,从隐蔽的宝库里取出黄金铸造金币,从杜伊勒里宫的密室里拿出积蓄,各个要塞都准备应战。与此同时各路大军从东西两面迈着沉重的脚步向莱比锡挺进,外交罗网也向四面八方撒开。在团团围住法兰西的铁丝网里不得有一个薄弱的不安全的地段,不得有一个漏洞。每个可能性都要考虑周密,无论是前线还是后方都要得到保障。因为不得像在远征俄国时,第二次让一个傻瓜或者坏蛋来动摇或者扰乱百姓对拿破仑的信任。不安定分子一个也不得留下,危险分子都得受到监视。

这次决战之前,皇帝想到了每一股力量,每一个可能性,每一种可能发生的危险。所以他也想到了一个可能会变得很危险的人,这就是约瑟夫·富歇。可见他没有忘记富歇,只要他自己强大,他就只是蔑视富歇。现在,拿破仑感到不安全,就必须保住自己,任何一个可能的敌人都不得留在他的背后,都不得留在巴黎。既然拿破仑没有把富歇算作他的朋友,他就决定,富歇必须离开巴黎。

当然可以把他逮捕,关进一座城堡,让这个不安分的擅搞阴谋诡计的家伙不能暗中捣鬼,可是这样做又没有站得住的理由。同样也不能让他自由自在,所以最好把这双渴望赌博的手捆在一个职务上,如果可能,捆在一个远离巴黎的职务上。在德累斯顿总司令部,事务纷繁杂沓,战备紧张忙乱之中找一个看上去体面荣耀、同时又保障安全的这样一种职位,竟

---

① 一八一三年十月十六日至十九日在莱比锡附近进行的德意志等各民族争取自由的莱比锡会战。这次战争的失利导致了拿破仑在一八一四年的第一次逊位。

是白费力气,匆忙间不可能迅速找到。但是拿破仑已经急于要把这个惯于暗中捣鬼的家伙支出巴黎。既然找不到给富歇的位置,就给他新设一个,于是人们给他一个设在云雾仙境之中的职位:掌管普鲁士的被占地区。毫无疑问,这是一个美妙的职位,一个体面的、第一流的职位,可惜有一个毛病,它必须和一个"如果"相连,也就是,如果拿破仑征服了普鲁士,富歇才能开始工作。对此,迄今为止的战事还很少让人看出希望,因为布吕歇尔①已经逼向萨克森侧翼,严重威胁皇帝,因此这样一个虚无缥缈的职务其实仅仅是笑话一桩。皇帝在五月十日致奥特朗特公爵的信里写道:"我已让人通知您,我打算一开进普鲁士国王的领土,就让您前来见我,并任命您为这个国家的首脑。关于这件事情,在巴黎不得泄露任何消息。必须给人以这样的印象,仿佛您是要回您的庄园,您实际上已到了这里,人们却以为您在家里。只有皇后知道您出发的消息。我欢迎您不久就有机会重新为我效力,证明您对我的忠诚。"皇帝这样写信给约瑟夫·富歇,正因为他丝毫也不相信富歇的"忠诚"。奥特朗特公爵立刻看出他主人对他怀有最深切的反感,便心怀疑虑、别别扭扭地动身前往德累斯顿。他在回忆录中写道:"我立刻明白,皇帝只是怕我留在巴黎,要把我抓在手里当人质,才把我召到他身边去。"因此,这位未来的普鲁士摄政王并不过于急切地赶到德累斯顿去参加国务会议,因为他知道,人家实际上并不希望他在国内出谋划策,而只是想捆住他的双手。一直到五月二十九日他才到达德累斯顿,皇帝欢迎他时的第一句话便是:"您来迟了,公爵先生。"

不言而喻,在德累斯顿,对于让他掌管普鲁士政府这样一个喜剧性的借口再也只字不提。形势过于严峻,不能再开这样的玩笑。但是现在稳稳当当地把他抓在手里,幸而又另有极妙的位置,可以把他远远地送到事件发生的舞台之外,不像原先那个高悬在云雾仙境之中或在月球之上,而是远离巴黎几百公里之遥:担任伊利里亚的总督。原来管理这个省的是

---

① 盖勃哈特·莱勃雷希特·布吕歇尔(1742—1819),普鲁士陆军元帅,在莱比锡战役和滑铁卢之战都起过重大作用。

拿破仑的老伙伴朱诺将军,此人突然发疯,于是囚禁不服管制的人的牢房就空了出来。皇帝便以几乎不加掩饰的嘲讽把这短命的统治权交给约瑟夫·富歇,富歇和以往一样,不做反抗,驯从地鞠了一躬,表示准备立即动身。

伊利里亚,这名字听上去像是轻歌剧里的地名,事实的确如此,在上次以武力签订的和约里,人们从弗留利、卡林西亚、达尔马提亚、伊斯托里尔和的里雅斯特的残破碎片拼凑出一个多么可怜的国家啊!一个没有统一思想的国家,没有意义和没有目标,以一个小农聚居的外省小城莱巴赫为首府,一个不雌不雄、没有生命力的怪物,是酩酊大醉的统治意志和盲目行事的外交手腕的产物。富歇在那儿只发现积蓄不多的国库,几十个百无聊赖的官员,士兵寥寥无几,民众满腹疑虑,只等着法国人撤走。这个人为的、迅速砌造起来的国家,梁柱已到处朽坏剥落,只要打它几炮,这摇摇欲坠的大厦就必然会应声坍塌。而这几发炮弹,不久就由当岳父的弗兰茨皇帝打向他的女婿拿破仑,伊利里亚的辉煌也就随之结束。富歇领着那几个团的士兵不可能考虑认真反抗,这些团队,大多是克罗地亚人组成的,他们准备枪声一响就投向他们旧日的伙伴。所以富歇从第一天起,其实就只准备撤退。为了巧妙地掩饰撤退,他对外还维持着一位无忧无虑的统治者的豪迈姿态,举行舞会和晚会,白天神气十足地检阅部队,夜里则悄悄地把钱箱和政府文件运往的里雅斯特。他作为主人和统治者的全部成绩只能限于小心谨慎地、一步一步地撤出这个国家,尽可能地减少损失。在这次战略性的撤退过程中,他旧日的镇静自若、迅速出击的坚毅果决又一次表现得极为出色。他只是逐步后退,毫无损失地从莱巴赫撤到哥尔茨,从哥尔茨退到的里雅斯特,从的里雅斯特撤到威尼斯,他几乎无一伤亡地把他的全部官员、钱箱和许多珍贵的资料从他那短命的伊利里亚带了出来。但是失去这个可笑的小省又算得了什么!因为就在这几天拿破仑输掉了这场战争中他进行的重大战役里最重要的一仗,也是最后一仗,即莱比锡各民族大会战,从而也输掉了对世界的统治。

现在富歇完成了他的任务,而且是以无可指摘、无比光荣的方式完成的。现在已经不必再去管理伊利里亚,富歇又觉得自由自在,自然想要回巴黎去。但是这可不是拿破仑的意思。恰好在这时是绝对不能让富歇回巴黎的。这句话拿破仑在德累斯顿说过:"在目前情况下不能让富歇这个人待在巴黎。"在莱比锡会战后更是加倍有效,七八倍有效。无论如何必须把他支开,远远地支开。要抵御兵力五倍于己的优势敌人,皇帝在完成这样一个艰巨任务时,急急忙忙地为这个难缠的家伙想出另外一个使命,可以叫他在整个战事期间无法兴风作浪。让他现在去办点外交,搞点阴谋,千万别让他把贪婪的手指伸向巴黎!于是拿破仑委派他先去那不勒斯(那不勒斯很远)觐见那不勒斯国王缪拉①,拿破仑的这位妹夫关心自己的王国甚于关心帝国。富歇的使命是去提醒他切勿忘记自己的本分,说服他率领自己的军队去增援皇帝。富歇究竟是怎么执行这个任务的,是真想说动拿破仑的这位旧日的骑兵将军效忠皇上还是巩固了此人的叛变之心——这在史册上并无明确记载。反正皇帝的主要目的已经达到,也就是让富歇在阿尔卑斯山的那边呆了四个月,远在一千英里之外,拴在无休无止的谈判之中。正当奥地利人、普鲁士人和英国人齐向巴黎进军之时,富歇却得不断地,实际上毫无意义地在罗马、佛罗伦萨和那不勒斯之间,在卢卡和热那亚之间来回奔忙,又在一件无法解决的任务上浪费他的时间和精力。因为就是在这儿,奥地利人也不可阻挡地向前挺进。继伊利里亚之后,第二个分给富歇管理的国家意大利也随之沦亡。最后,到三月初,拿破仑皇帝已经没有其他国家可以再派这个讨厌的家伙去管理了,此外在法国本土,皇帝的禁令和命令也全都失效。于是约瑟夫·富歇在三月十一日越过阿尔卑斯山回到故乡,由于皇帝天才的预见,有四个月之久无可挽回地被阻止在外,不能从事任何政治阴谋。等他终于挣断锁链,恰好整整晚了四天。

富歇在里昂听说,三位皇帝②的部队正直指巴黎。不出几天,拿破仑就要被推翻,一个新政府就要建立起来。不言而喻,富歇野心勃勃,焦躁

---

① 约阿西姆·缪拉(1767—1815),拿破仑手下骑兵将军,后封元帅,娶拿破仑最小的妹妹卡罗琳为妻,当上那不勒斯国王,拿破仑兵败后,缪拉被俘处死。
② 指奥地利皇帝、俄国沙皇和普鲁士国王。

不耐,只想"d'avoir la main dans la pâte"①,分得最大的一杯羹。但是由于部队向前推进,通向巴黎的捷径已经堵住,他不得不绕道图卢兹和利摩日。最后,他的驿车在四月八日驰入巴黎,他一眼就看出,他来迟了。谁来迟了,谁就倒霉。拿破仑又一次以出类拔萃的远见卓识把他摒除在外,不让他有一点浑水摸鱼的机会,以报复他干过的一切阴谋和诡计。现在巴黎已经投降,拿破仑已经废黜,路易十八当了国王,在塔列朗的领导下,新政府已经组成。这个该死的瘸子及时到场,立即倒戈易帜,比富歇更为迅速。俄国沙皇驻跸在塔列朗的府邸,新任国王对他恩宠有加,不断证明对他信任,他随心所欲地把所有的大臣职位全都分配完毕,卑鄙无耻地一个也没留给奥特朗特公爵。而这期间,奥特朗特公爵毫无意义地在管理伊利里亚,在意大利到处进行外交活动。没有人等他,没有人关心他,没有人想从他那里得到什么,没有人希望得到他的忠告和帮助。约瑟夫·富歇一生多次落魄,现在又成了一个彻底完蛋的家伙。

他久久不愿相信,大家会这样漠不关心地让他倒地不起。他可是拿破仑最大的对头啊。他公开地或者秘密地毛遂自荐:人们看见他出现在塔列朗的前厅里,在国王的御弟处,在英国公使馆,在参议院的会议厅里,到处都看见他。可是没有一个人理会他。他连连写信,一封寄给拿破仑,劝他到美国去,同时又把此信的抄件寄给路易十八国王,向他谄媚。但是他没有收到任何回信,他向各部提出书面申请,希望获得一个体面的职位——大家都客气地、冷冷地接待他,就是不提拔他。他求太太们引见,求旧日的被保护人推荐,但是纯属徒劳。他犯下了政治上最最不可原谅的错误:他来得太晚了。所有的位子全都被占,没有一个显贵想到自觉自愿地站起身来,出于友好情谊,把自己的位子让给奥特朗特公爵。于是这位野心勃勃的家伙无路可走,只好再一次收拾行李,回到费里埃他的府邸里去。他的夫人已经去世,他现在只有一个帮手,这就是时间。迄今为止时间一直帮助他,这一次也会帮助他。

果然如此,时间这次又帮了他的忙。不久富歇就感觉到,空气里又有

---

① 法文:把手伸进面团。此处意为"插手"。

了火药味。倘若耳朵灵敏,即使在费里埃也听得见,一个宝座咯吱咯吱作响。新的国君路易十八连犯错误。他很想忽视革命,很想忘记,经过二十年市民阶级掌权,法兰西是不愿意又向二十个显贵家族弯腰鞠躬的。这位国君此外又轻视了军官们和将军们的全部危险性,他们的薪俸降低一半,对于这位饭桶国王的无耻吝啬,怨声载道,极为不满。不错,倘若拿破仑东山再起,那就立刻又有一场漂亮的出色的战争。那么又可以立即重新出征,去掠夺外国,飞黄腾达,牢牢地控制形势!形迹可疑的信使已经奔忙于各个军营之间,军中已渐渐酝酿一场叛乱。富歇从来没有和他首创的警察完全断绝联系。此时听到一些消息,脑子便活跃起来。他暗自好笑:这位善良的国王若叫奥特朗特公爵当了警务大臣,自会听到各式各样的消息。可是何必去警告这些宫廷佞臣?迄今为止,始终是颠覆活动,风向突变,使富歇扶摇直上。因此他保持平静,韬光养晦,不动声色,屏住呼吸,犹如一个临战的拳击手。

一八一五年三月五日,一个信使像狂风似的冲进杜伊勒里宫,带来令人瞠目结舌的消息,拿破仑逃离厄尔巴岛,带领六百人于三月一日在弗雷居斯登陆。国王的廷臣们接到这个消息微微发笑,一脸鄙夷的神气。当然,他们一直在说,人们大肆吹嘘的这个拿破仑·波拿巴,神经不太正常。带领六百人——parbleu①!真叫人好笑!——这个傻瓜就想打败国王陛下,陛下背后可是站着整个大军和整个欧洲啊!所以千万不要惊慌,不要担忧——派几个宪兵就可以把这个微不足道的冒险家给制服了。拿破仑的老战友内伊元帅②奉命去逮捕他。这位元帅向国王夸下海口,答应不仅把这个捣蛋鬼抓住,甚至还要把他"装在铁笼子里在全国各地示众"。路易十八和他可靠的臣子泰然自若地在巴黎兜风,显得无忧无虑,至少在最初八天是如此。《箴言报》不断以轻松的口气报道整个事件。可是不久令人不快的消息越来越多。拿破仑所向披靡,派去阻截的每一团军队,

---

① 法文:天晓得。
② 米歇尔·内伊(1769—1815),拿破仑手下元帅,骁勇善战,屡建功勋。

非但没有阻住他的去路,反而增强了他起先人数甚少的兵力,同一个内伊元帅,原来说要把他抓住,装进铁笼子游街,却公然投向他旧日的主人。拿破仑已经开进格勒诺布尔,已到里昂——再过一个礼拜,他的预言就要实现,皇帝的兀鹰将憩息在巴黎圣母院的钟楼之上。

现在国王的宫廷里可是人心慌乱、惊恐万状了,怎么办?用什么堤岸去阻止这一雪崩?国王和他的顶着伯爵、侯爵称号的顾问们认识到,与人民疏远,人为地想要忘记在一七九二年至一八一五年之间,在法国曾经存在过一个叫作革命的东西,是多么愚蠢,可惜他们认识得太晚了。所以现在赶快去讨人民的欢心!想方设法,要让愚蠢的百姓看到,国王还是真爱他们,尊重他们的愿望和权利的,要迅速以共和国的方式、民主的方式执政!——皇帝们和国王们总是在为时已晚的时候才乐于发现自己身上有颗民主的心。但是,怎么才能赢得共和主义者呢?非常简单,把他们当中的一个,随便哪一个真正的激进分子找来当部长,他就立刻能给百合花旗①加上红色的修饰!可是哪儿可以找到这么一个人呢?他们想了半天,突然想到了一个叫约瑟夫·富歇的人。几天前他还在各部的前厅里要求晋见,并且没完没了地给国王和大臣们提出各种建议。不错,这是个合适的人选,只有他,在任何时候,都可以找来派各种用场——那就赶快把他重新起用!每当一个政府陷入困境,不论是督政府、执政府、帝国政府,还是王国政府,每当人们需要一个合适的中间人,一个善搞平衡、建立秩序的人时,就会想到这个打着红旗的人,想到这个性格最不可靠,可又是最可靠的权术家,想到约瑟夫·富歇。

于是奥特朗特公爵踌躇满志,这一批伯爵、侯爵几周之前还对他相当冷淡,冷冷地把他打发开去,现在却是毕恭毕敬,态度恳切地找上门来,请他出任大臣,简直是把大臣的大权柄硬塞到他的手里。但是这位前任警务大臣非常熟悉真正的政治形势,不会在这最后关头还去为波旁王室纠缠不清。他感觉到,他们这样急切地向他求医,想必病人已到弥留之际。因此他就找出各式各样的借口,婉言谢绝,并且温和地暗示,其实早一点

---

① 波旁王朝的旗帜。

找他或许有救。但是拿破仑的军队逼得越近,宫廷里的荣誉感就消失得越多。他们越来越急切地请求富歇,催逼富歇,出来领导政府,甚至路易十八的御弟也请求和他秘密会晤。但是这一次富歇可是坚定不移——并不是出于性格上的信念,而是因为他对于死鱼烂虾不感兴趣,觉得坐在路易十八和拿破仑之间的秋千上晃来晃去非常惬意。他安慰国王的御弟,现在已经为时太晚,国王陛下快请前往安全地带,整个拿破仑的冒险行径不会持续太久,他将在这期间竭尽全力,来反对这个皇帝。但愿他们能信任他。这样他就暗暗讨好,倘若波旁王室不败,他也可以充作他们的助手。另一方面,倘若拿破仑获胜,他就可以骄傲地自诩,曾拒绝了波旁家提出的建议。这种屡试不爽的两头保险的办法他已用过多次,这次他自然又试图重新采用,同时充作皇帝和国王这两个主人的忠仆。

不过这次还得闹得更欢快些——在富歇的生活中,恰巧在决定命运的转折关头,悲剧性的场面总会转变成喜剧。这时,波旁王室也已经向拿破仑学到了一点东西,那就是在危险时刻,像富歇这样的人永远不能让他待在背后。于是在国王出奔前三天,正当拿破仑逼近巴黎时,警察奉命立即把富歇当作可疑分子予以逮捕,把他送出巴黎,因为他拒绝出任国王的大臣。

执行这道令人不快的逮捕令的任务落在现任警务大臣身上——历史真喜欢搞些别开生面的意外事件——这位大臣名叫布里埃内①。他是拿破仑青年时代最亲密的朋友,军校的同学,出征埃及时的战友,长年的秘书,认识拿破仑所有的心腹,也深知富歇。所以当国王命令他逮捕奥特朗特公爵富歇时,他有些吃惊。他于是斗胆提出,此举是否真的合适。国王坚决地重申这道命令,布里埃内再次摇头:这事不会那么容易。他知道,这条老黑鱼,闯过各式各样的渔网和闸门,是不会让人家在青天白日用一个绳套就给套住的;要想进行这样一种捕捉人鱼的工作,需要更多的时间,还要相当巧妙。要办就办吧,他发出了命令。果然在一八一五年三月

---

① 路易-安托万·福弗莱·德·布里埃内(1769—1834),拿破仑在军校时的同学,后任他的秘书、参谋,因滥用职权被解职。拿破仑兵败后,为波旁王朝效劳,任警务大臣。

十六日上午十一点,警察在大马路上包围了奥特朗特公爵的马车,根据布里埃内的命令,宣布把他逮捕。富歇从不失态,轻蔑地微微一笑:"一位前任参议员是不能在大街上逮捕的。"在他手下长期当差的这些特务大吃一惊,他们还没有缓过劲来,富歇已经大叫车夫使劲打马——这辆豪华马车便驰回他的寓所。这些警察张口结舌愣在那里,把驰走的马车扬起的灰尘吞了下去。布里埃内说得有理:此人曾经安然无恙地逃脱罗伯斯庇尔、国民公会和拿破仑之手,要抓住他可不是那么容易。

等到受到愚弄的警察向他们的大臣报告,富歇已从他们手里溜走,布里埃内立即加强措施,现在可是事关他的威信,他可不能让人家这样跟他开玩笑。他立即下令把切卢蒂大街上的这幢房子团团围住守住大门——一支强大的武装警察登上阶梯去抓这名逃犯。可是富歇给他还准备了第二个玩笑,是那种绝妙的、匪夷所思的把戏,几乎总是在最为困难最为紧张的情况下,他玩这种把戏才能取得成功。人们常常看到,恰好置身危险之中,他会心血来潮,想开开玩笑,疯狂地把别人耍弄一番。这个诡计多端故弄玄虚的家伙便非常客气地接待这些想要逮捕他的警官,审阅了逮捕令。不错,这道命令有效。不言而喻,他并不想违抗国王陛下的这道谕旨。先生们先请在这客厅里稍坐,他只有几件小事还要料理一下,然后他就马上跟他们走。富歇这样极其客气地说完之后就走进隔壁房间。其他的人则恭恭敬敬地等他梳妆打扮完毕——话说到底,总不能把一位参议员,一位前任大臣和显贵像个扒手似的紧紧抓住他的袖子,或者给他戴上手铐。他们毕恭毕敬地等着,等了好一会儿,直到他们觉得时间长得有些可疑,他还一直没有回来,这时他们才走进隔壁房间,发现富歇已从他们手里溜走——在政治动乱之际的一场真正的喜剧场景。这位五十六岁的半老头子正像当时还没有发明的电影里拍摄出来的那样,在花园的墙上架了一张梯子,正当警察们恭恭敬敬地客厅里等候的时候,他却以一种在他的年龄令人惊讶的矫健身手,爬到隔壁俄当斯王后①的花园里,从那里

---

① 拿破仑的前妻约瑟芬皇后的女儿,拿破仑的义女,后来嫁给拿破仑的弟弟,荷兰国王路易·波拿巴,所以叫俄当斯王后,她的儿子便是日后的拿破仑三世。

逃之夭夭。晚上整个巴黎都把这个成功的玩笑传为笑谈。当然这样一个玩笑也不可能持续很久——奥特朗特公爵是全城皆知的人物,他也不可能长期躲了起来。但是富歇这次又算得非常准确,也就是这一次只在乎能否赢得几个钟头,因为现在国王和他的亲信已经不得不忙于出逃,别让自己被向前挺进的拿破仑的骑兵抓住。杜伊勒里宫人们正手忙脚乱地收拾着行李,路易十八的一道怒气冲冲的逮捕令,什么目的也没有达到,只给富歇提供了一份证明他对皇帝(从来也不存在的)矢志效忠的证据,当然拿破仑并不会相信这种忠诚。但是当他听到这位政治上的艺术家的成功把戏时,禁不住哈哈大笑,气恼地以赞叹的口气说道:"Il est décidément plus malin qu'eux tous！"①

---

① 法文:他真是所有的人当中最狡猾的一个。

148

八　和拿破仑的最后斗争

一八一五年

一八一五年三月十九日,午夜时分,——宽阔的广场一片昏暗,阒无人迹,十二辆马车驶进杜伊勒里宫的庭院,一个不显眼的侧门打开,走出一个仆人,手里高擎着火把。在他身后是一个身躯肥胖嘶嘶哮喘的男人,这就是路易十八,他一左一右由两个忠实的贵族搀扶着,艰难地拖着脚步。这位年老体弱的国王,过了十五年流亡生涯,刚刚回归故里不久,又不得不连夜悄悄地逃亡国外,在场的人见到这番景象,不由得产生同情之心。大家把这个因为病弱而失去尊严,由于悲剧命运而令人震撼的老人抬进马车时,大多数人都屈膝跪下,然后马儿一拉,马车启动,其余各车随即跟上,有几分钟之久,那护送国王的近卫军马队在坚硬的鹅卵石上踩得嗒嗒直响,然后那宽阔的王宫广场又没入黑夜,一片沉寂,直到晨曦初露。这就是三月二十日的清晨,从厄尔巴岛回来的拿破仑皇帝的一百天中的第一个清晨。

首先是生性好奇的人悄悄地溜过来,用颤抖的贪婪的鼻翼围着皇宫到处乱嗅,看那像受惊的野兽似的国王是否害怕皇帝已经逃走:商人、无所事事的家伙、散步者。根据不同的性格和思想,有的忧心忡忡,有的欢天喜地,他们互相悄声耳语,传递消息。十点钟,密密麻麻的拥挤不堪的人群已经拥来。历来总是人多壮胆,便有人首先响亮地叫出:"Vive l'Empereur!"①"Abas le

---

① 法文:皇帝万岁!

Roi！"①紧接着骑兵突然驰来，这是在国王统治时期薪俸减半的军官。他们又感觉到，随着这位善战皇帝的归来，又要掀起战端，有事可做，可拿全额薪俸，获得荣誉团勋章，可以飞黄腾达。他们欢呼鼓噪，在埃克塞尔曼斯②的指挥下，毫无阻挡地占领了杜伊勒里宫（由于政权更迭进行得如此顺利，不流鲜血，交易所里的证券指数立刻攀升几点），中午，一枪不发，三色旗又飘扬在这座古老的皇宫顶上。

上百个帝制的获利者，皇帝宫廷的"忠臣"，已经前来报到，他们是宫女、仆役、御膳总管、御厨、旧日的国务顾问和典礼官，一切在白色百合花旗下不许服役也无法挣钱的人、拿破仑从革命的废墟里一手提拔到宫廷里来的全体新贵。将军们，军官们，贵妇们，大家全都身穿礼服。又看见钻石、宝剑、勋章闪闪发光，房间一一打开，准备迎接新的主人，赶快把国王的徽章搬走——在椅子的绸套子上，闪烁着拿破仑的蜜蜂而不再是国王的百合花。人人都急得浑身哆嗦，只希望到得及时，从一开头就被皇帝视为"忠臣"。这时已是夜幕低垂，就像举行舞会和盛大的招待会，身穿号衣的仆人点燃了所有的枝形吊灯和蜡烛，重新又变成皇帝宫殿的杜伊勒里宫的窗户灯火通明，一直远远地照到凯旋门，吸引无数好奇的民众前来杜伊勒里宫的花园。

到晚上九点终于有一辆马车风驰电掣般开来，左右前后都有各个级别和各种头衔的骑兵护卫、随行，热情洋溢地挥舞他们的佩刀（他们不久就需要这把佩刀来对抗全欧洲各路大军！）。拥挤地聚集在一起的民众发出一声欢呼："Vive l'Empereur！"犹如一枚炸弹爆炸，在四周远处的玻璃窗上激起回响。热情洋溢的民众像一股汹涌澎湃的怒潮，冲向马车，士兵们只好用佩刀的刀尖抵御这热情的冲击，保卫皇帝的生命安全。接着士兵们自己举起皇帝，抬着这个神明，这伟大的战神，满怀敬畏之情，在震

---

① 法文：打倒国王。
② 雷米·约瑟夫·伊希多尔·埃克塞尔曼斯（1775—1852），自一七九一年起自愿参加革命队伍，任缪拉的副官，几乎参加拿破仑所有的战争，复辟时投靠波旁王室，拿破仑逃离厄尔巴岛后又立即投向拿破仑。一八一六年流亡国外，一八二三年获赦，在路易·菲利普和拿破仑第三手下发迹，一八五一年晋升为法兰西元帅。

耳欲聋的欢呼喧闹声中登上阶梯，走进那古老的宫殿。二十天前拿破仑作为流放者离开厄尔巴岛，现在他被抬在士兵的肩上，双目紧闭，感到无比幸福，唇边浮现一抹奇怪的几乎像梦游似的微笑，又坐到法兰西的宝座之上。这是拿破仑·波拿巴的最后一次凯旋。他最后一次经历了如此难以想象的腾飞，这样一种从底层直达权力顶峰的梦幻般的飞升，最后一次他的耳边喧响着心爱的"皇帝万岁"的欢呼，如大海翻腾的轰鸣，一分钟，十分钟，他紧闭双眼，满心惊奇地享受着这权力的令人陶醉的魔汤。然后他下令关上宫门，撤走军官，召见大臣，开始工作。皇帝得捍卫命运给他的馈赠。

大厅里挤得满满的，都在等待重返家园的皇帝，但是第一眼就使他失望：对他矢志效忠的并非最优秀、最聪明、最重要的人物，他满眼只见宫廷廷臣和彬彬有礼的人们，渴望获得职位和好奇心切的人——制服很多，头脑很少。所有的大元帅，他平步青云的真正伙伴，几乎全都缺席，也没打个招呼：他们都待在自己的府邸里，或者倒向国王，最佳的状况是保持中立，大多数人甚至成了敌人。大臣当中最有头脑、最为机敏的塔列朗没来。在新封的国王当中，他自己的兄弟，自己的妹妹，尤其是自己的妻子和自己的儿子缺席。在人群中他看见许多谋求职位的人，很少看到值得提拔的人。成千上万人的欢呼声还使他的血液沸腾，而高瞻远瞩的精神已经在胜利之中开始感觉到最初的危险的战栗。可是突然间在前厅里传来一阵嗡嗡低语，既惊讶又欢快，声音越来越响，身穿军装和刺绣燕尾服的人群毕恭毕敬地让开一条路来，一辆马车驰到门前，从车上走下奥特朗特公爵，瘦削，憔悴，众人熟悉的身影——他来了——虽然晚了一些，但并没有等待观望，他表示愿意效劳，但不像渺小的廷臣那样急切。他脚步缓慢，神情漠然，目光冷漠，不动声色，捉摸不透，他大步走过敞开的人巷，也不向人致谢。恰好是这种人们熟悉的自然而然的安详沉稳激起了人们的热情。"给奥特朗特公爵让路！"仆人们叫道。比较熟悉他的人换种方法重复叫道："给富歇让路，他是皇上现在最需要的人！"皇帝还没来得及做出决定，群众的舆论已经选中了他，确定了他，推举了他。他不是前来求职，而是代表一种势力，显得神气活现，气概非凡。果然，拿破仑没有让他等待，而是立刻下令召见他大臣中资历最老的一个，和他敌人中最忠诚的一名。关于这次谈话，就像那第一次的谈话一样的鲜为人知，那时富歇帮助那位从埃及逃回的将军上台，变成执政，与之结盟，既表示忠诚又并不尽忠。但是等富歇一小时后从房里出来，他又成了拿破仑的大臣，第三次就任警务大臣。

《箴言报》宣布任命奥特朗特公爵为拿破仑的大臣。但是字迹未干，这君臣二人全都暗自后悔又和对方大打交道。富歇深感失望：他抱有更大的奢望。一个小小的警务大臣的职位早已不能满足他那暗暗地在熊熊燃烧的野心。一七九六年对于那个饿得半死、遭人唾弃、被人轻视的前雅各宾党人约瑟夫·富歇来说，这样的任命还算是给以生路表示赞许；到一八一五年，对于家私百万、颇有名望的奥特朗特公爵来说，这简直是个卑微寒碜的闲职。由于声望日隆，也就日益自负。只有宏伟的世界赌局，才刺激他，那令人激动的欧洲外交的赌博，整个欧洲大陆作为赌台，各国的命运作为赌注。十年之久，惟一和他旗鼓相当的塔列朗拦了他的路，如今，这个最危险的竞争对象反抗拿破仑，正在维也纳纠集全欧洲的军事力量共同反对皇帝。富歇便以为，他是惟一有能力要求主管外交部的人选，但是拿破仑怀疑他（这也不无道理），拒绝把这个最重要的部交到他的这只灵巧的，由于过于灵巧，因而极不可靠的手里。只有警务部他勉勉强强地交给了富歇；他知道，必须扔点权力给这野心勃勃的危险家伙，免得他拼命乱咬。但是即使在这狭小的部门里，他也安插了一个特务，暗中监督这个不可靠的人，他任命富歇的死敌，罗维戈公爵担任宪兵头子。于是在他们重新结盟的第一天，老戏又重新开场：拿破仑在他的警务大臣背后布置了他自己的警察，富歇则另搞一套，背着皇帝，推行自己的政策。两人互相欺骗，可是打的都是明牌。又得一决高下，看天长日久谁占上风。是更强有力的人，还是更加机敏的人，是热血，还是冷血。

富歇不情不愿地接受了警务部，但他还是接受了。这个出类拔萃、激情如炽的精神赌徒，有一个可悲的缺点：在这场世界赌博中，他不能闲待在一边，哪怕一小时也不能只充当旁观者。他必须一刻不停地手里有牌，打出王牌，洗牌，偷牌，押上加倍的赌注，用王牌赢牌。他必须强迫自己老是坐在一张赌桌旁——不管那是什么桌子。管它是国王的,皇帝的,还是共和国的;只要在场,只要"avoir la main dans la pâte",管它是什么粥,只要当上大臣就行,管它是右派的,左派的,皇帝的,还是国王的政府,只要能啃上权力的骨头就行。他永远不会有道德和伦理的力量,永远不会有心智的聪明或者足够的傲气,拒绝接受别人扔给他的残羹剩饭似的那点权力。人家给他的什么职务,他总是一概接受,无论是人还是事业对他都一文不值——赌博就是一切。

拿破仑也同样不情不愿地接受富歇为他效力。他认识这个背后捣鬼的家伙已经十年,知道他不会为任何人出力,总是只听从他自己的赌兴。他知道此人会让他像只死猫的尸体似的倒下,在最危险的关头会把他抛弃,就像从前抛弃和背叛吉伦特派人、恐怖分子、罗伯斯庇尔、热月分子,抛弃他的救命恩人巴拉斯、督政府、共和国和执政府那样。但是拿破仑需要他或者自以为需要他——正如拿破仑以他的天才吸引富歇,富歇也因为有用而一再吸引拿破仑。拒他于千里之外,可是极端危险,即便是拿破仑也不敢在这样一个动荡不宁的时刻使富歇变成敌人。两害相权取其轻。拿破仑便使用他,用权力和职务分散他的注意力,听任他并不忠实地为自己效力。拿破仑这个败兵之将后来在圣赫勒拿岛上想起富歇时说道:"只有从叛徒那里我才听到真实情况。"在拿破仑极端恼怒的时候,他心里还对这个梅菲斯特式的人物的极不寻常的能力产生敬意,因为天才最不能容忍的乃是平庸。明知受到欺骗,拿破仑也觉得富歇还是理解他的。于是他就像一个渴极欲死的人,明知水里有毒也伸手去取,他宁可让这个聪明而不可靠的人充当他的仆人,也不要忠实无能之辈。十年激烈的敌意往往比不冷不热的友谊,更为神秘地把人们连在一起。

十年之久,甚至更久,富歇为拿破仑,大臣为主公,干才为天才效劳,十年之久,富歇始终屈居人下。一八一五年的最后一战,事实上从一开始,拿破仑就比较虚弱,他又一次,最后一次体验荣誉的陶醉,命运似乎用雄鹰的翅膀出乎意料地把他从陌生的小岛带到皇帝的宝座之上。派去堵截他的团队具有百倍的优势,一看见他的大衣就丢弃武器。这个遭到流放的人,率六百人出兵,二十天内却率领一支大军冲向巴黎,耳际成千上万民众欢声雷动,他又一次睡在法兰西历代国王的卧床之上。可是过几天醒来时又是一番什么滋味,奇妙的幻梦在冷静的现实面前多么迅速地褪色!他又变成了皇帝,但只是名义上的皇帝而已,因为从前跪倒在他脚下的世界,已经不再承认它的主人。他接二连三地写出信件,发表文告,做出热情洋溢的和平保证,但人们耸耸肩膀,付之一笑,甚至都不屑于搭理。派往皇帝①、各国国王和君主处的信使,就像偷运违禁物品的走私犯,在边境就被截获,毫无顾忌地遭到冷遇。仅仅只有一封信经过曲折的道路送到维也纳,梅特涅也不打开,就把它扔在谈判桌上。拿破仑四周已空无一人,旧日的朋友和伙伴已随风四下飘零,贝尔蒂埃②,布里埃内,缪拉,欧仁·博阿尔内③,贝纳多特,奥热罗④,塔列朗,他们待在他们拥有的庄园里或者追随他的敌人。他想自欺欺人,但是徒劳。他下令把皇后和罗马王的寝宫富丽堂皇地装饰起来,就仿佛他们明天就要回到他的身边;但实际上玛丽亚·路易丝正和她的风流挚友奈伯格⑤调情,而他的儿子正在美泉宫里玩奥地利的铅制士兵,受到弗兰茨皇帝的严密监护。便是他自己的国家也不再承认三色旗。南方西方频频起义,农民们对于没完没了的征召新兵已忍无可忍,把那些又想征收他们马匹去拉大炮的宪兵统统打死。在墙上贴着讽刺的招贴,用拿破仑的名义宣称:"第一款,每年只需向朕提供三十万炮灰,祭祀战神;第二款,必要时朕将把这数字增加到三百万;第三款,所有这些祭品都将通过驿站寄往大屠宰场。"毫无疑问,全世界都要和平,这个不请自归的家伙倘若不能保证和平,一切头脑清醒的人都会让他滚蛋。命运真是悲惨!现在这位军人皇帝第一次真的想为自己也为全世界求得和平时——前提是,人家让他掌权——全世界已不再相信他了。正直的市民担心他们的股息下跌,不像那些领取半

---

① 指奥地利皇帝。
② 路易·亚历山大·贝尔蒂埃(1753—1815),拿破仑的军校同学,远征意大利时拿破仑的参谋长,一八一四年投向路易十八,百日期间逃往德国。
③ 欧仁·博阿尔内(1781—1824),拿破仑前妻约瑟芬之子,拿破仑的义子,出色的统帅。
④ 皮埃尔·弗朗索瓦·查理·奥热罗(1757—1816),拿破仑手下的元帅。
⑤ 亚当·阿达贝尔特·封·奈伯格(1775—1829),奥地利将军,外交家,奉命照顾拿破仑的后妻玛丽亚·路易丝,后与之结婚。

额薪俸的军官和职业的斗鸡者那样兴高采烈,对于这些人来说,和平只意味着他们的生意受到打扰。拿破仑刚被迫给予市民选举权,他们就反手给他一记耳光,恰好把他十五年来强暴迫害、不予重用的人选了出来。他们选举那些一七九二年的革命者拉斐特和朗瑞奈①。他在法国没有一个同盟者,很少有真正的追随者。他没有一个人可以推心置腹地交谈。皇帝情绪恶劣,神情恍惚地在空旷的宫殿里乱走。他的神经和他的活力已经衰退,他有时失控,大喊大叫,有时神情呆木,昏昏欲睡。他常常在青天白日躺下睡觉。一种内心的疲劳,不是来自肉体,而是来自心灵的疲劳,以铅一样沉重的大棒把他打倒几个小时。有一次卡诺在内室里发现他眼里噙着泪水,呆呆地注视着他儿子罗马王的画像。他的亲近的人听见他抱怨,他的吉星已离他而去,那内心的磁铁不知怎的已经感到,成功的顶峰已经越过,因而他意志的指针在两极之间不安地颤动着,摇摆着。这个习惯于胜利的人终于勉强出发奔向战场,不抱真正的希望,准备接受任何和解,但是胜利女神是永远不会漂浮在一个屈辱地低垂下去的头上的。

就这样,拿破仑在一八一五年是以向命运借贷为生,看上去依然是主人,依然是皇帝,其实只不过披着一件权力的影子衣裳。可是他身边的富歇,在那几年正好精力充溢丰满。他的理性坚如钢铁锋芒犀利,始终藏在诡计的剑鞘之中,不像那旋转不已的激情消耗得那样厉害。富歇的机敏灵巧,善搞阴谋,柔韧圆滑,大胆无畏,在这介乎帝国兴衰存亡的百日期间,表现得淋漓尽致。众人充满期待的目光并不是投向拿破仑而是投向富歇,把他视为救星。各派势力——奇妙无比的现象——赋予这位大臣比给予皇帝本人更多的信任。路易十八、共和党人、保王党人、伦敦、维也纳,大家都把富歇看作惟一可以真正谈判的对手,他那精于算计、冷静平稳的理性比拿破仑闪烁不定、在迷乱的风中上下跳动不甚可靠的天才给

---

① 让·德尼·朗瑞奈(1753—1827),律师、教授、国民公会议员,及公安委员会成员,吉伦特派人、雅各宾党人掌权后又任公安委员会成员,雾月十八政变后任参议院议员,后反对拿破仑的独裁专制,路易十八执政后,任贵族院议员,拥护君主立宪制,著名的语言学家和东方学家。

予精疲力竭、渴望和平的世界以更多的信心。那些拒绝给予"波拿巴将军"以皇帝称号的人,全都尊重富歇的个人信用。法兰西帝国的国家信使在国境线上被毫无顾忌地截获,投入监狱。同样的国境线遇到奥特朗特公爵的密使,就像被有魔力的钥匙一碰全都打开。威灵顿、梅特涅、塔列朗、奥尔良、沙皇和各国王,大家全都乐于接见他的密使,对来使优礼有加。一下子,这个一向欺骗众人的人被公认为这场世界赌局中最可靠的赌客。他只消动动指头,他的意志便得以实现。旺代省暴乱,一场血腥的战斗即将爆发——但是富歇只消派名使者过去就够了,只谈判一次,他就阻止了这场内战。他坦诚地算了笔账:"现在何必还牺牲法国人的鲜血?再过几个月,若不是皇帝获胜就是皇帝败北,为什么还为大概会不战而获的东西战斗呢?放下武器,静观其变!"保王党的将军们,为这番毫不多愁善感的冷静阐述所说服,立即签订了预期的协定。国内外所有的人首先找富歇,议会通过任何决议他都有份——拿破仑只好无可奈何地眼看着他的仆人在他想要出击的任何地方为他掣肘,这个仆人在国内引导选举来反对他,用一个有共和思想的议会来阻止他那专制独裁的意志。他这时想要摆脱这个仆人,可是徒劳,独断专行的时代已经过去,不能再把奥特朗特公爵像个碍手碍脚的仆人那样用几百万法郎送去养老。现在与其说是皇帝可以把奥特朗特公爵赶下大臣的交椅,不如说大臣更能把皇帝推下宝座。

  这几个礼拜推行的任性随意可又深思熟虑,含糊其辞却又清楚明确的政策在世界外交里属于最完美的时期。即使他个人的对头,有理想主义思想的拉马丁[①]对于富歇的马基雅弗利式的天才也不得不表示赞许:"必须承认,"他写道,"他(即富歇)在他的角色里表现出了罕见的勇气和精力充沛的大无畏精神。他的所作所为使他每天都有送命的危险,只要拿破仑一时感到羞耻或者怒气勃发,他的脑袋就可能掉下。在国民公会时期活跃的人当中,只有他一个锐气还没有消磨尽净,胆量依然不减当年。富歇一方面夹在重新滋生的专制暴政和想要奋起的自由之间,另

[①] 阿方斯·德·拉马丁(1790—1869),法国诗人,政治家。

拉马丁

一方面夹在为个人利益而牺牲祖国的拿破仑和不愿为了某个个人而让人宰杀的法兰西之间,处境险恶,他在这当中进行大胆的游戏,吓唬皇帝,讨好共和党人,安慰法兰西,向欧洲招手致意,冲着路易十八微笑,和各国宫廷进行谈判,通过各种姿势与塔列朗先生互通消息。通过他的态度使一切都悬而未决——一个多种面目,极为艰难,既卑下又崇高,但是非常了不起的角色,历史至今还没有予以应有的注意。这个角色,没有心灵的高洁,但不无爱国之心,不无英雄气概,在这个角色里,一个臣仆把自己置于他的主公的高度,一个大臣凌驾于他的君王之上。在帝国、复辟和自由之间充当裁判,但是靠两面手法充当裁判。历史在谴责富歇的同时,将不得不承认在这百日期间他的态度大胆果断,处理党派问题态度优越,阴谋诡计搞得超群出众,倘若也有没有人格尊严、没有美德的真正政治家存在的话,这些特点将使富歇跻身于这个世纪的第一流政治家之列。"

　　诗人,政治家,同时代人拉马丁从还有余响的气氛中直接做出这样洞察一切的判断。五十年后,一千万死者已经腐烂,伤残将士均已埋葬,遭到蹂躏的欧洲早已修复,这时谈起拿破仑的传说来,人们对富歇的评价自然会更加严峻,更不公平。每一种英雄传说,总是历史的一种精神后方,它和任何后方一样,自己未能亲身经历的美德非常轻巧地要求别人全都做到:漫无限制地牺牲人的生命,毫无保留地也献身于英雄主义的疯狂,让别人英勇就义,让别人表示无谓的忠诚。拿破仑的传说推行非好即坏的技巧,必然只认识它主人公的"忠臣义士"和出卖它主人公的"叛徒贼子",对第一位拿破仑和日后那位恺撒似的疯狂的拿破仑之间不加区分。那第一位拿破仑,是那位凭着聪明和干劲又把和平和秩序还给他国家的那位执政,而日后的拿破仑则迷恋打仗,为了满足个人的权力欲,一而再地把世界毫无顾忌地拽进谋杀生灵的冒险行为之中。他曾经对梅特涅说过一句帖木儿①的话:"像我这样的一个人,对于一百万人的性命完全嗤之以鼻。"法国每一个头脑健全的人想对这个像妖魔附体、盲目地冲向自

---

① 帖木儿(1336—1405),帖木儿帝国的创立者,以其野蛮的征服著称。

己毁灭的人的疯狂野心稍加抑制,不愿和他风雨同舟,不愿像狗像奴隶似的拴在他的战车之上。塔列朗、布里埃内、缪拉,这些人全被这种拿破仑传说以但丁式的震怒打入它的地狱之中,尤其是富歇对它来说,更是叛徒中最大的叛徒,是 Advocatus diaboli①,依照它的描述,富歇在一八一五年又一次入主警务部,惟一的目的就是为了挨近皇帝,在适当的时候插上一刀,他事先早已卖身给路易十八和欧洲列强。据说他在三月二十日国王出奔时派人带话给保王党:"诸位只要拯救国王好了,我来拯救王国。"据说他在就职大臣的那天,告诉他的桑丘·潘沙②:"我的首要职责乃是破坏皇帝的一切计划。不出三个月我将比他更加强大。倘若直到那时他还没有下令把我枪毙,他就得在我面前跪下。"——这个预言,可惜日期过于精确,不可能不是日后编造出来的故事。

但是倘若估计富歇从一开始就是路易十八的追随者,是国王收买的一名特务来充当拿破仑的大臣,这可是大大低估了富歇,尤其是没有认识到他心理上复杂得光彩夺目和神秘得具有妖魔气息的性格。并不是说富歇这个绝对不讲道德的人,这个马基雅弗利主义者,有时候不会做出这种背叛,或者根本不会做出任何背叛行为。但是对于他那样的嗜赌狂、胆大妄为之徒来说,这样的卑劣行径过于简单,过于缺少刺激。光是欺骗一个人,即便是一个拿破仑,这可不是他的水准。欺骗所有的人才一直是他惟一的乐趣。让谁也心里没底,诱惑每一个人,同时和各个方面打牌,既站在大家一边,又反对各个方面,从不根据预定的计划行动,而是全凭神经充当普洛透斯③,变化多端的神;并不是充当弗朗茨·摩尔④,理查三世⑤,一个首尾一致的阴谋家——只有光彩熠熠,连他自己也感到意外的角色,才使他那激烈奔放的权术家本性激奋起来。他恰好是为困难而喜欢困难,他人为地把角色的难度提高到双重、四重角色的程度,不是当一

---

① 拉丁文,魔鬼的代表。
② 《堂吉诃德》中主人公的仆人。
③ 希腊神话中变幻无常、预卜未来的海上老人。
④ 席勒名剧《强盗》中的反面人物,奸诈、凶残、诡计多端。
⑤ 莎士比亚《理查三世》的主人公,一代暴君。

次性的叛徒,而是多次性的全方位的、原始的叛徒。的确,那了解他最深的拿破仑在圣赫勒拿岛上对他的那句评语颇为深刻:"我只认识一个的的确确的、十足地道的叛徒:富歇!"十足地道的叛徒——不是偶尔为之的叛徒,而是富有叛变的天才特性,他就是这样,因为背叛并不是他的目的,他的战略,而是他最根本的天性。只有把战争中著名的双重间谍和富歇进行类比,也许才能最好地理解富歇的本质。这些双重间谍给外国列强传递秘密,以便在他们那里又探听到更有价值的秘密,这样传来传去,最后自己也弄不清楚,他们到底是在为哪个国家效劳;他们为双方收买,对哪一方都不忠诚——只忠于这种游戏,这种来来去去虚假两面,夹在中间的游戏,只忠于一种几乎是非物质性的,一种完全是致命的魔鬼式的欲念。只有当天平完全沉向一边,理性才会继赌博的激情又开始活动,为了收进赢利,只有在决出胜负之后,富歇才做决定——在国民公会是如此,在督政府,在执政府,在帝政时期也是如此。在战斗中他一边也不靠拢,战斗结束时他总站在胜利者一边。倘若格鲁希①及时赶到,那么富歇(至少有一段时间)又成为拿破仑的铁杆大臣。既然拿破仑败北,富歇便让他倒台,并且背离了他。他不为自己辩护,却以他惯有的玩世不恭的态度对自己在百日期间的态度,说出了决定性的话:"不是我,是滑铁卢一战背叛了拿破仑。"

不管怎么说,人们可以理解,这位大臣的两面三刀的把戏气得拿破仑发疯,因为他知道,这次事关他的脑袋。就和十多年来那样,每天早晨这个干瘪消瘦的男子,脸色灰白,血色全无,穿着一身绣着棕榈枝的深色礼服,走进他的房间,向他报告形势。报告做得极为出色,清晰明了,无懈可击。没有一个人对事件的来龙去脉看得比他清楚,没有人会对世界形势描述得比他更为明朗。拿破仑感到富歇才智过人,他深入一切,也洞察一切。可是同时,拿破仑也感到,富歇并没有把自己知道的一切全都说给他

---

① 埃马纽埃尔·格鲁希侯爵(1766—1847),法国元帅,在滑铁卢战役因未能按拿破仑的计划赶去增援,致使全军惨败。

听。他已经获悉,有外国列强的信使去见奥特朗特公爵,他自己的内阁大臣上午、中午和夜里都紧闭房门接见形迹可疑的保王党的间谍,进行谈话,关系很多,对此富歇在给他,给皇帝的报告里只字未提。但是这样做,的确真像富歇想让他相信的那样,只是为了获得情报,抑或正秘密策划阴谋?对于到处被人追猎、为成百个敌人团团包围的皇帝来说,真是可怕,令人忐忑不安!拿破仑时而客气地向富歇询问,时而口气急切地向他提出警告,时而劈头盖脸地恶言相向,表示怀疑,这全都白费力气:这张嘴唇薄薄的嘴巴紧闭,沉着宁静,眼睛毫无表情,犹如玻璃,没法接近富歇,没法从他嘴里掏出一个秘密。拿破仑心里火烧火燎:怎么把他抓住?怎么才能最终知道,这个窥见过大家底牌的人,究竟出卖的是谁,是他,还是他的敌人?怎么才能抓住这个没法抓住的人,怎样才能看透这个无法看透的人?

  终于——解脱了!——找到了一个痕迹,一个线索,几乎可说是个证据。四月份,秘密警察,这就是皇帝用来监视他警务大臣的那种警察,发现维也纳某家银行的一个所谓的职员到达巴黎,直接去造访奥特朗特公爵。这个信使立即受到跟踪追捕——警务大臣自然对此一无所知——被带到爱丽舍宫的一座亭子里去见拿破仑。在那里人们威胁他要立即把他枪毙,把他吓唬了好久,最后他终于供认,要把梅特涅用隐形墨水写的一封信交给富歇,建议在巴塞尔进行一次双方代表之间的会谈。拿破仑火冒三丈:他敌人的大臣用这种技巧把信件传给他的大臣,这就意味着叛国。他的第一个念头当然是,立即逮捕他的这个不忠的仆人,下令没收他的文件,但是他的亲信把他劝阻。证据还没有到手,奥特朗特公爵一向谨慎,久经考验,绝不可能在他的文件里找到丝毫进行阴谋诡计的蛛丝马迹。于是皇帝决定先考验一下富歇是否忠诚。他召见富歇,很不习惯地以他从自己的大臣那里学来的虚假态度,试探着与之讨论形势,看是否有可能和奥地利谈判。富歇没有料到,那位信使早已把整个事情和盘托出,只字不提梅特涅的那封信函。皇帝漠不关心地,表面看来漠不关心地让他离去,现在对他的大臣所干的无耻行径已确信无疑。可是为了完全证明富歇有罪——尽管怒气冲天,他巧妙无比地安排了一场喜剧,具有莫里哀喜剧的全部张冠李戴,阴差阳错。通过这个特务人们获悉和梅特涅的代表接头的暗号。于是皇帝便派了一名心腹去冒充富歇的代表——奥地利的特务无疑会对此人充分信任,皇帝最终不仅会知道,富歇出卖了他,还能知道,出卖他到什么程度。当天晚上拿破仑的使者便启程前去,两天之内富歇将被揭发,在他自己的陷阱里被人抓获。

但是不论你出手多快,去抓一条鳗鱼或者一条蛇,单凭一只手是抓不着这种真正的冷血动物的。皇帝让人演出的这出喜剧,正如每一出完美无缺的喜剧,也有一个反情节,差不多是双重情节。就像拿破仑在富歇背后布置了一批秘密警察,富歇反过来也在拿破仑背后安排了被他收买的书记官和秘密通讯员。他的侦探干起活来麻利灵巧,不亚于皇帝的侦探。就在拿破仑的特务前往巴塞尔的"三王"饭店去参加那次化装剧的同一天,富歇已经得到风声,拿破仑的一名"心腹"已经把这出喜剧暗中告诉了他。这个理应遭到突然袭击的人,第二天早上在每日例行的禀告时间,却立即向他的主子发动了突然袭击。在谈话中富歇突然伸手摸了一下额头像疏漏了极不重要的小事一桩,漫不经心地说道:"唉,对了,陛下,我收到了梅特涅的一份信函,我光顾着讲更加重要的事情忘了向您禀告,可是他的信使没有把显影药粉交给我,我起先以为这是故弄玄虚,所以我到今天才向您报告。"这下子皇帝可是忍无可忍了:"你是个叛徒,富歇。"皇帝冲他大嚷,"我真该下令把你绞死。"

富歇冷冷地说:"我不这样认为,陛下。"这个坚若磐石、极端镇静的大臣这样回答。拿破仑气得浑身哆嗦,这个 Fra Diavolo① 又一次出乎意料地抢先交代,又从他手里滑了过去。两天后向皇帝报告巴塞尔会谈情况的特务,没有说出多少举足轻重的事情,却带来许多令人不快的消息。很少举足轻重的事情,是因为从奥地利特务的态度可以看出,谨慎小心的富歇,过于狡猾,不会插手这件事而落下把柄。他只是在他主人背后玩他

---

① 意大利文:魔鬼修士。原为意大利那不勒斯的强盗头子米切勒·彼查(1771—1806)的绰号,从一七九九年起他一直在红衣主教路福的部队里和法国军队作战。一八〇六年被法国人绞死。在此为骂人话。

心爱的把戏:所有的线索全都掌握在他一人手里。但是这信使也带回来许多令人不快的消息,那就是列强对于法国的任何政治形式全都同意,惟独对于一种形式不同意,那就是不同意拿破仑·波拿巴的帝国。皇帝怒气冲冲地用牙齿咬着嘴唇,他的战斗力已经受挫。他本想从背后悄悄地击中这个搞阴谋活动的家伙,在这场暗中进行的决斗里,自己却挨了致命的一击。

由于富歇抵挡一下,错过了合适的瞬间,拿破仑心里明白:"事情一清二楚,他背叛了我。"拿破仑对他的亲信们说,"我遗憾的是,在他告诉我和梅特涅有来往之前,没有把他撵走。现在错过时机了,缺少收拾他的借口。不然他会到处制造舆论,说我是个暴君,怀疑成性,让大家都成了牺牲品。"皇帝目光如炬,认识到自己处于劣势,但是他继续战斗直到最后一刻,看是否能把这两面派争取过来,抑或什么时候能打他个措手不及,把他击成齑粉。他想尽一切办法,时而表示信任,时而表示友好,时而周到体贴,时而小心谨慎,但是他的坚强的意志,撞在这块各个方面都同样磨得发出寒光的石头上,却是无可奈何:钻石可以砸碎或者扔掉,但永远也不可能看透。最后受尽怀疑折磨的皇帝神经完全崩溃,卡诺叙述了一个戏剧性的场面,暴露皇帝对折磨他的人无可奈何:"你背叛了我,奥特朗特公爵,我有证据。"拿破仑有一次在内阁会议上冲着那个镇静沉着的富歇吼道,一面抓起一把放在桌上的象牙小刀,"喏,拿这把小刀刺进我胸口,也比你的所作所为要忠诚得多。我原本可以下令把你枪毙,全世界都会赞成这一行动。但是倘若你问我为什么没有这样做,那就是因为我看不起你,你在我的眼里,毫无价值。"大家都看到,他的怀疑已经变成愤怒,他的痛苦已经变成仇恨。他永远也不会原谅那个向他这样提出挑战的人,这点富歇知道。但是他已经把皇帝掌权的可能性算得清清楚楚,"四个礼拜之内,这个盛怒暴跳的家伙全都要完蛋。"他未卜先知地带着轻蔑的口气对他朋友说。因此他根本不想现在予以还击,决战之后有一个人必须让路:或者是拿破仑或者是他。他知道,拿破仑已经宣布,第一个从战场上送回捷报的信使将把富歇的撤职令带到巴黎,也许还带上他的逮捕令。时钟一下子便跳回二十年前,跳到一七九三年,当时权力最为强大的人物罗伯斯庇尔同样口气坚决地说过：两周之内必然有一颗人头落地——不是富歇的头就是他的头。富歇的一个朋友警告他注意拿破仑的愤怒，他便带着优越的口气提到从前的那次威胁，微笑着补充了一句："可是他的脑袋落地了。"

六月十八日，荣军院前面的大炮突然隆隆地轰鸣起来。巴黎市民兴高采烈地一跃而起，十五年来他们熟悉这炮声。取得了一次胜利，打了一个胜仗——《箴言报》上报道布吕歇尔和威灵顿遭到彻底的失败。热情洋溢的人群像洪流似的在大街上涌动，人山人海，犹如过节，人们普遍的情绪几天前还摇摆不定，现在突然转变，热情高涨对皇帝表示忠诚。交易所的股息下跌了四点，因为拿破仑的每一个胜仗都意味着战争的延长。只有一个人听到这炮声也许内心深处在颤抖不已，这就是富歇。暴君的胜利可能使他丢掉脑袋。

然而可悲的讽刺的是，正当法兰西的大炮在巴黎轰鸣祝捷之时，英国人的大炮在滑铁卢早已把拿破仑的步兵纵队和近卫军击得四下溃散。正当法国首都浑然不觉地张灯结彩之际，普鲁士骑士飞驰而来，尘土飞扬，驱赶仓皇逃遁的法兰西大军最后的零散残部。

浑然不觉的巴黎信心十足地又过了一天。到六月二十日，可怕的消息才渐渐传来。人们脸色苍白，嘴唇哆嗦，一个个悄声传递着令人不安的消息。议会里，大街上，交易所里，兵营里，人们到处都在嘀嘀咕咕地诉说着大难临头，尽管报纸像瘫了似的保持沉默。在这突然惊慌失措的京城里，大家都在不断诉说，迟疑不决，小声抱怨，大发牢骚，暗怀希望。

只有一个人在采取行动，这就是富歇。他一听到（当然早于其他所有的人）滑铁卢的消息，便把拿破仑看成一条讨厌的死狗，得尽快地除去。于是他立刻操起铁锹，给拿破仑挖掘坟墓。他毫不迟疑地致函威灵顿公爵，以便从一开始就和胜利者进行接触；同时他以无与伦比的心理学上的先见之明警告议员们，拿破仑的第一个行动将是把他们大家统统撵回家去。"他将比以往火气更旺地回来，立即要求推行独裁。"所以必须迅速给他一击！晚上议会就已经步调一致。内阁会议已争取过来反对皇帝,打掉拿破仑重新夺取权力的最后一次机会。这一切还在拿破仑踏上巴黎的地面之前就已办妥。此时的主人已经不再是拿破仑·波拿巴,而终于,终于……终于是约瑟夫·富歇了。

恰好在拂晓之前,黑夜的黝黑大氅还像一块裹尸布似的散布在四周,一辆蹩脚的马车(皇帝的御用马车载着皇家宝藏、宝剑和各种文书已被布吕歇尔缴获)穿过巴黎城市,驰向爱丽舍宫。此人六天前还在他的军令中慷慨激昂地写着:"对于每一个有勇气的法国人来说,不是胜利便是死亡的时刻已经到来。"他既没有获胜也没有战死,而在滑铁卢和里尼又有六万人为他而阵亡。现在他只是急忙赶回家来,就像当年从埃及从俄国回来,为了拯救他的权力。他故意放慢行程,只是为了在夜色的掩护下,悄悄地到家。他不是笔直进入他的皇宫杜伊勒里宫,去见法国的人民代表们,而是在更小的、比较偏僻的爱丽舍宫里隐藏他那崩溃的神经。

一个疲惫不堪、心力交瘁的人从马车上下来,嗫嚅着说了一些互不连贯、混乱不堪的话,为那不可避免的事情寻找解释进行辩解。洗个热水澡,拿破仑振作起来,这时他才召开内阁会议。大臣们忐忑不安,听着这个败军之将混乱不堪、呓语似的话语,心情是在愤怒和同情之间摇摆,他们态度毕恭毕敬,可是心里并无敬意。皇帝又重新幻想要招募十万大军,幻想征用良驹骏马,向他们保证(他们知道得很清楚;从这兵源枯竭的国家里再也找不出一百个新兵)不出两周,他又可以二十万之众对抗同盟国。大臣们,其中包括富歇,低垂着头,站在那里。他们知道,这样热病似的胡言乱语只是那巨大的权力意志的最后抽搐而已,这个权力意志在这位巨人身上还一直不肯死去。正如富歇预言,拿破仑果然要求:实行独裁统治,把军政大权全都集中到他手里——也许他之所以提出这个要求,只是为了让自己受到大臣们的拒绝,以便日后在历史面前可以把过错推到他们身上,害他错过了赢得胜利的最后机会(在现代也有这种调换原因的类似情况)。

但是大臣们表态都很谨慎,每人都因为说了重话,使这个热昏发疯的人受到伤害而面带羞惭,只有富歇用不着讲话。他沉默不语,因为他早已开始行动,并且采取了一切措施来阻止拿破仑向权力发动最后的冲锋。

就像一个医生以临床诊治的冷静态度观察一个垂死的病人身上的狂野的抽动,事先预测脉搏何时停止,抵抗力何时消失,富歇也怀着这样一位医生的冷静客观的好奇心毫无同情地倾听着这些白费精神的梦话呓语。而从他自己薄薄的毫无血色的嘴唇里没有说出一句话来。一个行将就木的人,一个输得精光的人,一个自暴自弃的人,这样的人的绝望的话语又算得了什么!他知道,正当皇帝在这儿自我陶醉,以便用这些强劲有力的胡言乱语使别人也为之陶醉之际,在一千步之外的杜伊勒里宫里,议会已经无情地合乎逻辑地按照他的、富歇的指示和意志做出了决定,现在富歇终于不再受到限制。

他本人自然在六月二十一日这一天没有在众议院出现,正好和在热月九日一样。他在暗中——这就足够了——装好弹药,拟好作战计划,为进攻选择了适当的人选和适当的时间:拿破仑的富有悲剧色彩、几乎有些怪诞的对头拉斐特。二十五年前拉斐特作为参加美国独立战争的英雄返回故里,一个血气方刚的贵族,可是已经满载新旧两个世界的荣誉,是革命的旗手,新思想的开拓者,人民的宠儿,很早、过早地尝到了权力的极度欢乐。可是突然间,来自虚无,来自巴拉斯的卧室,跑来一个小个子科西嘉人,不晓得是个什么少尉,穿着破破烂烂的大衣,倒了后跟的皮鞋,不出两年把他,拉斐特,建设起来的着手进行的一切全都抢了过去,夺走了他的位子,攫取了他的荣誉,这样的事情无法忘怀。这位受到侮辱的贵族满怀怨愤,归隐林苑,而那一位却身着刺绣的皇袍接受全欧君王的顶礼膜拜,以一种新的专制,更为严酷的天才专制取代从前的贵族专制。这冉冉升起的太阳没有向那座僻远的庄园投去丝毫恩泽的阳光。有一次拉斐特侯爵穿着朴素的衣裳来到巴黎,那位暴发户对他理也不理,将军们绣金的军装,在血泊中诞生出来的元帅们的华丽制服,盖过了他那业已尘封过时的荣誉。拉斐特已被人遗忘,没有人提及他的名字达二十年之久,他已白发苍苍,英挺的身姿变得消瘦干瘪。没有人召唤他,既不召他进入军队,也不召他进入元老院,人们鄙夷不屑地让他在拉格朗日种植玫瑰和硕大的土豆。不,这样的事情这位野心勃勃的人不会忘怀。一八一五年民众又回忆起革命,又把他们当年的宠儿作为代表选进议会,拿破仑被迫和他讲话。这时,他只是冷冷地作答,采取拒绝的态度——他过于高傲,过于诚实,过于真挚,毫不掩饰他的敌意。

可是现在,由富歇在背后鼓动,拉斐特挺身而出,憋了很久的仇恨使他显得聪明而有力量。人们第一次又听到这个年老的旗手的声音从讲台上传来:"这么多年来我第一次又提高我的声音,自由的老朋友们又能听出我这声音,我感到迫切需要和你们谈谈祖国面临的危险,而现在拯救祖国就完全取决于你们。"自由这个字眼第一次又说出口来,而在此时此刻它意味着:摆脱拿破仑。拉斐特的提案事先防止了任何解散议会、再次尝试政变的企图;人们热情洋溢地做出决议,这人民代表机构将不断发挥作用,任何企图解散议会的人都被视为卖国贼。

谁都清楚,这样强硬的信息是传递给谁的;这个信息刚传给拿破仑,他就觉得兜脸挨了一拳。"我真应该在出发之前就把这些人撵走,"他愤怒地说道,"现在完了。"事实上现在并没有完,也不太晚,他还可以大笔一挥,及时签署逊位诏,来拯救他儿子的皇冠和他自己的自由。另一方面他还可以从爱丽舍宫走一千步到议会大厅,用他自己的威严把他的意志强加于那些忐忑不安的羊群。但是世界史一再显示出那同样令人惊愕的现象,恰好是最果断的人物在需要决断的关键时刻,会突然奇怪地犹豫不决,仿佛得了一种心灵麻痹。华伦斯坦①在叛逃前夕,罗伯斯庇尔在热月九日夜里,上次战争②的领袖们,恰好在即使鲁莽从事也只犯较小错误之时,表现出灾难性的优柔寡断。拿破仑和几个大臣磋商不已争论不休,而这几个大臣则漠不关心地听他说话。恰好在将要决定他前途的时刻,他却毫无益处地在论述往日的一切错误,他控诉,他幻想,他从心里掏出激情,真实的和戏剧化的激情,但是却没有拿出勇气。他说个没完,可是没有行动。就仿佛历史在一个人的一生中来回重演,仿佛在政治上采取类似行动并不永远是最危险的思想错误,就像在雾月十八日那天一样,拿破仑派他弟弟吕西安代替他去争取议员。但是雾月十八日那时,吕西安有

---

① 三十年战争(1618—1648)中奥地利皇帝手下的统帅,为结束这场旷日持久的战争,暗中和瑞典谈判,背叛皇帝,最后叛逃,为部下所杀。席勒曾创作历史剧《华伦斯坦》三部曲。
② 指第一次世界大战。

他哥哥打的胜仗作为最雄辩的律师,有剽悍精干的掷弹兵和坚毅果决的将军们作为同伙。此外,拿破仑又极端不幸地忘记:在这十五年里有一千万人死于非命。现在当吕西安走上讲台,责备法兰西人民忘恩负义地弃他哥哥的事业于不顾时,拉斐特心里憋了很久的那深感失望的民族对它的刽子手的怒火突然迸发出来,化为令人难忘的话语,像火星投向火药桶,一下子炸毁了拿破仑最后的希望。"什么!"拉斐特像雷鸣似的冲着吕西安大吼,"您胆敢责备我们没有为您的哥哥尽力?您难道忘记了,我们的儿子,我们的兄弟抛在各处的尸骨证明了我们的忠诚?在非洲的沙漠里,在瓜达尔基维尔河和塔霍河①畔,在维斯杜拉河岸和莫斯科的冰天雪地之中,十多年来三百万法兰西人为一个人牺牲了生命!为了一个人,而这个人今天还想用我们的鲜血和欧洲作战。为了一个人,这太过分,实在太过分!现在我们的责任是拯救祖国。"人们心想,这雷鸣般的掌声会教拿破仑,现在已到最后关头,该自愿逊位了。但是世上似乎没有什么比告别权力更难的了。拿破仑犹豫不决,这一犹豫使他儿子失去了帝国,他自己失去了自由。

现在富歇可失去耐心了。这个麻烦的家伙既然不愿意自动退位,那就让他滚蛋。只要赶快把杠杆放在恰当的位置上,那么如此显赫的威名也就倒塌。夜里他鼓动唇舌,说服那些听命于他的议员们,第二天早上议院便突然以命令的口气要求皇帝逊位。但是即使这样,对于一个权力的波涛在血液里汹涌澎湃的人来说也还不够明确。拿破仑依然一个劲儿地在来回谈判,直到拉斐特在富歇的授意下说出了那句决定性的话:"他若迟迟不肯逊位,我将建议把他废黜。"

他们给予这个世界霸主一小时时间来光荣地下野,给这权力无限的人一小时来彻底放弃权力;但是这一小时时间他不是用来处理政治问题,而是仅仅用来演戏,就像一八一四年在枫丹白露当着将军们的面那样②。

---

① 均在西班牙境内。
② 一八一四年拿破仑第一次兵败,他在枫丹白露宫向官兵们告别,场面动人。

"什么,"他怒不可遏地叫道,"动用暴力?倘若如此,我绝不会逊位。议会只不过是一帮雅各宾党人和野心家而已,我早就该向全民族揭露他们,把他们撵走。不过我失去的时间,可以重新夺回。"实际上他是要大家更加急切地求他,以便让他作的牺牲显得更有分量,果然,就像一八一四年将军们纷纷劝谏,现在他的大臣们也很客气很周到地向他进言。只有富歇沉默不语。消息一批一批地传来,钟上的时针无情地走个不停。正如目击证人所说,皇帝终于向富歇投去讽刺的,同时又是充满激烈仇恨的一瞥。"写信告诉那些先生们,"他轻蔑地呵斥富歇,"他们可以安静下来了,我将满足他们的要求。"富歇立即用铅笔在一张纸条上草草写了几行,告诉他在议会的幕后牵线人,破釜沉舟之举已无必要。拿破仑这时走到一个僻静的房里,向他的弟弟吕西安口授逊位敕文。

几分钟后他又回到御书房里,把这页写着重要内容的纸交给谁?可怕的讽刺:恰好交给那位迫使他写逊位敕文的无情的信使,此刻正像赫尔墨斯①那样又无动于衷地等待着。皇帝一言不发,把那张纸交给富歇。富歇也一言不发,拿起那份经过艰苦斗争方才取得的文件,鞠了一躬。

这是他最后一次向拿破仑鞠躬。

议会开会时,不见奥特朗特公爵富歇。如今胜局已定,他走了进来,缓步走上台阶,手里拿着那张具有世界历史意义的文件。这只狭小坚硬的阴谋家的手,在此时此刻也许由于骄傲而微微发抖,因为他胜利了,他第二次战胜了法兰西最强有力的人。六月二十二日这一天对他来说又是一个热月九日。在大家震惊沉寂之中他开口说话,依然冷漠而又无动于衷,为他的故主说了几句送别的话,不过是在一座新坟上撒放纸花而已。然后就不再装出伤感的样子!他把权力从这个巨人手中打了下来,并不是为了让它掉在地上乱滚,成为机灵鬼的战利品。现在需要自己伸手抓权,利用这几年来日夜期盼的时机。于是他递交提案,立即选举临时政府,一个由五人组成的督政府,他事先心里有底,现在自己终于可以当选,可是这期盼已久的不言而喻的事情又一次差点从他手里滑掉。虽然他最危险的竞争对象是拉斐特,此人为人正直,

---

① 古希腊神话中的道路之神,保护一切步行者和牧人,也保佑他们的灵魂进入冥界。

拉斐特

具有共和主义的信念,为他起了极为出色的冲锋陷阵的作用,尽管富歇在选举时成功地以卑鄙的方式把拉斐特淘汰出局,可是在第一轮选举时,卡诺获得三百二十四票,他自己,富歇只获得二百九十三票。这样新当选的临时政府的主席毫无疑问应由卡诺担任。

但是在这决定性的瞬间,目的地已近在咫尺,这个狡猾的赌徒富歇使出了他招数中最障人眼目最卑鄙无耻的一招。根据选举结果,主席一职不言而喻属于卡诺,而他,富歇和以往一样,在这届政府里也只是第二号人物,可他一心想当第一号人物,那权力无限的主宰者。于是他便施了一个诡计:五人会议刚刚开会,卡诺正想在属于他的主席交椅上入座,富歇便向同僚们建议,仿佛建议一件理所当然的事情,建议组阁。"您理解的组阁是什么?"卡诺不胜惊讶地问道。"喏,"天真烂漫的富歇答道,"选举我们的秘书和主席啊。"然后假装谦虚地补充了一句,"不言而喻我将投票选您担任主席。"卡诺受骗上当,客客气气地答道:"那我投您一票。"可是委员中有两名已被富歇暗中争取过去,结果卡诺还没来得及弄明白,他受到多么大的愚弄,富歇已以三票对两票,坐到主席的位子上去了。继拿破仑和拉斐特之后,这位最得人心的卡诺也在智斗中失利。最狡猾的家伙,也就是约瑟夫·富歇取代了他,成为法兰西命运的主人。在五天之内,从六月十三日至十八日,皇帝失去了权力,五天之内,从六月十七日至二十二日,约瑟夫·富歇夺得了政权,终于不再是仆人,第一次成为法兰西权力无限的主人,可以自由自在,可以像神仙一样自由自在地去参加他心爱的、令人头晕目眩的世界政治的赌局。

第一个措施便是:让皇帝滚蛋!即使是拿破仑的阴影也会压死富歇。就像拿破仑作为统治者,只要知道那变化莫测的富歇待在巴黎,就感到不舒服,同样,只要那灰大衣[①]不是和他相隔几千英里,富歇也不会感到呼吸自由。他避免再和拿破仑谈话,何必徒增伤感?他只是派人把一道道命令送过去,还用一张表示好意的玫瑰色的薄纸包了起来。但是不久即

---

① 拿破仑经常穿一件灰色的军大衣。

便是这微弱的客气的遮盖伪装他也一把撕去,毫无同情之心地让这倒台的皇帝看到自己的无权无势。拿破仑向他军队告别的一份慷慨激昂的文告,富歇干脆扔到桌子底下。第二天早晨拿破仑在《箴言报》上寻找他的这些皇帝的话语,可是白找一气,惊讶无比。富歇禁止发表这份文告,富歇竟然禁止皇帝?拿破仑还一直无法相信这放肆已极的大胆行径,他从前的仆人,竟然无视他的存在,但是这个无情的家伙心狠手辣,使劲逼宫,最后皇帝被迫迁往马尔迈松宫去。可是到了那里他就坐了下来,挺住不动,死也不肯再往前走,尽管布吕歇尔军中的龙骑兵已经逼近,富歇越来越愤怒地派人警告他,可得理智一点,赶快滚蛋。可是拿破仑越是感到自己倒台在即,就越加死命地抓住权力不放。最后,旅行马车已经停在院子里整装待发,这位皇帝还忽发奇想:他主动要求作为一名普通将军再一次率领部队去争取胜利,或者战死沙场。可是头脑冷静的富歇对于这种罗曼蒂克的建议并不当真,"这人是想嘲讽我们不成?"他愤怒地叫道,"他身先士卒,率领军队只是对欧洲新的挑衅,拿破仑的性格没法让人相信他会对权力无动于衷。"

富歇斥责那个将军竟然敢于把这样的消息给他带来,而不去把皇帝送走。他命令这位将军立即把这讨厌的家伙打发上路。而对拿破仑自己,他则根本不屑于回答。对于富歇来说,为了败军之将不值得浪费笔墨。

现在他无拘无束了,达到了目的。解决掉拿破仑之后,奥特朗特公爵约瑟夫·富歇于五十六岁时,终于大权独揽,毫无限制地居于权力的顶峰。走过无限漫长的迷途险径,穿过二十五年的幽深迷宫,富歇从一个身材矮小、脸色苍白的商人之子,变成面容悲切、经过剃度的神学院的教师,然后一跃而成为护民官和副总督,最后晋升为奥特朗特公爵,皇帝的臣仆,现在终于不再做任何人的仆人,终于成为法兰西独一无二的统治者。阴谋战胜了理想,机敏战胜了天才。他身边的一代不朽的人物全都跌入深渊。米拉波已死,马拉被人刺杀,罗伯斯庇尔、德穆兰、丹东都上了断头台,他当总督时的同僚科洛被流放到圭亚那热病流行的岛上,拉斐特解决了,他革命时期的伙伴们,所有的人全都消逝,无影无踪。现在他由各党各派出于信任自由推选,在法兰西掌权主事,而世界的主人拿破仑则化装成寒酸的模样,拿着一张假护照冒充一位小将军的秘书逃到海边,缪拉和内伊等着被枪决。受拿破仑的恩典册封为小国王的家族成员如今空着口袋,失去国土,从一个隐蔽地逃到另一个隐蔽地,到处乱窜。这绝无仅有的世界动荡时期叱咤风云的光荣一代都已沉沦,只有他独自一人坚持不懈、耐心地在黑暗中策划,在暗地里活动,得以青云直上。现在国务部、参议院和议会都百依百顺,像块软蜡似的捏在他灵巧的手里,听他摆布。平时不可一世的将军们,担心失去自己的养老金,像绵羊似的屈从于这位新任的主席。全国市民和民众等待着他的决断。路易十八派使者前去见他,塔列朗向他致以问候,滑铁卢的胜利者威灵顿向他通报机密的消息——第一次,世界命运的各种线索都公开而又自由通畅地经过他的手,真是美妙无比。难以估量的艰巨任务等着他去完成:保卫一个被打得落花流水遭到惨败的国家免遭日益逼近的敌人的蹂躏,阻止毫无用处的慷慨激昂的抵抗发生,争取公平合理的条件,找到恰当的国家形式,确定合适的统治者,从一片混乱之中创造新的标准,新的秩序。这需要出众的才华,精神的极端灵活。的确,在这一时刻,大家都乱了方寸,昏了头脑,富歇采取的措施却表现了最高度的精力,他那两方面甚至四方面同时进行的计划,显示出惊人的稳健。他和各方面都表示友好,为了愚弄大家,为了只做他个人认为正确的有益的事情。尽管他在议会面前似乎要求拿破仑的儿子上台,在卡诺面前假装拥护共和,在联军面前则要求奥尔良公爵掌权,暗地里他悄悄地把大权推到从前的国王路易十八跟前,完全不为人家觉察,轻轻地巧妙地转了几个弯,连他自己最亲近的伙伴都不知道目标何在,蹚过了一片贿赂的沼泽,走到保王分子一边,通过谈判把托付给他的政府,交到波旁家族手里。与此同时,他在内阁会议上,在议会里依然一个劲儿地扮演着波拿巴分子和共和党人的角色。从心理学的角度来看,这是惟一正确的解决方法。只有迅速向国王投降才能保证这鲜血流尽、备遭破坏、外国军队泛滥成灾的法兰西不受到损害,保证顺利过渡。只有富歇一人凭他的现实感,立即懂得了这种必要性,并且予以实现,不顾内阁、人民、军队、议会和参议院的反抗,凭着自己的意志和自己的力量,贯彻了自己的意图。

所有这些聪明睿智,富歇在这些日子里全都拥有,只缺少一种聪明——这就是他的悲剧!——那最后的、最高的、最纯洁的聪明他却没有:那就是为了事业忘记自己,忘记他的利益。他当时五十六岁,身处事业的顶峰,是个家资千万,甚至两千万的富翁,受到他那时代和历史的尊重和崇敬。那最后的聪明会要求他在完成这出类拔萃的绝招之后,挂冠而去。但是他渴望权力二十年之久,二十年来靠权力而生,可是始终不得餍足,他是不肯功成身退的——正如拿破仑,富歇也没能在别人推他下台之前一分钟退位。既然现在他已没有主人可以背叛,他就只好背叛自己,背叛自己的往事。把战败的法兰西交还给它旧日的统治者,在此时此刻是一件实实在在的行动,是正确而大胆的政策。但是为了做出这个决定让人收买,用王国大臣的职位来作为小费支付给他,这就是卑鄙无耻,而且不仅是个罪行:这是愚蠢。现在这个野心勃勃到疯狂地步的人就干了这件蠢事,只是为了在世界历史中还有几小时"avoir la main dans la pâte"①,还能问鼎权力——他干了他第一件蠢事,也是最大的蠢事,使他在历史面前永远降低身份。他巧妙地、灵活地、耐心地爬上了一千个台阶,最后笨拙地毫无必要地屈膝下跪,就这惟一的一次屈膝,使他又从这一千个台阶上直跌下去。

富歇如何把政府出卖给路易十八以换取大臣的职位作为酬劳,关于这件事,我们幸亏拥有一份独特的文件,这是为数甚少的文件之一,它逐字逐句地记下了平素一向谨慎的富歇所进行的一次外交谈判。百日期间,王朝惟一坚定不移的追随者,图卢兹的维特罗勒男爵,聚集了一支军队,袭击重新归来的拿破仑,后来被俘押往巴黎,皇帝想要立即把他枪毙,但是富歇进行了干预;他总是主张宽大,对那些必要时还用得着的敌人尤其要宽大。所以把维特罗勒男爵关进军事监狱等着军事法庭审讯,也就完了。可是在六月二十三日这个在押男爵的妻子刚刚听说,富歇成了法兰西的统治者,就跑去找他,求他释放维特罗勒男爵时,富歇立即批准,因

---

① 法文,分得一杯羹。

为他也非常在乎博得波旁王室的好感。第二天那位获释的保王党人的首领维特罗勒男爵求见奥特朗特公爵,向他致谢。

在共和党人选举出来的国家元首和宣誓效忠的铁杆保王党之间进行了下面这番政治上友好的谈话。富歇问他:"那么,您现在有何打算?""我打算前往根特①,我的邮车就等在门口。""这是您能做的最聪明的事情,因为您在这儿并不安全。""您没有什么东西要我交给国王吗?"——"唉,我的上帝,没有,什么也没有。只不过请您告诉国王陛下,他可以指望我对他的忠诚,他不久又能重返杜伊勒里宫这事,可惜并不取决于我。""不过我认为,这事不久能成,就只取决于您。""不像您想的那样,困难很大。当然,议会把局势简单化了,您也知道,"(说着,富歇微微一笑,)"议会宣布拿破仑二世为帝。""什么,册立拿破仑二世皇帝?""当然,得从这里开始啊。""不过我想,这事不能当真吧?""可以这么说吧。我越思考这事,我就越发坚信,这项决议毫无意义,但是您无法想象,有多少人还信仰这个名字,我的几个同僚,尤其是卡诺,坚信不疑拥拿破仑二世为帝一切都迎刃而解。""这个玩笑还要持续多久?""我看,我们彻底摆脱拿破仑一世需要多少时间,这事大就会持续多久。""那么,那时会发生什么事情呢?""那我怎么知道? 在目前这样的时候,很难预料明天会如何。""倘若您的同僚卡诺先生如此依恋拿破仑,您大概也难以避开这样的联系。""嗨,您不了解卡诺! 只要宣布成立'法兰西人民'的政府,他只要听见,法兰西人民这几个字,就可以使他放弃拿破仑。您想想看!"这时两人纵声大笑,一个是共和党人选出的奥特朗特公爵,嘲笑自己同僚的富歇,另一个是那保王党的使者,他们已经开始互相了解。"这样就好,这样干就行。"维特罗勒男爵又接着说道,"但是我希望,在拿破仑二世和法兰西人民之后,您终于会想到波旁王室。""那是当然。"富歇答道,"那就该轮到奥尔良公爵了。"——"什么,奥尔良公爵?"维特罗勒男爵深感意外地叫道,"奥尔良公爵? 您难道认为,这样一顶传来传去、向全世界都兜售过的王冠,国王会接受吗?"富歇笑而不答。

---

① 在比利时境内,路易十八当时所在地。

但是德·维特罗勒男爵已经明白,富歇通过这场狡黠含蓄、暗藏讽刺、似乎漫不经心的谈话表明了他的意图。他让男爵清楚地感到,倘若他愿意,会出现困难重重,他们也会拥立拿破仑二世皇帝,或者宣布奥尔良公爵为国王或者让法兰西人民成为国家元首,而不拥戴路易十八。但是他,富歇自己对于这些可能性一个也不特别赞成,完全准备为了路易十八而排除其他三种可能性,倘若……这个"倘若"并没有说出口,但是维特罗勒男爵已经从他目光里所含的微笑,也许从他的一个手势,领会了这点。反正男爵突然决定放弃他的旅行,留在巴黎富歇身边,当然有个条件,他可以和国王自由通信。他还提出其他条件:首先为他派到根特国王大本营去的特务提供二十五份护照。情绪欢快的共和国的警务部长这样回答共和国敌人的代表:"五十份,一百份,您要多少都行。"男爵说道:"我再请求,每天能和您谈一次话。"公爵又欢快地答道:"一次,一次不够!谈话两次,早上一次,晚上一次。"现在维特罗勒男爵可以平静无忧地待在巴黎,在奥特朗特公爵的保护下,和国王谈判,向国王报告,巴黎的城门向他洞开,倘若……是啊,倘若路易十八准备吸收奥特朗特公爵到王国新政府里去当大臣。

近臣向路易十八建议,用一个大臣的位置作为小费收买富歇,顺顺当当地打开巴黎的城门,这位平素黏黏糊糊的波旁家的王爷听了暴跳起来。他冲着那几个想把这个可恶的名字放到名单上去的人吼道"绝对不行"。的确,要他把一个弑君的凶手,一个在他亲生兄长的死刑判决书上也签了名的家伙,要一个半路还俗的神父,狂热的无神论者和拿破仑的仆人吸收到他的内阁里来,这是非分的要求,多么荒谬!"绝对不行!"他怒气冲冲地叫道。但是人们知道历史上的国王们、政治家们和将军们的这句"绝对不行",几乎总是一次投降的前奏。难道巴黎不值一台弥撒吗①?自从亨利四世以来,历代国王,路易十八的祖先们为了掌握统治权不是在精神

---

① 法国国王亨利四世(1553—1610)的名言。他自一五八九年起任国王。为了取得天主教这一派的承认,亨利改宗天主教。上面引用的这句话便是此时所说,意思是能够入主巴黎又何必在乎去做天主教徒,去望弥撒,这话说明宗教争斗毫无意义,权力第一。

上和良心上做出过类似的 sacrificidell'inteletto①吗？受到各方面的逼迫，受廷臣们、将军们、威灵顿，尤其是受塔列朗（此人作为还俗结婚的主教需要在这个宫廷里还有一个更黑的人物作为陪衬）的逼迫，路易十八渐渐动摇。他们大家跟他说，只有一个人，只有富歇，可以毫无阻力地给他打开巴黎的大门！只有他可以避免一场流血。此人和各党各派都有联系，各种思想全都接受，永远是最好的帮手，能把一切觊觎王位者扶上马背，再说这个老雅各宾党人早已变成一个老老实实的保守分子。他已经幡然悔悟，并且干净利索地背叛了拿破仑。最后国王为了使他的良心减轻负担，做了一次忏悔。据说他曾叫道："可怜的哥哥，但愿你现在能看见我！"然后表示愿意在讷伊秘密接见富歇——秘密接见，因为在巴黎不得有任何人预感到，人民选出的领袖就正在出卖他的国家以换取大臣的职位；觊觎王位的人，正在出卖他的名誉以换取一顶王冠：现代史上在从前的雅各宾党人和未来的国王之间进行的这次无耻之尤的买卖，在暗地里秘密进行，只有那个叛教的主教在场作证。

在讷伊演出了一场戏，阴森可怕，奇幻怪异，相当于莎士比亚或者阿雷蒂诺②的剧中场景：圣路易③的后裔，路易十八国王，接见弑杀他兄长的凶手之一，七次背叛誓言的富歇，这个国民公会、帝政和共和国时期的部长，以便接受他的第八次宣誓效忠。塔列朗，从前的主教，日后的共和主义者，皇帝的仆人，带着他的伙计，走了进来。这个瘸子为了步子迈得更稳，把胳臂放在富歇的肩上——正如夏多布里昂④所讽刺的"罪恶扶着背叛"——就这样，这两个无神论者，机会主义者，像两兄弟似的走近圣路易的继承人。先深深地一鞠躬，然后塔列朗就担负起那难堪的任务，把杀害国王御兄的凶手作为大臣介绍给国王。这个身形瘦削的人脸色比平时更为苍白，因为他现在在"暴君"和"专制君王"面前单膝跪下，宣誓效忠，

---

① 意大利文，精神上的牺牲。
② 彼埃特罗·阿雷蒂诺(1492—1556)，意大利作家，以讽刺剧著称。
③ 圣路易(1214—1270)，即路易九世。
④ 夏多布里昂(1768—1848)，法国作家。

吻手致敬——这只手里流的血和他参与杀害的那人①流洒的是同样的鲜血——并以上帝的名义宣誓——他曾掠夺过这同一个上帝的教堂,并以他手下的乌合之众在里昂摧毁了这同一个上帝的教堂,总之这场戏感情强烈激荡,即使对于富歇这样的人也是如此!

因此当他,奥特朗特公爵,离开国王的觐见室时,脸色依然苍白,现在倒是那个瘸子塔列朗得扶着他走路了。这位老于世故玩世不恭的主教,做弥撒就和玩纸牌一样,他说了些嘲讽的话语,也未能使心灵受到震撼的富歇打破沉默。富歇兜里揣着国王签署的大臣委任令,连夜返回巴黎,回到杜伊勒里宫里他那些浑然不觉的同僚中去。明天他将把他们全都撵走,后天将宣布他们不受法律保护:在他们中间他想必有些感到不甚自在。这个最不忠实的仆人这次终于获得了自由,可是——命运的拨弄真叫奇妙!屈居人下的灵魂永远也消受不了自由,他们总是急急忙忙地逃出自由又钻进新的奴役之中。于是昨天还坚强而又自负的富歇,又一次屈从于一位新的主人,又一次把自己自由的双手拴在权力的苦役船上(还以为这就是掌命运之船舵),但是不久他就要戴上苦役船的记号,戴上烙印。

第二天早上,联军开进巴黎。根据秘密协定,他们占领了杜伊勒里宫,干脆关上大门,不让议员进来。这事给予那故作惊讶的富歇以良好的机会,向他的同僚建议,为了对这些士兵的刺刀表示抗议,停止政府工作。这个慷慨激昂的姿态使这些受到愚弄的家伙全都上当——于是,就像约定的那样,突然王位虚悬。有一天之久,巴黎没有政府。路易十八只消在他的新任警务大臣用金钱布置的欢呼声中走近城门,就被当作救星受到热烈的欢迎:法兰西又变成了王国。

此时此刻,富歇的同僚们才恍然大悟,他多么狡猾地欺骗了他们。这时,他们才在《箴言报》上获悉,收买富歇的代价是多少。在这一刻那为人正直的、思想坚定、无可指摘的(就是有点褊狭)的卡诺怒火中烧,"你这叛徒,我现在走到哪儿去啊?"他轻蔑地冲着那个新任命的王家警务大

---

① 指路易十六。

臣吼道。

富歇也同样轻蔑地答道:"你爱上哪儿上哪儿,你这傻瓜。"

这两个老雅各宾党人,这两个经历过热月九日的最后的雅各宾党人,以这个言辞简短颇具特色的对话,结束了新时代最令人咂舌的戏剧:革命以及它那熠熠生辉光怪陆离的幻影——穿过世界历史的拿破仑征战。英雄气概的冒险行径已经烟消云散,市民时代就此开始。

九　下野沦亡

一八一五年至一八二〇年

　　拿破仑的百日插曲结束。一八一五年七月二十八日,路易十八国王乘坐套着白色小走马的富丽堂皇的马车又驱入他的巴黎城。民众热烈欢迎,富歇干得不错。纵声欢呼的民众团团围住马车,屋上飘扬着白色的旗帜,找不到白旗,便急忙把毛巾和桌布扎在手杖上伸到窗外。晚上全城灯火通明,点起成千上万盏油灯,人们快乐之极,甚至和英国和普鲁士占领军的军官们一同跳舞。听不见任何带有敌意的呼喊,为了小心起见事先布置的宪兵显得多余;的确,笃信基督的国王陛下新任的警务大臣约瑟夫·富歇已经出色地为他的新君预做安排。一个月前,奥特朗特公爵还毕恭毕敬地在杜伊勒里宫作为最忠诚的臣子效忠拿破仑皇帝,如今这位公爵在这同一个宫里恭候路易十八国王陛下驾临。二十二年前他在这里,在这同一座宫殿里曾判处这位国王的御兄,那个暴君死刑,现在他却向圣路易的后裔恭恭敬敬地深深鞠躬。在他上书国王时,落款都是"满怀敬畏之忱,陛下最忠诚最驯服的臣仆"(在十几份亲笔奏章里可以一字不差地读到这样的落款)。他的性格变化多端犹如杂技里疯狂的跳跃,其中以这一次最为放肆大胆,不过这将是他在政治绳索上翻的最后一个筋斗。当然暂时似乎一切都美妙无比。只要国王在宝座上还没有坐稳,他绝对不会耻于依靠富歇先生。再说,他暂时还需要这个善于与各方巧妙周旋的费加罗①。富歇首先得安排好选举,因为宫廷希望在人民

---

① 法国剧作家博马舍的同名喜剧中的主人公,一个聪明的仆人,莫扎特以此写作同名歌剧。

议会中拥有可靠的多数议席,为此,这个"久经考验"的共和党人和人民代表起到了不可超越的驱赶羊群者的作用。另外还有各式各样令人不快的鲜血淋淋的勾当需要料理,为什么不利用这只戴破了的手套?这只手套事后可以扔掉,不致玷污国王的御手。

在开头几天就有这样一桩肮脏的事情需要马上处理。尽管国王在流亡中庄严允诺,要颁布大赦令,对于百日期间在重返故乡的篡位者①手下服役的人,一概不予追究。但是席散之后就是另一回事。国王们很少认为自己有责任信守他们期待王位时所许下的诺言。愤怒已极的保王党,对于自己的忠诚颇为自诩,现在国王既然已坐稳了江山,他们就要求对那些百日期间背叛白百合旗的人一概予以惩罚。这些保王党人的保王思想一向比国王自己还要强烈。路易十八在他们的逼迫下,最后终于让步,于是确定这份放逐者名单的令人难堪的任务,便落到警务大臣身上。

这项任务对于奥特朗特公爵来说并不是件愉快的事情。难道真的就要为这么一件小事惩罚人家吗?真的就因为他们做了最最合乎理性的事,投到强者,投到胜利者一边,就要惩罚他们?倘若真是如此,这位笃信基督的国王陛下的警务大臣回忆起来,按照情理应该放在这样一个遭谴者名单上的第一个名字,便是奥特朗特公爵,拿破仑手下的警务大臣,也就是他自己的名字。天晓得,多么难堪的处境!富歇起先还想略施小计来逃脱这个令人不快的任务。人家希望他制定一个包括三四十个主要罪犯的名单,他却使大家惊讶,立即拿出一份几页长的名单,上面有三四百个名字,甚至有人说,有一千个人名,要求把这些人全都予以惩罚,要不就一个也不惩罚。他希望国王不会有这么大的勇气,这样,这讨厌的事情也就过去了。但可惜内阁会议的主席是个和他一样的老狐狸塔列朗,他立刻觉察到,这颗丸药对他的朋友富歇来说是粒苦药,因此就更要逼着富歇把它硬吞下去。他毫不怜悯地下令把名单压缩到四五十个人,并且指示富歇承担这项难堪的任务:起草这些死刑判决书和流放判决书。

对于富歇来说最聪明的办法便是挂冠而去,随手关上王宫的大门。

---

① 指拿破仑。

但是我们已多次提到富歇的弱点：野心勃勃的富歇拥有一切聪明，就是缺少这点聪明，那就是及时急流勇退。富歇宁可把憎恶、仇恨和愤怒集于一身，也不愿自觉自愿地从大臣的交椅上站起身来。受罚者的名单在这位老雅各宾党人的签署后予以公布，激起公众的愤怒。这个名单包括法国最著名最高贵的名字，名单上有 L'organisateur de la victoire① 和共和国的缔造者卡诺，有打过无数次胜仗拯救过远征俄国的法军残部的内伊元帅，有富歇在临时政府中的全体同僚，有他在国民公会和革命时期的最后的伙伴。他们所有的名字都开列在这份可怕的名单上，受到死亡和流放的威胁。在这二十年里由于卓著的功勋给法国带来荣誉的所有的人的姓名都在这张名单上，惟独只缺一个人的名字，那就是奥特朗特公爵约瑟夫·富歇的名字。

其实，在这张名单上也有他的名字，奥特朗特公爵的名字，不过并不是作为一个被控告遭唾弃的拿破仑的大臣的名字列在上面，而是作为国王的大臣作为刽子手上了名单，这位大臣把他所有的伙伴送去处死或者加以放逐。

这个老雅各宾党人这样自我糟践可是给自己的良心以沉重的一击，为此，国王不得不向他表示一定程度的谢意。奥特朗特公爵约瑟夫·富歇于是便得到了最高的，也是最后的荣耀。富歇丧偶已经五年，这时决定续弦。他从前曾经极为愤怒地渴望痛饮"贵族的鲜血"，如今这同一个人却打算和蓝色的血液②通婚，也就是娶德·卡斯特拉内伯爵小姐为妻，一个出身古老贵族世家的女子，也就是"那个应该死于法律剑下的犯罪匪帮"的一个成员，当年他在内韦尔就曾这样亲切和蔼地宣告过。但是从那以后，当年最激进的雅各宾主义者，双手沾满鲜血的约瑟夫·富歇，已经彻底改变观点：对此已有各式各样生动的例证。此刻，在一八一五年八月一日他走进教堂的时候，并不像一七九三年那样，是为了用铁锤砸烂

---

① 法文：胜利的组织者。
② 指贵族血液。

"狂热主义可耻的标记"、十字架和祭坛,而是为了和他出身贵族之家的新娘一起谦卑地接受一个头戴法冠的主教的祝福。大家还都记得,他在一七九三年,为了嘲讽教会,曾派人把这种法冠套在一头驴的两只耳朵上。——奥特朗特公爵知道,倘若和德·卡斯特拉内家的伯爵小姐结婚,理应如何。根据古老的贵族风习,结婚契约应由宫廷里和贵族中首要的贵族之家会同签名。路易十八作为第一号证人 manu propria① 在这份世界史里大概是绝无仅有的文件上签了字,为谋杀他哥哥的凶手充当最为体面的,也是最不体面的证人。

这事分量很重,重得无与伦比,简直可说重得过分。因为这个"régicide"②竟然请求命丧断头机下的先王的御弟当证婚人,这可是极端过分的放肆行为,在贵族圈子里激起了可怕的愤怒。他们连声抱怨,这个卑鄙的投诚分子,这个前天才参加进来的保王分子,装出一副样子,仿佛他真是宫廷和贵族的一分子。现在要这样一个人"le plus dégoûtant reste de la révolution"③,还有什么用处?此人居然还想以他那令人反感的存在来玷污整个内阁?不错,他曾帮助国王重返巴黎,他曾见利忘义亲手签署了惩处法国最优秀人士的命令。可是现在让他滚出去吧!就是这批贵族,当国王焦躁难耐地等在巴黎城外时,他们逼着国王,无论如何一定要任命奥特朗特公爵为大臣,以便兵不血刃地开进巴黎,这同一批先生现在一下子对奥特朗特公爵翻脸不认,他们执拗地只记得某一个叫约瑟夫·富歇的人,他曾在里昂下令用大炮把几百个神父和贵族杀死,并且要求对路易十六处以死刑。奥特朗特公爵突然发现,在他穿过国王前厅的时候,有些贵族老爷不再向他问好,或者以挑衅的鄙夷神情转身把背冲着他。攻击"里昂刽子手"的传单突然出现,迅速流传,一个新的爱国主义团体"Francs régénérés"④,"Camelots du roi"⑤的前辈们和"觉醒的匈牙利",都

---

① 拉丁文:亲手。
② 法文:弑君者。
③ 法文:这最令人憎恶的革命的残渣余孽。
④ 法文:复兴的法国人。
⑤ 法文:战斗的保王分子。

181

召开大会,明确要求清除百合花旗帜上的这个污点。

但是事关权力,富歇可不会这样轻易投降,他用牙齿紧紧咬住权力不放。在那几天奉命监视富歇的一个特务写的秘密报告里记载着,富歇如何试图向四面八方伸出手去,寻求外援,毕竟还有其他国家的君主待在法国国内,他们可以保护他免遭国王的这些过于保王的仆人的攻击。他便觐见俄国沙皇,每天一连几小时和威灵顿,和英国公使会谈,他让所有的外交地雷爆炸。他一方面抱怨入侵的外国军队,以此争取民心,同时以言过其实的报告吓唬国王。他派滑铁卢一役的胜利者去见路易十八国王为他说情,他把银行家们、太太们和最后的朋友们全都动员起来。不,他不愿滚蛋,为了赢得这个头衔他的良心付出了太高昂的代价。他不得不像一个绝望的人拼命抵抗。果不其然,他像一个灵巧的游泳健儿,时而侧泳,时而仰泳,在政治的水面上成功地坚持了几周不往下沉。就像那个特务报告所说的,在这段时间里,他表面上装得信心百倍,大概他也确有信心,因为在这二十五年里他一直步步高升。一个人如果干掉了拿破仑和罗伯斯庇尔,怎么还会因为几个头脑简单的贵族而忧心忡忡?这个一贯轻视人的家伙,他已经欺骗过世界史里最伟大的人物,并且活得比他们更长,他早已不再害怕任何人了。

但是这个善于运筹帷幄的统帅,这个精于揣摩人心的行家,有一点没有学会。这点谁也学不会,那就是和鬼魂斗争。他忘记了,在这国王的宫廷里有一个往日的鬼魂像复仇女神似的在游荡,那就是昂古莱姆公爵夫人,路易十六和玛丽·安托瓦内特的亲生女儿。在这个家庭里,就她一个逃脱了那次大屠杀。路易十八或许还可以原谅富歇,他毕竟要感谢这个雅各宾党人让他获得了宝座,这样一笔遗产有时候(历史可以作证)即使在最高层也会减轻失兄之痛。对他来说,原谅是容易的,因为他并没有亲身经历那个恐怖时代;而昂古莱姆公爵夫人则相反,这位路易十六和玛丽·安托瓦内特的女儿,她童年时代阴森恐怖的图像深深地印在她的血液之中,她有难以忘怀的回忆,她有一些任何东西都无法使之平息的仇恨的感情。她亲身经历的,她的心灵经历的事情实在太多，使她无法原谅这些雅各宾党人，这些恐怖分子中的任何人。她还是个孩子，在圣克卢宫里浑身战栗地经历了那极端恐怖的夜晚，那些无套裤的民众杀害了门卫，穿着滴着鲜血的靴子走到她母亲和父亲跟前。她经历了那个晚上，他们四个人，父亲、母亲、弟弟和她挤在一辆车里，四周的民众又是嘲讽，又是怪叫："面包师傅，面包娘子，面包小子。"路易十六逃亡时，对外的身份是面包师傅。死亡随时会降临，她被带回巴黎送进杜伊勒里宫。她也经历了八月十日，那一天暴民用斧子劈开通向她母亲内室的门，人们带着嘲讽的神气给她父亲头上套上一顶红帽子，用长矛抵着父亲的胸膛。她也痛苦地经受了在塔楼监狱度过的恐怖的日子和可怕的时刻，暴民们把她母亲的女友，朗巴勒①公爵夫人的鲜血淋漓的头颅，披着散乱的沾满鲜血的头发，插在一支长矛的矛尖上，伸进他们的窗户。她怎么可能忘记她送别她父亲，送别她小弟弟的那天晚上？他们把父亲拖上断头台，而让她的小弟弟到狭小的斗室里去喂虫子，去慢慢地病死。富歇的那些头戴红帽的伙伴们连续几天审问她折磨她，在控告王后的审讯中要她证明她的母亲玛丽·安托瓦内特和小儿子犯了所谓的乱伦之罪，她怎么能不回忆起这些暴民？她被暴民从母亲的拥抱中拉开，然后楼下碎石路上响起辚辚的车声，车子把母亲拉到断头机下，她又怎能驱走血污中的这一瞬间？不，路易十六和玛丽·安托瓦内特的女儿，塔楼里的囚犯，她和路易十八不同，这些恐怖的事情，她不是从报上读到或者听别人叙述的，这些恐怖的事情深深地烙在她那备受惊恐、布满阴霾、受尽折磨、痛苦万分的儿童心灵之上，永远不可磨灭。她对这些谋杀她父亲、折磨她母亲的凶手所怀的仇恨，对她童年时代的这些恐怖的画面，对一切雅各宾党人和一切革命者的仇恨还远远没有消除，她还一直没有报仇呢。

这样的回忆不会忘记，所以这位公爵夫人发誓永远不把手伸给她叔叔的这个大臣，杀死她父亲的凶手之一，永远不把手伸给富歇，永远

---

① 玛丽·泰雷兹·路易丝·朗巴勒(1749—1792)，法国贵妇，路易十六的王后玛丽·安托瓦内特的密友，一七九二年被杀害。

不在同一个房间里和他共同呼吸同样的空气。她在整个宫廷面前,公开挑衅似的向这个大臣表示她的轻蔑和仇恨。凡是这个弑君的凶手,这个自己思想的背叛者参加的庆典、聚会,她一概都不参加。她对这个投诚分子公开表示的嘲讽,狂热地明确表示的轻蔑,渐渐地在其他所有的人心里都激起了荣誉感。最后王室所有成员一致向路易十八提出要求,现在政权已经巩固,该让弑杀他兄长的凶手蒙受羞辱,逐出杜伊勒里宫。

  人们回想起来,路易十八接受约瑟夫·富歇本来就很不乐意,只是因为迫切需要此人,才被迫任命他为大臣,现在,他已不再需要富歇,便很愿意甚至可说非常高兴让此人走开。"别让可怜的公爵夫人老是看见这张讨厌的面孔。"国王笑嘻嘻地谈到那个浑然不觉的富歇,此人在签名时还自称为国王"最忠实的仆人"呢。另一个倒戈分子塔列朗奉国王之命让他那国民公会时期和拿破仑时期的伙伴明白,他在杜伊勒里宫出现并不受人欢迎。

  塔列朗很乐意接受这一使命。他本来自己也已经感到难于迎着强劲的保王之风扬帆航行,希望丢掉压舱物,保证自己幸运的航船不致沉没。在他的内阁里沉重的累赘乃是这个弑君的凶手,他的老伙计富歇。他举重若轻机智巧妙地办妥了这件似乎棘手的事情——把富歇扔下海去,而不失交际界名流的风度。他并不是态度粗鲁或者神情俨然地向富歇宣布撤职,不,作为讲究礼仪的高手,处事有方的绅士,他采取了一种迷人的方式,他要让富歇明白,对于富歇先生来讲终于大限已到。这位十八世纪的最后一位贵族上演他的好戏从事阴谋活动时总是安排一个沙龙作为布景。这一次他也赋予这粗暴的撤职以最为优雅的形式。十二月十四日塔列朗和富歇在一次晚会上见面。大家吃饭,谈天,懒洋洋地闲聊,尤其是塔列朗显得情绪特好。一大帮人围着他,美貌的淑女名媛,显赫的高官贵胄,和一些青年才俊,大家都好奇地凑上来聆听这位谈话大师的妙语。果不其然,他这次也讲得特别迷人。他叙述早已逝去的往日,为了逃避国民公会的逮捕,他不得不逃亡美国。他热情洋溢地盛赞这个了不起的国家。哎呀,那儿真是妙不可言:无法穿越的密林,住着红种人的原始部落,水流

昂古莱姆公爵夫人

湍急无法探测的江河,波澜壮阔的波托马克河①和气势浩瀚的伊利湖②。在这富有英雄气概和浪漫情调的世界里生活着崭新的一代人,他们刚毅坚韧,能干坚强,经受过战斗考验,矢志为自由献身,论制定法律,堪称表率,发展潜能难以估量。不错,那儿真有不少可学之处,应该在那儿感受一种新的美好的未来,比我们这年迈衰朽的欧洲有着千百倍的活力! 他热情满怀地叫道,应该到那里去生活,到那里去干一番事业,他觉得再也没有一个职位比到美利坚合众国去当公使更诱人的了……

说到这里,他那仿佛偶然产生的洋溢热情突然中断,他扭头冲着富歇:"奥特朗特公爵,您是否有兴趣担任这样一个职位?"

富歇脸色刷的一下子变得灰白。他明白了。他怒火中烧气得心里直颤,这只老狐狸多么狡猾,多么机灵,当着众人的面,当着整个宫廷的面,把他大臣的交椅扔到门外。富歇没有回答。但是几分钟之后他告辞回家,写了辞呈。塔列朗则情绪欢快地留了下来,在回家的路上一脸奸笑地对朋友们说:"这一次我可把他的脖子彻底拧断了。"

富歇这次去职可是直截了当地被人撵走,为了在公众面前为这事件披上一件薄薄的大氅,稍加掩饰,人们给这位免职的大臣在形式上提供另外一个微不足道的职位。所以在《箴言报》上不是登载着,那个"régiade"约瑟夫·富歇被免去警务大臣的职位,而是登着这样一条消息:路易十八国王陛下决定任命奥特朗特公爵阁下为驻德累斯顿宫廷的公使。不言而喻,人们期待着富歇会拒绝接受这个毫无价值的职位,它既不符合他的级别,也不符合他那已有世界历史意义的地位。但是情况完全不是这样!其实只要头脑稍微清醒一点,富歇就会理解,他这个弑君凶手,在这反动王国里当差已经彻底完结,无法挽救,再过几个月,便是那根可怜见的骨头,人家也会从他的牙齿里夺下。但是对权力的强烈饥渴使得这颗以往如此放肆的豺狼心灵现在完全变得像狗一样卑下。正如拿破仑直到最后

---

① 位于美国马里兰州和维吉尼亚州之间。
② 美国布法罗附近的湖泊。

一刻，不仅死死地抓住他的地位，也抓住他那皇帝尊严的名讳不放，他的仆人富歇也同样在乎一个名义上的大臣的最后的最微不足道的头衔，态度当然要低下得多。他像黏痰似的执著地黏在权力身上，这个永恒的仆人，这一次也满腔愤懑地服从他的主人！"陛下，我接受陛下托付给我的公使的职务，为此我感激不尽。"这个年已五十七岁，拥有二千万法郎的富翁，卑躬屈膝地上书给半年前全凭他的恩典才重新当上国王的人。他收拾行李，举家搬到德累斯顿，到这个小小的宫廷去赴任，在那里把寓所布置得像公侯府邸一样的富丽堂皇，仿佛他打算作为国王的公使在那里安度晚年了。

但是他担心了许久的事情，很快就发生了。差不多有二十五年之久，富歇像个绝望的人拼命反对波旁王室重新当政，他出于正确的本能，感到复辟的波旁王室最终会清算他曾说过"死刑"二字，把路易十六推到断头机下。但是他愚蠢地希望，只要混进他们的队伍，伪装成一个老老实实、忠于国王的仆人，就会骗过他们。可是这一次，他可没有骗成别人，而只是欺骗了他自己，因为在他德累斯顿的府邸里还没贴上新的糊墙纸，还没布置好桌椅眠床，在法国的议会里却已响起隆隆的惊雷。没有人再说起奥特朗特公爵，大家都已忘记，有个拥有这个称号的显贵曾把他们的新王路易十八在凯旋声中迎回巴黎——大家只说起一个富歇先生，只说起一七九二年把国王判处死刑的"régicide"，南特的约瑟夫·富歇。只说起"里昂的刽子手"，议会以三百三十四票对三十二票的压倒多数把这个"曾经谋弑过蒙受上帝恩宠的国王"的人屏除在任何大赦之外，并且终生逐出法国。不言而喻，这也意味着可耻地被免去公使的职务。现在这个"富歇先生"不再是阁下，不再是荣誉团的骑士，不再是参议员，不再是大臣，不再是显贵，被人毫无怜悯、干脆利落、连嘲带讽、极度轻蔑地一脚踢到街上，同时官方向萨克森国王暗示，也不希望富歇此人继续滞留德累斯顿。这个亲自把成千上万人送去流放的人，二十年后，现在作为最后一个国民公会的战士自己也步其他战士的后尘，无家可归，受人诅咒，遭到流放。既然他现在无权无势，不受法律保护，各党各派的仇恨全都一起倾注到这个倒台落难的人身上，就像先前所有党派都向这个炙手可热的实权人物表示好感一样。现在各种阴谋诡计、各种抗议、各种请求全都无济于事。一个失去权力的掌权人物，一个彻底失败的政治家，一个黔驴技穷的阴谋家，始终是天下最可怜的家伙。富歇从来没有为人类的一种思想，一种道德激情出过力，始终只为眼前利益和人们转瞬即逝的恩宠效劳，现在得为他的这个罪过付出代价，还债之时很晚，却要偿付高利贷的利息。

现在往何处去？这位从法国流放出来的奥特朗特公爵起先一点也不担心，他不是沙皇的宠臣、滑铁卢战役的胜利者威灵顿的心腹、权力无限的奥地利大臣梅特涅的朋友吗？贝纳多特一家不是还得感激他把他们推上了瑞典的宝座吗？巴伐利亚的君王们不也一样吗？他不是多年来和一切外交官都相交甚笃，欧洲所有的君侯和国王不是都激情满怀地争取他的恩宠吗？这个下台的逐臣心想，他只要稍加暗示，每个国家都会争先恐后地接纳这个遭到放逐的阿里斯提得斯①，并以此为荣。但是世界史对待一个倒台的人和一个有权有势的人是多么不同啊！尽管他暗示了几次，沙皇的邀请始终没来，威灵顿也同样未发邀请；比利时拒绝他入境，在他们境内老雅各宾党人已经够多的了，巴伐利亚小心翼翼地避而不答，连老朋友梅特涅侯爵也表现得出奇的冷淡。那好吧，倘若奥特朗特公爵一定想来，他可以到奥地利的领土上来。奥地利宽宏大量，准备接纳，不予反对。不过千万别到维也纳去，不，那儿可用不着他，他也无论如何不得到意大利去。充其量可以待在一个外省小城里（其前提是必须循规蹈矩！），但不得在下奥地利境内，也就是不得挨近维也纳。的确，这个旧日的好朋友梅特涅一点也不殷勤，即使家资万贯的奥特朗特公爵主动建议，把全部财产用来购置奥地利地产或者变成奥利地的国债，建议让自己的儿子到奥地利皇家军队去服务，也未能使这位奥地利的国务大臣一改他那冷淡保留的态度。当奥特朗特公爵宣布要访问维也纳时，梅特涅委婉地拒绝，不，他最好还是悄悄地，以私人身份前往布拉格吧。

于是约瑟夫·富歇便在没有正式邀请，毫不体面，与其说是应人请求，毋宁说是为人容忍的情况下，从德累斯顿悄悄地溜到布拉格去，在那

---

① 古希腊政治家，公元前四八二年因反对国王遭到流放。

里住了下来。他的第四次放逐,他的最后一次,也是最残酷的一次放逐开始了。

在布拉格,人们对这位地位显赫的客人的到来,当然是从他的高位一跤摔下的客人也并不感到非常欢欣鼓舞,特别是那些迷恋世袭爵位的贵族对于这个猝然闯入的外人颇为冷淡。因为波希米亚①的贵族还一直阅读法国报纸,而这些报纸现在充斥着对这位富歇"先生"的充满仇恨、愤怒已极的攻击。报上常常详加报道,这个雅各宾党人在一七九三年如何在里昂掠夺教堂,在内韦尔洗劫金库。一切渺小的文人,从前在警务大臣的铁拳面前索索直抖,不得不把满腔怒火硬吞下去,现在毫无顾忌地向这个无力自卫的人大吐唾沫。历史的车轮现在以疯狂的速度旋转,当年监视半个世界的人,如今自己受到监视;他这个善于发明创造的天才设想出来的警察手段,如今由他的学生和他旧日的部下用来对付他们从前的老师。奥特朗特公爵收发的每封信件都要经过"黑屋",在那里一一打开,抄录下来。警察特务窃听他的每次谈话,予以汇报,侦察和他来往的人们,检查他的一举一动。他处处感到被人监视,被人包围,被人窥伺。他自己的艺术,他自己的科学,被人极为残忍、无比巧妙地用在它们机敏透顶的发明者身上。他寻找补救的方法来摆脱这些凌辱,但是徒劳。他致函路易十八,但是国王对于这个废黜的大臣不屑回信,正如富歇从前在拿破仑逊位之后不予回答一样。他致函梅特涅侯爵,侯爵充其量让他属下的官员不耐烦地说声"行"或者"不行"作答。他得老老实实地承受人人在他身上的拳打脚踢,他终于得停止乱叫乱嚷、连声抱怨了,这个使人恐惧而受到爱戴的人,自从人们不再怕他便受到众人的轻视:这个最大的政治赌徒已经山穷水尽。二十五年之久,命运多次眼看就要把他抓住,可是此人灵活机敏,难以捉摸,总是一再逃脱命运的掌心。如今他彻底跌倒在地,命运便无情地痛打这个倒地不起的人。在布拉格,约瑟夫·富歇不仅作为政治人物惨遭覆没,便是作为一个人也经受了最痛苦的屈辱。一八一七年在那里发生的事情仅是一个小小的插曲,没有一位长篇小说作者

---

① 捷克的旧称,布拉格是当时波希米亚的首府。

能够杜撰出一件事情,能够更聪明地象征他在精神上受到的屈辱。因为现在可悲又加上可笑,这是对任何不幸最可怕的丑化。富歇不仅作为政治人物遭到屈辱,便是作为丈夫也是如此。我们完全可以想象,二十六岁如花似玉的贵族小姐当时和这个秃顶、脸色灰白、面如骷髅的五十六岁的鳏夫结婚,并非出于爱情。但是这个不甚诱人的求婚者在一八一五年可是法兰西第二大富翁,二十倍的百万富翁,是阁下,是公爵,是笃信基督的国王陛下驾前备受尊敬的大臣;于是这位讨人喜欢,可是家道中落的外省伯爵小姐便很有理由暗怀希望,在一切宫廷庆典上,在圣日耳曼区作为法兰西最高贵的女人之一大出风头。果不其然,开头的确预示希望:陛下降贵屈尊,亲自作为证婚人在他们的婚书上签字,贵族和宫廷官员争相道贺,巴黎的一座豪华宫殿,在普罗旺斯的两座庄园和一座贵族府邸,都争着迎接奥特朗特公爵夫人去当女主人。有这样的辉煌和两千万法郎,一个野心勃勃的女人是会接纳一个性情冷淡、秃顶、脸色蜡黄得活像羊皮纸的五十六岁的夫君的。但是鲁莽的伯爵小姐却是为了魔鬼的黄金出卖了她那明艳的青春,因为刚过蜜月她就发现,她并非是一位受人高度尊重的国务大臣的夫人,而是法兰西最受嘲弄、被人深恶痛绝的人的妻子,是被人驱逐出去、赶到国外、被全世界嘲笑的富歇"先生"的老婆——显赫的爵位连同它的全部辉煌已黯然失色,留给她的只是一个精力衰退、情绪恶劣、脾气暴躁的老人。于是发生了一件并不非常令人意外的事情。在布拉格,在这位二十六岁的少妇和一个同样被驱逐出境的老共和党人的儿子,年轻的蒂博多之间渐渐产生了一种"amitié amoureuse"①,大家不清楚的是,这里究竟在多大程度上只是 amitié(友谊),在多大程度上是 amoureuse(爱恋),可是由于这个原因发生了激烈的争吵,富歇不许年轻的蒂博多上门。令人生气的是,夫妻之间的口角竟然不是秘密。保王党的报纸窥伺每一个机会对那个使他们多年来吓得发抖的人猛抽一鞭,对他在家里蒙受的失望发表恶毒的评论。广为传播的粗俗的谣言,使一切读者为之朵颐,说年轻的公爵夫人在布拉格和她的情人一同私奔,抛下戴

---

① 法文:爱恋的友谊。

绿头巾的年老夫君。奥特朗特公爵不久在参加一次社交活动时发现仕女们强忍微笑，带着讽刺的眼光把鲜花盛开似的少妇和他缺乏魅力的身体两相比较。这时，这个谣言制造的老手，永远搜寻闲言碎语和惊人丑闻的猎手，在自己身上体验到名誉受到恶意中伤是多么令人难堪。这种污蔑根本无法打垮，最聪明的办法莫过于自己远遁。只有身处不幸之中，他才认识到自己已跌到什么地步，他在布拉格的放逐生涯简直使他如坠地狱。他于是再次恳请梅特涅侯爵，允许他离开这座无法忍受的城市，在奥地利境内另选一座城市。梅特涅让他等着，最后终于仁慈地允许他前往林茨：于是这个极度失望疲惫不堪的人便低三下四地退隐到那里去，躲开往日屈从于他的那个世界的仇恨和嘲讽。

林茨（Linz）——在奥地利只要有人提到这座城市的名字，人们总会微微一笑，这个名字和"外省、乡下"（Provinz）一字恰好押韵。城里小资产阶级为主的市民一般来自乡下，还有造船工人和手工业工人，大多是穷人，只有几家世代定居于此的奥地利乡下贵族。不像布拉格有宏伟光荣的传统，这里没有歌剧院，没有图书馆，没有剧院，没有管弦声喧的贵族舞会，没有节日庆典，——真正是个昏昏欲睡土里土气的外省小城，一个退休老人的退隐之地。老人富歇带着两个几乎同年的年轻女子在那里定居下来，一个是他的夫人，另一个是他的女儿。他租赁了一幢豪华的房子，装饰得高贵雅致，使林茨的供销商和商人喜出望外，迄今为止在他们城里还没有碰到过这样的百万富翁。有几家人家努力设法和这位饶有趣味，因为有钱，所以不知怎的显得高贵的陌生人交往，但是贵族则明显地宁可接受出身卡斯特拉内伯爵家的小姐，而不接受有钱的市民之子富歇"先生"，是拿破仑（在他们眼里拿破仑自己也是个冒险家）在此人瘦削的肩上披上一袭公爵的大氅。而官员们又从维也纳接到密令，尽可能不要和他交往，于是这位从前激情满怀活跃异常的人就完全生活在孤立状态之中，人们几乎避免和他来往。有位同时代人当时在回忆录里形象生动地描绘了一次公开舞会上的情形："引人注目的是，公爵夫人受到欢迎，而富歇自己则遭到忽视。他是中等身材，相貌丑陋，身体强健，但并不肥胖。

梅特涅

每逢舞会,他总是身穿镶了金纽扣的蓝色燕尾服,白裤白袜,佩戴着大型的奥地利利奥波德勋章。通常他总是独自一人站在壁炉边观赏舞蹈。我看到这位法兰西帝国从前权力无限的大臣,这样被人遗弃,这样孤独地站在那里,似乎有哪个官员过来和他搭讪或者建议和他对弈一局,他就感到高兴,我真不由得想起尘世间一切权力和辉煌全都变幻无常。"

只有一种感情支撑着这个精神上激情如炽的人坚持到最后一刻:那就是希望又一次,再一次又能在政治上东山再起。他已经疲惫不堪,精力消耗殆尽,已经有些迟钝,甚至身体也已发福,可他还是不能摆脱这种妄想:人们还会把他,这个功勋卓著的人召回到他的岗位上去,命运像以往多次那样,又会再一次把他从默默无闻的境地中救出,把他抛回到政治的神妙的世界赌局之中去。他不断地和他在法国的朋友保持秘密的通信联系,这只老蜘蛛,还依然在编织着它的秘密的蛛网,但是这些蛛网停在林茨的屋椽上,不受人家注意。他用假名发表了一本《一位同时代人对奥特朗特公爵的看法》,这是一本匿名的赞扬文字,以极其生动活泼的色彩,甚至可说以抒情的笔调描写他的天才,他的性格。与此同时,为了大大地吓唬一下他的敌人,他又在私人信件里预先放出风声,说奥特朗特公爵正在撰写回忆录,甚至说此书将在布洛克豪斯出版社出版,献给路易十八国王陛下。他想以此提醒那些过于放肆大胆的人们,前任警务大臣富歇还有几支箭插在箭壶里,而且是致命的毒箭。可是奇哉怪也,没有人再害怕他,没有什么东西把他从林茨解救出来,谁也没有想到召回他,接他回来,谁也不要他的忠告,他的帮助。当法国议会由于别的原因讨论召回流放者的问题时,既没人怀着仇恨也没人怀着兴趣想起他。他离开世界舞台已经三年,这三年时间已足以使这位伟大的演员被人遗忘,所有的角色他都曾经演得精彩无比。沉默犹如一个玻璃的灵柩,罩在他的身上。对于这个世界来说已经不再有奥特朗特公爵,只有一个年迈苍苍的老人,他筋疲力尽,脾气乖张,孤独寂寞,闷闷不乐地在林茨单调无聊的街道上散步,不时有一个供应商,一个商人在这个病恹恹的、弯腰曲背的人面前客客气气地脱帽致意,此外在这个世界上就没有一个人认识他,没有人思念他。历史,这位永恒的律师,对这个永远只想眼前利益的人进行了最残酷的报复:历史把他活活地埋葬了。

奥特朗特公爵被人遗忘到这样的程度,以至于当梅特涅在一八一九年终于准许他迁居的里雅斯特时,除了奥地利的几名警官之外,竟无人注意到这事。梅特涅之所以准他迁居,只是因为他从可靠方面获悉,这小小的恩典只是施与一个行将就木的人。整日无所事事,比三十年徭役更使这个不知休息的工作狂疲惫不堪,受到更大的损伤。他的肺开始衰竭,他无法忍受酷寒的天气,于是梅特涅批准他到一个更加阳光明媚的地方去死:的里雅斯特。人们于是有时候在那里看到一个业已崩溃的人拖着沉重的脚步去望弥撒,合着双手跪在木凳前。当年的约瑟夫·富歇,二十五年前曾亲手砸烂教堂祭坛上钉着耶稣的十字架,现在他低垂着白发苍苍的头颅,跪在这"可笑的迷信标志"之前,也许此刻他心里油然产生一阵乡愁,思念他旧日修道院里那幽静的斋堂里的走廊。他身上不知什么东西发生了变化,这个往日雄心勃勃的斗士,如今只想和他所有的敌人讲和,他生平伟大的对手拿破仑的妹妹和兄弟——他们也都早已被人推翻,为世界所遗忘——前来看望他,和他亲密地共话往事:所有这些来访者全都惊讶地发现,此人由于疲劳真的变得相当温和。在这可怜的影子般的人身上,已经没有什么东西使人想起那使人害怕、极端危险的人,那个人足足二十年使世界为之困惑,迫使当时最强有力的人物屈膝跪倒。他现在只求和平,和平,只求善终。的确如此,在他最后的时刻,他还和他的上帝,和人类讲和。和上帝讲和了:因为这个好斗成性的老无神论者,这个基督教的迫害者,祭坛的破坏者,在十二月最后的日子里,把一个神父,把一个"令人憎恶的骗子"(就像他在充当雅各宾分子时某年的五月天称呼神父的那样)请来,虔诚地合着双手,接受临终涂油礼。和人们也和解了:因为在他去世前几天,他命令他的儿子打开他的书桌,把所有的文件取出来,点燃了一把大火,把千百件信函全都投入火中,大概也有那部令人极为害怕的回忆录,许多人为之胆战心惊。这是垂死之人的一阵软弱,抑或是最后的迟来的善心,是对后世的恐惧,抑或纯属漠不关心——反正他把可能牵连别人,他自己可以借此向他敌人进行报复的一切材料全都怀着一种全新的几乎可说是虔诚的顾忌,在死床上予以销毁,生平第一次不是追求荣誉和权力,而是寻找另外一种幸福,对人和人生都已感到疲倦:只求忘怀。

一八二〇年十二月二十六日,这个在北海的一个港口里开始的奇特而又命运多变的一生,在的里雅斯特这个南海的城市里终于结束。十二月二十八日,人们把这个动荡不宁、颠沛流离、被人驱逐的人的遗体安葬,使之获得最后的安宁。著名的奥特朗特公爵去世的消息,起先在世界上并没有引起巨大的好奇心。只是回忆的一缕淡淡的青烟从他那业已消逝的名字上轻轻飘起,几乎无影无踪地飘散在时代的重归宁静的天空之中。

但是四年之后,又一次激起骚动不宁。谣传人们深怕的那个人的回忆录即将面世。有些当权派,有些过于放肆地向那倒台下野的人猛打一气的鲁莽之徒,这时背上感到一阵阵寒噤:这张危险的嘴巴莫非真的又要从坟墓里开始说话?早已从警务部档案架的阴影里取走的文件,那些内容过于机密的文件、牵连甚广的证明真的要重见天日使人丧失名誉?但是富歇便是死后也忠于他自己。因为一个机灵的书商于一八二四年在巴黎出版的富歇回忆录并不可靠,就和富歇他本人一样。这个顽固的沉默者即使在坟墓里也不泄露全部事实真相。他妒忌心切地把他的秘密带到阴冷的地下,为了使自己始终变成一个秘密,一道或明或暗的幽光,模棱两可的现象,永远也不能完全看透的人物。可是正因为如此,这个人物才一再吸引人们重新进行他自己非常精通的追根究底的游戏:从转瞬即逝的微小痕迹发现整个扭结曲折的人生道路,从他变化多端的命运,认清这个最最奇特的政治人物所属的精神族类。

关于富歇的传记

一九二九年,《约瑟夫·富歇:一个政治性人物的肖像》面世,这是茨威格继《三大师》等作家传记之后创作的历史人物传记的第一部。这些传记的特色便是心理分析。茨威格对人的心理感兴趣,进而对历史人物在重大历史关头的心理感兴趣。在法国期间,茨威格为巴黎所吸引,这座历史名城似乎每砖每瓦都和某个重大的历史事件有关。可是在法国历史上,还有哪一段历史比法国大革命的血雨腥风、慷慨悲歌、激情如潮的史诗更壮丽辉煌更激动人心的呢。

对于法国大革命,史家早有定论。作为推动历史发展的重大革命运动,它摧毁了封建势力,传播了资产阶级的政治理想,确立了资本主义的生产方式和政治制度,解放了生产力,使得人类得以创造前所未有的奇迹。全世界进步人类都为这场革命欢呼喝彩。但是这场革命带来的权力斗争、恐怖主义、流血暴行也达到前所未有的惨烈。《富歇》一书反映的便是这段背景。

在研究法国大革命史时,茨威格首先发现的是罗伯斯庇尔,可他认为更有资格写罗伯斯庇尔的是罗曼·罗兰,自己便选择了约瑟夫·富歇。显然,富歇身上有什么东西更加吸引他,这便是这个历史人物令人目瞪口呆的现实性。茨威格在一九二八年给埃米尔·路德维希[①]的信里写道:

"描绘一个纯粹政治人物的肖像,他为任何信念效劳,接受任何职

[①] 埃米尔·路德维希(1881—1948),德国小说家、传记作家。

位,为所有的主子卖命,从来没有自己的立场。正由于见风使舵灵活机敏,他比他那时代最强有力的人物都活得更长。这应该让人看到,并警告人们注意今天和所有时代的政治性人物,以形象生动的方式暗示这些'可用的'、精明狡猾的政治性人物对一切民族和欧洲的危险。"(一九二八年五月二日)

可见促使茨威格创作《富歇》一书的动机并非发思古之幽情,而是对现实的关切。当时欧洲政治形势错综复杂,各派势力都在政治舞台上充分表演。从一九一七年俄国十月革命和一九一八年德国十一月革命之后,革命的浪潮席卷欧洲各国。一大批德法进步作家,例如纪德,罗曼·罗兰,亨利希·曼都倾向苏联。茨威格也对俄国发生的革命相当肯定,称之为伟大的革命实践。一九二八年他访问苏联,受到热烈欢迎。可是不久,他对克里姆林宫墙内的权力斗争有所听闻,对几年后震惊世界的革命领袖之间凶残血腥的兄弟阋墙以及在革命口号下发生的骇人听闻的暴行惨剧也有所觉察,便对那里的革命实践失去了激情,对于苏联保持一定的距离,对于政治性人物采取批判的态度,并且自称非政治性人物,以示区别。

一九一八年,德意志帝国和奥匈帝国崩溃之后,贵族和军官阶层并未摧毁,复辟势力依然存在。再加上几百年来沙文主义、民族主义的毒素到处弥漫,要求出现铁腕人物进行寡头统治。德国法西斯打出"国家社会主义德国工人党"的旗号,蛊惑人心,扩大队伍。独裁专制的呼声甚嚣尘上。许多见风使舵、趋炎附势的政界人物,为了个人或党派的私利,不惜牺牲民众的利益,在幕后进行许多肮脏的政治交易。这种情况促使茨威格认真思考。他发现当时的政治形势和法国大革命时期的政治形势有许多相同之处,而一些政治家的卑鄙无耻也和法国大革命时期涌现出来的一些投机分子、风派人物(茨威格称之为"权术家")十分相似。他们打着动听的进步革命的旗号,干的却是卑劣的反动行径。法国大革命时的女革命家罗兰夫人,在上断头台时曾经说过一句非常令人心酸的话:"啊,自由,以你的名义,人们犯下了多少罪行。"在汹涌澎湃的革命浪潮之中,在政治风云突变之际,又有多少无耻之徒以革命的名义犯下罄竹难书的罪行。

是不是革命就一定要有暴力？是不是革命就一定要有无辜的牺牲？茨威格虽然研究的是法国大革命的历史，但实际上心里面想的却是他当时的现实生活。

茨威格承认自己憎恶政治，但他指的政治乃是各派政治势力之间争权夺利的斗争。战后政治舞台上活跃着各派政治势力，有的极左，有的极右，各有不同的背景，代表不同的势力。虽然他们都扬言代表人民的利益，却都希望笼络民众牟取私利。茨威格经过战争的洗礼，知道群众一旦受到蛊惑，出现群众歇斯底里，后果不堪设想。

虽然茨威格十分关心现实生活和当前的政治，但他不是那种喜欢在政治舞台上抛头露面的人物。他善于采取以史为鉴的方法，用历史的教训来警醒今天的民众。于是他决定创作《富歇》。

茨威格在给罗曼·罗兰的信里明确表示，他写的是富歇，指的是魏玛共和国时期一度担任总理兼外长的古斯塔夫·施特雷泽曼："施特雷泽曼和其他所有的人是他（富歇）的缩印本……这本书反对没有良心、没有信念的政治，也就是反对今天欧洲的政治。"

古斯塔夫·施特雷泽曼是茨威格同时代的一位德国政治家，民族自由党人，一九二三年任帝国总理兼外交部长。对于施特雷泽曼的评价褒贬不一。史家今天相当肯定他致力于德法和解，参加国联，对苏联采取中立政策的功绩。一九二六年他和法国外长布里昂共获诺贝尔和平奖。但就是这个施特雷泽曼，在第一次世界大战时是激进的主战派，极力主张"胜利和约"（即战胜敌人而后签订和约），并且通过战争大量扩张领土。这前后截然相反的政治主张使人对他的品质产生怀疑。但是政局动荡之时，国家危难之际，这种政治观点朝秦暮楚、政治倾向随风摇摆的政治家触目皆是。茨威格笔下的《富歇》不仅在当时德国政治舞台上带有普遍性，便是在不同时代不同国家里也都可以找到程度不同、方式各异的翻版和变形。

茨威格在《富歇》这本书里展现这位风云人物的内心世界，剖析这位一代怪杰的灵魂，给那些风派人物画了一张群体画像。细腻的笔触将人

古斯塔夫·施特雷泽曼(右)和布里昂

物灵魂的每一个皱纹、每一个犄角都披露无遗。《法兰克福报》称它为"一个艺术品,铺展得很开,充满了诗意的成分"。

这是《富歇》成为畅销书的原因。

这一点茨威格自己没有想到。他曾劝海岛出版社老板、出版家吉彭贝尔格发行《富歇》时,最多只印一万册。这本书既无感人肺腑的爱情故事,亦无惊心动魄的戏剧冲突。他估计此书不会博得女性读者的青睐,一般读者也不会太感兴趣。殊不知法国大革命的历史本身便是最佳戏剧,当时活跃在政治舞台上的政治家的演出令人击节赞赏,叹为观止。销售情况出人意料,一九二九年底第二版印数高达二万册。茨威格在给弗莱歇尔的信中承认自己的估计完全错误,真是"愚不可及"。评论界对此书一致赞扬,评价极高:"从语言上看,此书是德国最优秀的一部散文作品……是茨威格的成熟产品之一""从心理学的角度来看,是关于伟大的拿破仑时代的最杰出的传记之一""一幅无与伦比的时代画卷,全面涉及政治,其起源、范围、滥用、使用、批评和结尾,一个现代的同时代人所不可或缺的一切……作者的大手笔把令人反感的人的一生也变成一部伟大的作品,请向他鞠躬致敬。"尤其值得注意的是汉斯·赫尔维希的评论:"在纳粹统治开始之前几年,写出一本关于一个政治上毫无良心的人的传记,该书是向当代读者发出的警告。"

一九二九年秋,茨威格在《富歇》一书的前言里讲到了他写作此书的经过、目的和希望。茨威格指出,约瑟夫·富歇很不为他的同代人所喜欢,后世也不给他公正的评价,无论是圣赫勒拿岛上的拿破仑,雅各宾党人中的罗伯斯庇尔,还是卡诺、巴拉斯、塔列朗在他们的回忆录里,都没有对他说过好话。一切法国历史学家,无论保王派、共和派、还是波拿巴派,只要一写他的名字,立刻火冒三丈,出言不逊。天生的叛徒,卑劣的阴谋家,油滑的爬行动物,职业的投敌分子,低下的警察灵魂,卑鄙的无道德者——在他的身上没有省略过任何轻蔑的骂人话。著名的历史学家大多没有认真地研究过他的性格。是巴尔扎克使茨威格注意到富歇。在《一桩神秘案件》这篇小说里,巴尔扎克写到,富歇表现出来的天才"使拿破仑感到惊恐"。接着巴尔扎克以下面这段文字对富歇进行评述:"富歇使拿破仑感到惊恐的天才并不是突然一下子表现出来的。富歇原来是一个籍籍无名的国民公会议员,从暴风雨中锻炼出来,成为当代最杰出的人之一,也是当代最受人误解的人之一。"

仔细观察之后,茨威格发现这同一个人竟像个千面人似的,在不同时期会以不同的面貌出现:"一七九〇年是神学院的教师,一七九二年便成了掠夺教堂的人;在一七九三年是个共产主义者,五年之后却成了几倍的百万富翁;再过十年,俨然成了奥特朗特公爵。但是这个新时代十足地道的马基雅弗利主义者的性格变化越是放肆大胆,那么他的性格或者不如说他的无性格在我看来就越发有趣,他那完全隐没在各种背景和神秘色彩中的政治生涯,我就觉得越发迷人,他的形象就越发独特,越发带有妖魔气息。所以,纯粹出于对心灵科学的兴趣,我非常突然地写起约瑟夫·富歇的故事来,作为对权术家生物学的一份贡献。"

茨威格接着写到,当时撰写历史人物传记成风,时代需要英雄传记,因为自己缺乏政治上有独创性的领袖人物形象,它便从往日寻找更高一级的榜样。但是为了突出这些人物,却往往暗藏着一个篡改历史的危险,似乎是这些领导人物决定了世界的命运。其实不然。茨威格认为,在历史上起作用的往往是幕后操纵的人物。于是在全文的最后,茨威格点出了他写作此书的目的:"倘若政治的确像拿破仑在一百年前所说的那样,变成了"la fatalité moderne"①,新时代的厄运,那么我们为了自卫,要设法辨认躲在这些势力后面的人们,以便认清他们何以得势的危险的秘密。但愿这本《一个政治性人物的肖像》能对这种政治人物的类型学做出一份贡献。"

茨威格在撰写《富歇》一书时,没有淹没在纷繁的史料之中,而是理出脉络,突出人物。史学家往往有两种倾向,一是为史料所俘虏,把历史人物写成棋盘上被动的棋子,为冥冥中主宰一切的命运或事件所左右,是为"时势造英雄"。另一则是突出英雄人物,他们大智大勇,刚毅坚定,不为环境所扰,却能决定历史的进程,是为"英雄造时势"。这些人物的性

---

① 法文:现代的厄运。

格在决定性时刻起什么作用,则始终为人所忽视。

约瑟夫·富歇的一生是一部充满矛盾、令人惊讶的历史。他历经公安委员会、督政府、执政府、帝政、复辟等一系列重大的转变。许多人在这些历史的转折时期不是身首异处,便是销声匿迹,退出历史舞台。惟有富歇这一数朝元老,始终位居要津,大权在握。

历史学家和传记作家给我们看的是头绪纷繁、自相矛盾的诸般行为、各种言论。一个惊诧接着一个,就仿佛历史是团乱麻,历史人物尽是疯子。命运的拨弄,或者政治经济的发展,决定了历史的走向。历史人物恰如命运女神手中的棋子,忽东忽西,做这做那,全无个人的意志。这既不能解释历史上的种种疑团,也开脱了历史人物个人应负的责任。这是一种奴隶主义的机械分析法,全然不顾人的主观能动作用。其实历史人物也是人。是人就有性格、就有感情、就有心理活动。他们的好恶、他们的一念之差造成的后果,往往可以使千百万生灵涂炭,也可以使千军万马幸存。用心理分析的方法分析历史人物,这是茨威格的一个崭新的尝试。

茨威格的传记有别于其他作家撰写的传记,他着重于对人物的内心世界、心理活动的剖析,寻找历史事件之所以发生的内在原因。他往往选择一些典型的事件和场面来详加描述和分析,突出一些事件,把强光照在一些乍一看并不重要,而实则十分说明问题的细节上。换一个角度,整个局面顿时改观,历史便有了新的诠释,出现新的景观,有了新的深度和含义。

茨威格不愧为丹纳的弟子,弗洛伊德的门生。他在历史人物的传记中独辟蹊径,在描写客观环境时放进心理分析,强调客观因素如何促进主观因素发生作用,从而推动人物的看似偶然实则必然的行动,使历史上的一切难解之谜得以破析,一些令人困惑的疑团得以澄清。虽然仅仅是一家之言,却是极有吸引力和说服力的一家之言。

茨威格在书中首先用高度凝练的笔触把富歇的家庭、童年,以及他出生时的法国封建社会作了一个速写式的勾勒,让读者看到,这个体弱多病、不耐艰苦的市民家的孩子只有一条出路——教会。教会长于人情世故,聪明、民主、心胸宽大,历来善于网罗人才,并不计较出身门第。小约瑟夫在教会学习,成绩出众,毕业后,留校担任数学和物理教师。虽然职位卑下,难以发迹,但是可以自我修养,边教边学。

还在这人生的第一步,茨威格便触及富歇的性格特点:"他不受更高的圣礼,也不发任何誓愿。无论在什么环境里,他都为自己留着退路,留着顺风而变的可能性。他投靠教会也只是权宜之计。以后投靠革命、督政府、执政府、帝国,或者王国,均是如此:约瑟夫·富歇,对上帝尚且不肯答应终身效忠,更何况对一个普通人了。"

从二十岁到三十岁,足足十年之久,富歇在修道院里过着单调平静的生活。而实际上,这十年是富歇韬光养晦,自我充实,等待时机的十年。在这十年里,富歇学到了很多对日后他做权术家时极有好处的东西,尤其是善于沉默,自我隐蔽,精通心理学,善于洞察人的内心。即使心情激动,也能控制住脸上的每根神经,喜怒不形于色。他的嗓音低微,说话从容不迫。在这十年修道院的生活中学会了这种无与伦比的自我控制的本领。

一七七八年,法国已经开始卷起了那阵社会风暴。富歇所在的阿拉斯城里知识分子常常聚集一堂。暴风雨还远在天边,隐而不见。但是在即将掀起的风暴中扮演重要角色的人物罗伯斯庇尔、富歇、卡诺、马拉等人已经迫不及待地急于上场了。

善观风向的富歇感觉到社会风暴已笼罩全国,政治将统治世界。那就投身到政治中去!他摇身一变,从神父变成了政治家。一七九二年,富歇便当选为国民公会的代表。时年三十二岁。

他没有粗犷奔放的激情,不好色,不赌博,不酗酒,不喜欢挥霍,不爱户外活动。他只是生活在深室里与公文档案为伍。在这张土灰色的看来松弛无力的面具底下,从来看不出有什么真正紧张的表情。

"这种摇撼不动的冷静也正是富歇的真正的力量。神经控制不住他,感官诱惑不了他,他所有的激情都在前额这堵不可穿透的墙后充实和消散。他听任别人张牙舞爪,可同时警觉地窥伺着别人的失误。他听凭别人的激情白白耗尽,而他自己耐心地等着,一直等到别人力衰势竭,或者一时控制不住,露出一些破绽:这时他才无情地猛击过去。"

在国民公会开幕之日,代表们的坐席就决定了他们所属的党派。约瑟夫·富歇不多犹豫。他只知道一个党,他忠于这个党,并且将永远忠实到底,这就是比较强的那个党,多数党。所以这一次他也是暗地权衡了一下,数了一数票数,看到目前势力还在吉伦特派、温和分子一边。

于是他便坐到他们的席位上。

可是这个善观形势的人看到山岳党人投来的严峻的目光,预感到形势险恶,必须谨慎行事。因此在最初几个月里人们几乎看不见富歇的身影,听不见他的声音,借口是嗓音不济,实际上他装作谦逊不过是善于算计而已。"他小心翼翼地等到这一边或者那一边开始最后走上下坡路时,才投出他那决定性的一票。"

所以这个机灵鬼故意躲在暗处。他接近势力强大的人,但是每一种公开的、明显的权力他都避免接受。他不出头露面,以免遭人妒忌。他坐在办公室里安全地静待气候,冷眼旁观山岳上的老虎和平原上的豹子互相搏击,两败俱伤。他知道,只有等激烈分子彼此消灭殆尽之后,静候者和聪明人的时辰才会开始。每次总是等一仗的胜负定了之后,富歇才会最后决定。

"这样退居暗处就是约瑟夫·富歇毕生的处世态度。从不当明显的掌权者,却全然大权在握,所有的线索都拉在手里,可又从来不算是负责任的人,永远退居次要地位,躲在第一号人物的背后,把他推向前去,一旦他过于冒进,在紧急关头,便干脆和他一刀两断,这始终是富歇最爱扮演的角色。这个政治舞台上超凡出众的阴谋家,以多种伪装,在无数的历史插曲中,无论是在共和党人那里、国王跟前,还是皇帝身边,一直以同样绝妙的技巧扮演着这个角色。

"约瑟夫·富歇虽然想要权力,甚至想要最高的权力,但是他和绝大多数人不同,他只要意识到自己有权便满足了,他不需要权力的表象和外衣,这便是约瑟夫·富歇掌权的最后秘诀。富歇雄心勃勃,但并不醉心荣誉,他有野心,但不虚荣。他是一个真正的地道的精神赌棍,只爱统治者的紧张,并不爱他的勋章。""世事变幻疾驰,他却岿然不动。吉伦特派全部倒台,富歇不倒,雅各宾党人被逐,富歇留下,督政府、执政府、帝国、王国,后来又是帝国,全都消逝,归于毁灭,可是每次富歇都留了下来。他老

201

奸巨猾,含蓄收敛,他可以大胆放肆地彻底无行,一再背弃自己的信念,因此就他一个人保留了下来。"

但是在法国大革命的进程中,有一天,人人都得明确表态,谁也不得含糊,那就是一七九三年的一月十六日。这一天要对国王进行判决,每个议员都必须对国王的命运明确表态:是让他死还是让他活。

富歇的态度在一月十五日便已完全明朗。既然大多数都反对死刑,富歇不言而喻,自然也希望免国王一死。

中午时分,拥挤的民众已经围住了骑术学校和杜伊勒里宫。茨威格描绘了这些群众暴乱的场面,烘托出一月十六日是在什么气氛下对国王的生死作出裁判的。约瑟夫·富歇,昨天还向朋友一再保证他将保卫国王的生命,此刻他以悄无声息的步伐匆匆走上讲台,从他苍白的嘴唇里轻轻地溜出"死刑"两字。性格特点暴露无遗:

"如果他背叛一个党派,他不是藏头露尾地溜出行列,而是在光天化日之下,冷冷地微笑着,以一种令人瞠目、令人震惊的自然态度,径直投向他以前的敌人,接受敌人的种种论据和理由。对他来说,重要的是永远在胜利者一边,绝不在战败者一边。"

于是从一月十六日那天起,约瑟夫·富歇这条变色龙便选上了红色。这个温和主义者一夜之间变成了极端激进主义者和极端恐怖主义者。

当时革命形势严峻,外省反抗势力强大,二百名坚定的议员被国民公会派到外省去维持秩序,拯救革命。富歇便是其中之一。

当时得势的是激进分子,富歇便表现得极端激烈。他愤怒谴责温和分子,百般威胁富人、畏缩不前之辈和杂种。在理论上的"突出贡献"是,他居然提出超前的反对私有财产和反对教会的纲领。他直截了当地要求人们把金银,真正的共和党人所轻视的下贱而腐化的金属交给国库。在他管辖的地区,他本着"平分财富"的精神,迫使有钱人"自愿地"交出财物。在工作两个月之后,他志得意满地致函国民公会:"富人在此,羞愧无比。"

过不多久,约瑟夫·富歇把一切宗教权限也揽了过去。他取消了教士独身生活的规定。在隶属于他的辖区内,他消灭了基督教。

富歇和罗伯斯庇尔之间你死我活的斗争在史籍上是被人一笔带过的历史事件,在茨威格的笔下则成为惊心动魄的一场斗争。罗伯斯庇尔的人头落地,富歇才解除危机。胜利者并非拥有无上权威的强者,而是能左右形势的智者。富歇于是成为继罗伯斯庇尔之后掌权的督政府的要员,然后又故技重施,支持拿破仑发动雾月十八政变,颠覆督政府,摇身一变成为第一执政拿破仑的部长。

从一七九九年雾月十八政变起,拿破仑将军从第一执政、终身执政,到一八〇四年加冕称帝,经一八〇五年奥斯特利茨战役,一八〇六年耶拿战役,纵横全欧,所向披靡。欧洲君王纷纷俯首称臣。不料在他手下竟然有一个警务大臣富歇,貌不惊人,却有惊人的才能和野心,敢于无视这位几乎操纵欧洲众多君王生杀大权的皇帝的无上权威,和他展开一场实力悬殊的斗争,一场不见刀光剑影,却关系到生死存亡的暗中较量,一场猛虎与狐狸之间拼胆识、比智慧、赛计谋、较韧性的无声厮杀。令人瞠目结舌的是,这位小小的警务大臣居然使所向披靡的神武皇帝拿他无可奈何。他曾经失宠,被迫下野,可是又奉召回京,重获宠信。不是他乞求皇帝的恩宠,而是皇帝少不了他的辅佐。富歇是条不可或缺的狗,在主人得势时,他会效鹰犬之劳,忠心耿耿地为主子卖命,当然暗中时时想要背叛主子;主人一旦失势,第一个反戈一击的便是这位旧日的忠仆。

果然,当拿破仑还是常胜将军时,富歇尽忠职守,为皇帝分忧解难。等到莫斯科燃起熊熊烈火,俄罗斯人的焦土抗战和俄罗斯早到的严寒把法兰西几十万精壮将士连同拿破仑皇帝称霸全欧的美梦葬送在一望无际的冰原上,富歇便看准时机,故技重演,像对他往日的主人罗伯斯庇尔和巴拉斯一样,对拿破仑落井下石,促成了皇帝的彻底倒台。

一八一四年拿破仑兵败后被迫逊位,流放在地中海的厄尔巴岛上,欧洲趋于和平。反对法兰西的欧洲列强聚集维也纳开会决定欧洲命运,突然听说拿破仑逃离厄尔巴岛,在马赛登陆,向巴黎进发,派去沿途堵截的部队一见皇帝雄踞马上,便发出震天的"皇帝万岁"的欢呼,纷纷倒戈,重投皇帝麾下。这势如破竹的凯旋进军迫使路易十八连夜仓皇出逃。拿破仑又重登宝座,重展雄风,和全欧抗衡。若不是德国元帅布吕歇尔及时赶到滑铁卢战场,拿破仑大军可能击溃威灵顿的队伍,拿破仑非但不会再度逊位被放逐到大西洋的圣赫勒拿岛上,也许又会决定历史的走向、世界的面貌。

就在这一时刻,富歇不动声色地来到皇帝身边,君臣间进行了历时一小时的密谈,内容无人知晓。密谈后,皇帝任命富歇为警务大臣,从而开始了这猛虎和狐狸之间的新一轮的合作和斗争。从一八〇四年拿破仑登基,到一八一四年逊位这十年里,富歇一直处于劣势,如今力量发生变化。在这"百日"里,他充分显示了自己的才干,充分发挥了自己的作用,扮演了一个无比机敏,无比辉煌,无比卓越,也无比卑下,无比可怕的角色。

伴君如伴虎,伴拿破仑更是如此。拿破仑要夺回江山,富歇也有自己的打算。他和梅特涅、威灵顿、塔列朗暗中联系,双方的密使频繁传递消息,反法联盟已把富歇视为重要的合作对象。在这错综复杂的秘密外交热火朝天之际,迎来了滑铁卢之战。拿破仑兵败的消息一传到巴黎,富歇立即采取行动。这个一生苦苦追求权力,从未尝够权力美味的冷血野心家,感到时机终于来临。他立即把整套计划付诸实现。雾月十八的故事不容重演,富歇首先鼓动议会保持独立,不容拿破仑解散议会。夜里返回巴黎的拿破仑坐失良机。与此同时议会作出决议,要求拿破仑逊位。于是富歇便扮演逼宫的角色,迫使他往日的主子,多年的对头签署逊位诏书。这份逊位诏书一旦到手,富歇便不屑于理会这失去宝座的皇帝,立即在《箴言报》上予以发表,昭告国内外。议会选举临时督政府,富歇小施巧计,夺得督政府主席的宝座,成为法国实际上的统治者。他通过秘密中介人,和路易十八做了一笔幕后交易。于是路易十八答应把内阁部长的职位交给当年谋杀先王路易十六及其王后的弑君乱臣,而当年的雅各宾党人,拿破仑皇帝的大臣富歇则背叛自由,出卖主子,把国王的宝座拱手献给大革命的对象波旁王室的继承人。历史似乎转了一圈又回到原地。几百万革命者和受害者的鲜血白流。

然而历史毕竟是公正和无情的。这位次次得手的奥特朗特公爵,在这最后一场戏里虽然打败了拿破仑,但是也打败了自己。尽管富歇百般洗刷他那在任何意义上都有污点的历史,路易十八毕竟不能宽恕他弑君的罪愆。波旁王室复辟之日,也就是富歇应验"狡兔死,走狗烹"的原则之时。

路易十八一上台,便欣然接受议会的抗议,免去富歇的职务。这位当年人人害怕,人人痛恨可又人人都要巴结,人人都要讨好的三朝元老,朝廷重臣,顿时变成一条到处逃窜的丧家犬,处处遭人讪笑的可怜虫。最后他流亡到奥地利外省小城林茨,在那里浑浑噩噩地度过余生。茨威格为这个所谓的政治人物描绘了这样一幅凄凉的晚景。这位曾经出色地扮演过各种角色的伟大演员,离开舞台以后三年时间已足以使人把他忘却。沉默犹如一座玻璃的坟茔罩在他的头上,世上不再有奥特朗特公爵,只有一个老人,疲惫不堪,怨天尤人,孤独而又陌生,闷闷不乐地漫步在林茨无聊的街道上:时不时有一个供应商,一个生意人向这个弯腰曲背、衰朽病弱的老人客客气气地脱帽致意,此外在这世上没有人再认识他,没有人再想念他。

"历史,这位永恒的律师,对这个永远只想眼前利益的人进行了最残酷的报复:历史把他活活地埋葬了。"

富歇奇特的一生到一八二〇年十二月二十六日终于结束。死前他焚毁了握在手里的许多政要的秘密文件和他自己的全部秘密,给后世留下了许多可以深思足资鉴戒的问题。

茨威格很少发表宣言、声明,在他的作品里,尤其是他的人物传记里,他寄托自己的理想,表明自己的爱憎。这和当时蔚然成风的历史小说有别。有的作家无非是把历史人物的生平轶事添枝加叶,或渲染其非凡功绩,或炫耀其异常恋情,以此吸引读者,起到茶余饭后消闲解闷的作用,也把读者的注意力从现实生活的尖锐矛盾和严峻斗争引开,迷失于历史尘封中的诱人故事。

茨威格则不然,他是以自己的激情和明快的态度,使读者和他一起经历一次深入历史人物内心,参与历史事件进程的漫游,体验当时的气氛,理解历史人物的言行,从而和他一起对人物和事件作出独特的然而公允的判断,再把这些结论与现实生活相结合,从而用崭新的视角来审视身边的人和事。他的作品起的是启蒙的作用,开启心智,增强分析力和判断力,使人头脑更清醒、思想更活跃。

　　茨威格这部倾注了自己全部感情的著作之所以能够打动许多读者的心,并不是由于对这令人憎恶的主人公命运有多少同情,而是通过他的一生从一个崭新的视角来观察这段早有定论的纷繁复杂的历史,从人性的角度来审视历史人物的作为,重新评判这些人的功过得失。二十世纪的世界史与法国大革命的历史有那么多令人惊讶的相似之处,读者不难从历史联系现实。再也没有比历史和现实更宏伟壮观、更惊心动魄的戏剧。这就是《富歇》一书始终感人的原因。

张　玉　书
二〇〇六年三月一日于蓝旗营